SPRACHWISSENSCHAFTLICHE STUDIENBÜCHER

Erste Abteilung

BEGRÜNDET VON HANS KRAHE

WALTHER DIECKMANN

Politische Sprache
Politische Kommunikation

Vorträge · Aufsätze · Entwürfe

HEIDELBERG 1981

CARL WINTER · UNIVERSITÄTSVERLAG

CIP-Kurztitelaufnahme der Deutschen Bibliothek

Dieckmann, Walther:
Politische Sprache, politische Kommunikation: Vorträge, Aufsätze, Entwürfe / Walther Dieckmann. – Heidelberg: Winter, 1981.
  (Sprachwissenschaftliche Studienbücher: Abt. 1)
  ISBN 3-533-03024-5

ISBN 3-533-03024-5

Alle Rechte vorbehalten. © 1981. Carl Winter Universitätsverlag, gegr. 1822, GmbH., Heidelberg
Photomechanische Wiedergabe nur mit ausdrücklicher Genehmigung durch den Verlag
Imprimé en Allemagne. Printed in Germany
Reproduktion und Druck: Carl Winter Universitätsverlag. Abteilung Druckerei, Heidelberg

INHALT

Vorwort 7

SPRACHE UND IDEOLOGIE. SPRACHWISSENSCHAFT UND IDEOLOGIEKRITIK

I. Sprachwissenschaft und Ideologiekritik.
Probleme der Erforschung des öffentlichen Sprachgebrauchs in der
Bundesrepublik und der DDR (1970/73) 11

Anhang:
Die „objektive Bezeichnung" als Maßstab zur Kritik
ideologischer Wortbildungen (1971) 37

II. Sprache und Ideologie. Über die Ideologiegebundenheit der
Sprache und die Macht des Wortes (1972/74) 43

III. Sprache – Bewußtsein – Gesellschaftliche Wirklichkeit. Zum
Problem der „zwei deutschen Sprachen" (1976/77) 57

IV. K. O. Erdmann und die Gebrauchsweisen des Ausdrucks
„Konnotationen" in der linguistischen Literatur (1979) 78

V. Politische Sprache. Maßstäbe ihrer Bewertung (1979) 137

DISKUSSION UND DEMOKRATIE

VI. Diskussion und Demokratie. Zum Diskussionsbegriff
in der schulischen Gesprächserziehung (1977) 159

VII. „Government by Discussion". Kommunikative Verfahren als
Grundlage der Unterscheidung von Staatsformen bei Schmitt
und Habermas (1980) 187

KOMMUNIKATION IN POLITISCHEN INSTITUTIONEN

VIII. Probleme der linguistischen Analyse institutioneller
Kommunikation (1981) 208

Anhang:
Materialisierte Normen in Prozessen institutioneller
Kommunikation (1980) 246

IX. „Inszenierte Kommunikation". Zur symbolischen Funktion
kommunikativer Verfahren in (politisch-) institutionellen
Prozessen (1980) 255

VORWORT

Der vorgelegte Sammelband enthält Vorträge, Aufsätze und Entwürfe zum Thema Sprache und Politik, die ich zwischen 1970 und 1981, also nach Erscheinen der 1. Auflage meines Buches "Sprache in der Politik" geschrieben habe. Da ich mit meinen eigenen Arbeiten, was ihre Veröffentlichung betrifft, etwas stiefväterlich umgegangen bin, sind die meisten kaum bekannt geworden. Nur die Beiträge I und II sind oder waren in Sammelwerken im Buchhandel erhältlich. Die Mehrzahl war bisher nur dem begrenzten Leserkreis der linguistischen Zeitschrift "LAB Berlin (West)" des Fachbereichs 16 der Freien Universität Berlin (III, IV, VI) bzw. der "Loccumer Protokolle" (V) zugänglich. Bis auf den Aufsatz IV habe ich alle Beiträge für die Neuveröffentlichung - verändernd, ergänzend oder kürzend - überarbeitet.

Die letzten drei Aufsätze stammen aus dem Umkreis eines größeren Forschungsvorhabens über Kommunikation in politischen Institutionen und sind neu geschrieben worden. Es wäre vielleicht sinnvoll gewesen, die eine oder andere Teilanalyse aus diesem Forschungsprojekt mit aufzunehmen; doch möchte ich sie zu einem späteren Zeitpunkt im Rahmen einer größeren Darstellung publizieren. So habe ich mich darauf beschränkt, mit den Aufsätzen VII-IX an das Thema heranzuführen.

Einige Arbeiten, die thematisch in den Sammelband gepaßt hätten, habe ich nicht berücksichtigt, weil sie an anderer Stelle ausreichende Publizität gewonnen haben bzw. noch veröffentlicht werden. Letzteres gilt für den Aufsatz "Politik als Sprachkampf. Zur konservativen Sprachkritik und Sprachpolitik seit 1972", den ich zusammen mit Manfred Behrens und Erich Kehl verfaßt habe und der in einem von Hans-Jürgen Heringer herausgegebenen Band zur politischen Sprachkritik erscheinen wird.

Auf der anderen Seite enthält die vorgelegte Sammlung einen Beitrag, dessen Beziehung zur politischen Sprache und Kommunikation im Titel nicht erkennbar ist und der auch inhaltlich nur an einigen Stellen ausdrücklich auf Probleme politischer Sprache Bezug nimmt. Es handelt sich um den Aufsatz IV zu den "Konnotationen". Der Zusammenhang ergibt sich zum einen aus der Tatsache, daß in der Literatur über "Konnotationen" vorzugsweise dann geredet wird, wenn semantische oder quasi-semantische Probleme der politischen Sprache behandelt werden; zum anderen besteht ein Zusammenhang mit dem Kapitel "Konnotationsforschung" in "Sprache in der Politik". Der neue Aufsatz nimmt das Problem noch einmal auf und korrigiert die ältere Darstellung besonders hinsichtlich der Rezeption Erdmanns.

Noch einige Bemerkungen zum gewünschten Leser. Das Buch "Sprache in der Politik" hatte seinerzeit als Überblick über den heterogenen Gegenstands- und Problembereich Sprache und Politik offensichtlich eine sinnvolle Funktion. Es ist innerhalb der Linguistik, von Vertretern anderer Disziplinen und außerhalb der Wissenschaften lebhaft rezipiert worden. Auch für diesen Sammelband stelle ich mir nicht nur Linguisten als Leser vor, sondern hoffe, wiederum Studenten, Lehrer, die Institutionen der Erwachsenenbildung und die interessierten "Laien" zu erreichen. Die Ergebnisse wissenschaftlicher Tätigkeit der nicht-wissenschaftlichen Öffentlichkeit zu vermitteln, betrachte ich allgemein als eine wichtige Aufgabe, besonders aber, wenn Gegenstand die politische Sprache und die politische Sprachkritik sind.

Nicht nur das Thema Sprachkritik, sondern auch die Überlegungen zur Kommunikation in Institutionen in den abschliessenden Aufsätzen verbinden diesen Band mit dem "Arbeitskreis Sprachbewertung" am Fachbereich 16 der Freien Universität und seinen Mitgliedern in den letzten zwei Jahren Elisabeth Gülich, Armin Koerfer, André Lundt, Helmut Richter, Harro Schweizer und Jürgen Zeck. Die Arbeit mit ihnen gehörte und gehört, über die Anregungen und Erkenntnisse hinaus, die ich für den einen oder anderen Aufsatz gewonnen habe, zu den befriedigendsten Aspekten meiner beruflichen Tätigkeit. Danken möchte ich besonders auch meiner bislang aufmerksamsten, wenn auch nicht ganz freiwilligen Leserin, Agneta

Langrehr. Sie hat die Texte über die Jahre z.T. mehrfach schreiben müssen und ist nun endgültig von ihnen befreit. Marianne Nießner hat, mit dem Duden bewaffnet, die Einhaltung der Normen überwacht. Abweichungen gehen trotzdem auf mein Konto; gelegentlich habe ich eigenmächtig zu "Zweifelsfällen" ernannt, was eigentlich verboten ist.

SPRACHWISSENSCHAFT UND IDEOLOGIEKRITIK
PROBLEME DER ERFORSCHUNG DES ÖFFENTLICHEN SPRACH-
GEBRAUCHS IN DER BUNDESREPUBLIK UND DER DDR[+]

1.

Die Erforschung der öffentlichen Sprache im gegenwärtigen Deutsch sitzt zwischen zwei Stühlen. Einerseits genügt sie nicht den Anforderungen, die die strukturelle Linguistik an eine wissenschaftliche Analyse der Sprache stellt, andererseits wird sie auch von Positionen außerhalb der akademischen Sprachwissenschaft kritisiert, die sich unter dem vagen Begriff "Sprachkritik" zusammenfassen lassen. Für die Kritik von der einen Seite sei v. Polenz (1969, 161) zitiert, der in seinem Beitrag zu den "Ansichten einer künftigen Germanistik" feststellt, daß die Studien zu Umgangssprache, Werbesprache, politischer Sprache "nicht den Anspruch erheben (können), methodologisch auf dem allgemeinen heutigen Stand der linguistischen Forschung zu stehen, wenn man unter Linguistik das versteht, was sich als strenge Theorie- und Methodenentwicklung mit Namen wie F. de Saussure, N. Trubetzkoi, L. Hjelmslev, N. Chomsky verbindet". Nach dieser Kritik folgt die einschränkende Erklärung, "daß nach dem heutigen Stand der strukturellen Linguistik noch nicht in allen Teilbereichen dieser wichtigen Arbeitsgebiete exaktere Analysen und verläßlichere Ergebnisse zu erzielen wären", und die Aufforderung "den weiten methodologischen Abstand zu überwinden, der zwischen

---

[+]Die erste Fassung dieses Aufsatzes wurde im Dezember 1970 als Vortrag auf einer Tagung des Instituts für deutsche Sprache gehalten. Die Referate dieser Tagung erschienen 1973 in dem Sammelband "Zum öffentlichen Sprachgebrauch in der Bundesrepublik und in der DDR". (Zusammengestellt v. M.W. Hellmann. Düsseldorf: Pädagogischer Verlag Schwann). Der Text wurde für die Neuveröffentlichung redaktionell überarbeitet, vor allem in manchen Teilen gekürzt. Inhaltlich habe ich die ursprüngliche Darstellung, abgesehen von den Kürzungen, nicht verändert, sondern habe es vorgezogen, vom heutigen Standpunkt aus einen Abschnitt zu ergänzen (s. "7. Nachtrag 1981").

diesen konkreten Forschungen zur modernen deutschen Sprachgeschichte, Sprachsoziologie und Stilistik einerseits und den abstrakten Theorien und exemplarischen Analysen der eigentlichen Linguistik andererseits besteht". Diese Aufforderung besteht zweifellos zu Recht; doch wird die Anlehnung an die "eigentliche Linguistik" die Erforschung der öffentlichen Sprache nicht aus ihrer unglücklichen Zwischenstellung befreien können, weil die "Verwissenschaftlichung" der strukturellen Lingustik wenigstens teilweise auf der Eingrenzung des Untersuchungsgegenstandes auf das spezifisch Linguistische beruht, während die Einwände von Soziologen und Ideologiekritikern gerade die Betonung des empirisch-einzelwissenschaftlichen Aspekts in Frage stellen.

Ich lasse in meinem Referat die Frage, wie der Abstand zu der "eigentlichen Linguistik" zu überwinden wäre, außer acht und lenke den Blick stattdessen in die zuletzt angedeutete Richtung. Insbesondere geht es um die Beziehung zwischen Sprachwissenschaft und Ideologiekritik in den Bereichen, in denen sich diese Disziplinen treffen oder überschneiden. Der Begriff "öffentliche Sprache" vereint, was Pankoke (1966) "Funktionssprache" und "Meinungssprache" (oder "Ideologiesprache") nennt; in marxistischer Terminologie handelt es sich um die Sprache des institutionellen Überbaus und um die Sprache der diesem entsprechenden Ideen (vgl. Schmidt 1969). "Sprachwissenschaft" bedeutet das, was im Umkreis der Universitäten sich selbst Sprachwissenschaft nennt und die öffentliche Sprache als Gegenstand hat; "Ideologiekritik" beseht für die Zwecke des Vortrags aus den Veröffentlichungen, die teilweise oder ausschließlich Sprache oder Sprachgebrauch analysieren und diese Tätigkeit Ideologiekritik nennen.

Vorweg sollen die vorliegenden Untersuchungen innerhalb der beiden Disziplinen gruppiert werden, weil sich Sprachwissenschaft und Ideologiekritik im angegebenen Sinne nicht als monolithische Blöcke gegenüberstehen. Die folgende Gruppierung erscheint mir sinnvoll und vertretbar, auch wenn sich nicht alle Arbeiten in das Schema einfügen:

a) eine erste Phase in der Bundesrepublik, die im allgemeinen
sehr wertungsfreudig ist, und in der sich in dieser Hinsicht
Sprachwissenschaft und publizistische Sprachkritik nicht
grundsätzlich unterscheiden;
b) eine zweite Phase in der Bundesrepublik, die in der Wertungsfrage allgemein und damit auch in Hinblick auf die Ideologiekritik zu einer vorsichtigen Haltung neigt und positivistisch genannt werden kann;
c) die Sprachwissenschaft in der DDR, die zwar auch in sich
heterogen ist, die sich aber, soweit ich sehe, nicht in
gleicher Weise in zeitliche Abschnitte zerlegen läßt;
d) Veröffentlichungen in der Bundesrepublik, die - verbunden
mit einer scharfen Kritik an der Sprachwissenschaft - ideologiekritische Sprachanalysen vornehmen, vor allem an
"faschistischer Sprache".

2.
Im Rückblick auf die zahlreichen Arbeiten zur Sprache der
Politik und angrenzender Gebiete in den ersten fünfzehn Jahren nach 1945 fasse ich mich kurz, da das Wertungsproblem
in Verbindung mit ihnen zur Genüge diskutiert worden ist
(vgl. Handt 1964, Moser 1968, Sternberger u.a. 1970, Dieckmann 1967 u.a.). Die wichtigsten Einwände scheinen mir die
folgenden zu sein:
a) Die Bewertungskriterien werden im allgemeinen nicht reflektiert, und die Bezugspunkte muß sich der Leser selbst rekonstruieren. Erscheinungen des nationalsozialistischen und
des kommunistischen Sprachgebrauchs werden häufig auf den
sprachlichen Zustand der Bundesrepublik oder der Weimarer
Republik bezogen, die dadurch normbildenden Charakter erhalten. Im Falle der administrativen Sprache ist der Bezugspunkt eine nicht näher spezifizierte Vergangenheit, die
die Tendenz hat, desto ferner zu rücken, je früher die inkriminierten Sprachformen nachgewiesen werden. Verbreitet
ist ferner eine Sprachkritik "von einem quasi panoptischen
Standpunkt aus ..., der die Vorstellung von einem idealtypischen Sprachverhalten impliziert" (Dahle 1969, 1f.) und

sich in der Wertung am Wesen der Sprache, am Wesen des Menschen oder am immanenten Weltbild der Einzelsprache orientiert.

b) Unter diesem Dach wird ein heterogenes Gemisch ästhetischer, formallogischer und vor allem moralischer Kriterien herangezogen, deren Wahl im Einzelfall den Eindruck des Beliebigen macht. Die Kritik mag in anderer Hinsicht berechtigt sein; sie reicht aber nicht aus, den Sprachgebrauch in bestimmten Gesellschaften und politischen Systemen zu kritisieren, zu welchem Zweck sie ja zumeist formuliert worden war.

c) Die Wertungskriterien haben im weitesten Sinne formalen Charakter und lassen sowohl die Inhalte der Ideologie als auch die spezifischen Funktionen dieser sprachlichen Teilbereiche unberücksichtigt. Eine euphemistische Wendung wird kritisiert, weil sie euphemistisch ist, ohne daß gefragt wird, wer was zu welchen Zwecken verschleiert. Sprachlenkende Eingriffe werden in gleicher Weise als solche verurteilt; entsprechend "emotionale Sprache", "ideologisch beeinflußte Sprache", "imperativischer Stil", tautologische Wortbildungen oder Ausdrucksweisen, Wortungetüme mit Überlänge, Hypertrophie der Appellfunktion auf Kosten der Mitteilungsfunktion usw. Da sich nachweisen ließ, daß die kritisierten Erscheinungen wesentlich weiter verbreitet sind, als ursprünglich vermutet wurde, und zum Teil universalen Charakter haben, offenbarte sich die geringe Verläßlichkeit der angewendeten Kriterien zur speziellen Kritik an faschistischer, kommunistischer, westlich-demokratischer Sprache.

d) Die scheinbar "sprachliche Kritik" war in vielen Fällen eine verschleierte Kritik an der Sache; Kritik an der Sprache wurde "zum Vehikel einer Polemik gegen die mit den Worten benannten Realitäten" (Pankoke 1966, 256). Gegen die Sachkritik selbst ist nichts einzuwenden, wohl aber dagegen, daß sie mit ungenügenden Mitteln auf der sprachlichen Ebene geführt wurde. Die Veränderungen in der Funktionssprache spiegeln meist ganz direkt die Verfahrensweisen der "verwalteten Welt" und sind damit Symptome realer Veränderungen. Der

Seismograph hat aber keine Schuld am Erdbeben; es führt zu
nichts, ihn einzuschlagen. Ähnlich kann bei der Meinungssprache die Kritik nicht schon an der Tatsache ansetzen, daß
die Sprache ideologische Inhalte vermittelt und sie zum Teil
in ihren Wortbildungen und syntaktischen Strukturen schon
enthält. Das Falsche der Ideologie wird nicht geändert, wenn
man den sprachlichen Ausdruck verändert. Sprachkritik als
Gesellschafts- und Ideologiekritik kommt ohne die Analyse
der Gesellschaft und der Ideologien nicht aus.

Die parallelen Arbeiten in der DDR bis ungefähr 1965 sind
nicht sehr zahlreich. Zum Teil gelten für sie, etwa das Buch
von Klemperer (1966), ähnliche Einwände. Eine lebhaftere
Auseinandersetzung mit der Sprache in den beiden deutschen
Staaten beginnt nach dem Vorangang von Höppner (in: Handt
1964) und Ihlenburg (1964) erst 1967 mit den Tagungen in
Rostock und Leipzig. Charakteristisch für die frühen Veröffentlichungen ist die gereizte Verteidigungsstellung gegen
die westlichen Deutungen und Kritiken. In der Wertungsfrage
erweisen sie sich insofern als zuverlässiger, als sie explizit von einer Theorie der Gesellschaft ausgehen, die die
Kategorie der Parteilichkeit enthält. Während die westliche
Kritik zwar speziell gegen die DDR gerichtet ist, aber allgemein formuliert werden muß und formuliert wird und deshalb
die Tendenz hat, als Bumerang zurückzuschlagen, kommen die
DDR-Autoren nicht in dieses Dilemma. Sie können die westliche Kritik mit dem Hinweis auf die weite oder universale
Verbreitung ideologischer Sprachbeeinflussung neutralisieren
und behalten dennoch den längeren Atem, weil sie mit der
pragmatischen Kategorie der Parteilichkeit das gleiche in
Ost und West verschieden bewerten können. Allerdings ist einschränkend zu sagen, daß die östlichen Aufsätze häufig Argumentationen enthalten, die sich, auch gemessen an der eigenen
Theorie, nicht rechtfertigen lassen.

3.

Der Rückzug auf die Beschreibung und die größere Zurückhaltung in der Wertung, die sich in den sprachwissenschaft-

lichen Veröffentlichungen der letzten Jahre in der Bundesrepublik feststellen lassen, haben wohl verschiedene Gründe. Sie haben, was die Sprachentwicklungen in der DDR betrifft, ihre Parallele im Wechsel von einer militanten zu einer resignierenden oder nüchterneren Haltung in der offiziellen Politik der Bundesrepublik gegenüber der DDR. Sie folgen zugleich den allgemeinen Tendenzen der deutschen Linguistik im Zuge der beginnenden Rezeption des Strukturalismus. Damit zusammenhängend entwickelt sich der bekannte Streit um die Sprachkritik, der zu einer schärferen Abgrenzung der empirischen Forschung gegenüber der wertenden Kritik führt . Hinzu kommt schließlich die interne Entwicklung dieses sprachwissenschaftlichen Teilbereichs selbst. Denn nachdem sich die bisherigen Wertungskriterien als nur sehr bedingt brauchbar erwiesen hatten, nachdem man das scheinbar Faschistische im kommunistischen Sprachgebrauch, das scheinbar Totalitäre in der parlamentarischen Demokratie, das scheinbar Politische in anderen Sprachbereichen und das scheinbar Moderne in der Vergangenheit wiedergefunden hatte, mußte die Sprachwissenschaft auf die Aussageninhalte und die Funktionen dieser "Sprachen" im Rahmen der jeweiligen Gesellschaft übergreifen, oder sie mußte auf Kritik verzichten. Die allgemeine Tendenz weist in die zweite Richtung. Das entspricht dem Selbstverständnis der Sprachwissenschaft als empirischer Wissenschaft; auch wären die Sprachforscher von ihrem Ausbildungsgang her kaum in der Lage gewesen, soziologische Analysen und Theorien zuverlässig zu handhaben.

Ob man die intensive Sammeltätigkeit der Wortforschung, grammatische Analysen der Funktionssprache oder die funktionsbezogenen Deutungen des politischen Sprachgebrauchs ansieht, die grundlegenden Prämissen sind sehr ähnlich: "Polemik und sprachfremde Wertungen" sollen vermieden werden (Bartholmes 1970); "politische Urteile zu fällen, ist nicht Sinn einer sprachwissenschaftlichen Untersuchung" (Reich 1968); "der Sprachgebrauch ... soll beschrieben und aus den Situationsbedingungen der Rede erklärt werden", "die Frage nach dem Wahrheitsgehalt der Rede, also nach der Übereinstimmung der

Aussage mit der gesellschaftlichen Wirklichkeit (bleibt) den
Soziologen und Politologen überlassen" (Zimmermann 1969);
das Ziel sind wahre Aussagen und nicht moralische Wertungen
(Römer 1968); die Sprachformen sollen auf ihre "sprachimmanenten Leistungen" hin untersucht und mit den Kriterien der
Nützlichkeit und der sachlichen Angemessenheit überprüft
werden (v. Polenz 1970). Alle Autoren wollen dem "Faktum
der Verquickung von Sprache und Politik" (Reich) nicht ausweichen; d.h. sie wollen Sprach- und Sprachgebrauchsanalysen
der öffentlichen Sprache nicht so betreiben, als ginge es
um Käferbezeichnungen, aber sie machen halt vor den gesellschaftlichen Ordnungen und ihren ideologischen Deutungssystemen. Sie erklären propagandistische Sprachformen aus Erfordernissen der Propaganda, ohne den Propagandisten oder die
vermittelten Inhalte in Frage zu stellen; sie erklären die
Übertreibung der kommerziellen Werbung aus den Aufgaben der
Reklame, ohne sich über den Stellenwert der Reklame in der
Gesellschaft Gedanken zu machen; sie führen die Wörter auf
die Ideologien zurück, ohne die Ideologie zu bezweifeln,
und die grammatischen Veränderungen in der Funktionssprache
auf die Notwendigkeiten einer modernen rationalen Verwaltung. Sie setzen die Zwecke voraus und beschränken sich auf
das Kriterium der Zweckmäßigkeit und Funktionsangemessenheit.
Das bedeutet, daß der wissenschaftliche Betrachter die Perspektive der Ideologie und der gesellschaftlichen Ordnung
oder Unordnung einnimmt, deren Sprache er jeweils untersucht. Es herrscht die Innensicht. Er ist dann vorurteilsfrei
in dem Sinne, daß er alle gesellschaftlichen Systeme gleich
behandelt.

Folgerichtig wird der Ideologiebegriff, wo er auftaucht,
im allgemeinen wertneutral verwendet. Die Sprachwissenschaftler scheinen, ideologiekritisch betrachtet, die Position der
deutschen Wissenssoziologie und speziell Mannheims einzunehmen. Mannheim (1952) hatte ja die Ideologiehaftigkeit zum
Wesensmerkmal jedes menschlichen Denkens erklärt, weil es
immer Ausdruck sozialer Seinslagen sei, und er verzichtete
auf die Analyse der konkreten historischen, vor allem öko-

nomischen Wirklichkeiten, die nach Marx die ideologischen
Bewußtseinsformen bedingen. Der kritisch-polemische Ideologiebegriff von Marx wird aufgegeben. Zwar ist auch Mannheims
Ideologiebegriff durch das Merkmal der inadäquaten Erfassung
der Wirklichkeit gekennzeichnet, doch da dies für j e d e s
Denken über gesellschaftliche Zusammenhänge zutrifft, gelten "die einzelnen Standorte und die ihnen entsprechenden
Bewußtseinsformen ... als prinzipiell gleichberechtigt
(Lenk 1961, 57). Sie unterscheiden sich nicht in der Art
ihres Realitätsbezugs und sind so gleich wahr und gleich
falsch. Ein Vorrecht faktischer Art hat nur die Ideologie
der Schicht, die sich als herrschende etabliert hat.

Von hier aus ist es lohnend, den Blick auf die DDR zurückzulenken; denn es lassen sich dort durchaus vergleichbare
Tendenzen beobachten. Sie werden sichtbar in der Neutralisierung des Ideologiebegriffs, in der Abspaltung der Zweckmäßigkeit von der Wahrheit und in einer sich ausbreitenden
rein empirischen Forschung - Erscheinungen, die ideologiekritisch dahingehend gedeutet wurden, daß der Kommunismus
in den östlichen Ländern seine verändernden Impulse verloren
hat und der Wissenschaft ähnlich wie im Westen nur noch die
Aufgabe zufällt, den etablierten gesellschaftlichen Zustand
zu bewahren und funktionstüchig zu erhalten (vgl. z.B. Lenk
1961, 49). Zur Unterstützung dieser Beobachtungen läßt sich
in der Sprachwissenschaft die anfängliche Ablehnung und
spätere Aufnahme und Weiterentwicklung der generativen Grammatik anführen; im weiteren Kontext der Semiotik die scharfe
Kritik an der bürgerlichen Semiotik durch Neubert (1962)
im Gegensatz zu ihrer weitgehenden Verarbeitung in der marxistischen Semiotik von Georg Klaus (1968, 1969). Die Neutralisierung des Ideologiebegriffs zeigt sich z.B. bei W.
Schmidt (1969), der mit Berufung auf das "Philosophische
Wörterbuch" von G. Klaus und M. Buhr den wertneutralen Begriff für den Marxismus in Anspruch nimmt und die negative
Bewertung in der bürgerlichen Welt beheimatet sieht.

Zu den erstaunlichen Zeugnissen dieser Art gehört das
Buch von Georg Klaus "Die Macht des Wortes", das als erkennt-

nistheoretisch-pragmatisches Traktat den Rahmen abstecken will, in dem sich zukünftige pragmatische Analysen der Agitations- und Propagandatechniken bewegen sollen. Ausgehend von der amerikanischen Semiotik, wie sie auf der Grundlage des philosophischen Pragmatismus unter Einfluß des Behaviorismus vor allem von Morris ausgearbeitet worden ist, entwickelt Klaus die Grundzüge einer alternativen marxistischen Semiotik. Bei allen Modifikationen und aller erkenntnistheoretischen Kritik, die Klaus von seinen Vorgängern unterscheidet, sehen die konkreten pragmatischen Analysen, die sich hier abzeichnen, denen der amerikanischen Semiotiker sehr ähnlich; denn hier wie dort werden die Propagandatechniken rein unter dem Gesichtspunkt der Zweckmäßigkeit beschrieben und beurteilt. Der Schlüssel für die Vergleichbarkeit liegt schon in dem Satz des ersten Kapitels:

"Aus bestimmten Gründen, auf die im einzelnen hier nicht näher eingegangen werden kann, ist man in der Wissenschaft gezwungen, die einzelnen Aspekte (gemeint: die syntaktischen, semantischen und pragmatischen) getrennt voneinander zu untersuchen." (15).

Mit der methodischen Trennung von Semantik und Pragmatik werden auch die (semantischen) Kategorien der Wahrheit und Adäquatheit isoliert von den (pragmatischen) Kategorien der Nützlichkeit und Zweckmäßigkeit; und es ist die reine Nützlichkeit, die die Empfehlungen von Klaus an den empirischen Forscher und den Agitator selbst beherrscht:

Die Nützlichkeit erfordert es, in bürgerlichen Ländern nicht von der "Diktatur des Proletariats" zu reden (45) und in Italien nicht vom wissenschaftlichen Atheismus (43), für wahre Aussagen nur dann Partei zu ergreifen, wenn sie nützlich sind (125), sie zu verschweigen, wenn eigene Theorien in Frage gestellt werden (129), alles zu meiden, womit die angesprochenen Menschengruppen schlechte Erfahrungen gemacht haben, und nur das zu propagieren, was die Massen ergreift (123), allgemein die sprachlichen Formulierungen der Aussagen und Theorien so zu wählen, "daß die Menschen, für die sie gedacht sind, zur Überzeugung gelangen, daß hier Ansichten ausgesprochen werden, die ihren eigenen Ansichten entsprechen" (129).

Die Wahrheit wird mit Wendungen wie, sie sei "nur das in letzter Instanz entscheidende Moment", sei "auf die Dauer" wirksamer, habe das "letzte Wort", an die Peripherie geschoben und macht auf unbestimmte Zeit der Nützlichkeit Platz. E r k e n n t n i s t h e o r e t i s c h vollzieht Klaus den Bruch nicht. Da die marxistische Lehre über eine wissenschaftliche Theorie der Gesellschaft verfügt, die wahr ist, muß, was der in der Theorie angelegten Zukunftsprognose nützlich ist, schlechterdings "in letzter Instanz" auch wahr sein:

> "Wahrheit und Nützlichkeit von Aussagen fallen also für die fortschrittliche Klasse auf Grund ihrer besonderen geschichtlichen Mission zusammen" (126).

Das hebt aber die eventuelle Ideologiehaftigkeit der methodologischen Abspaltung der Wahrheit von der Nützlichkeit nicht auf. Zur Unterscheidung seiner eigenen Tätigkeit als Wissenschaftler von der der Semiotiker in den USA bleibt Klaus nur noch der seinerseits pragmatische Gesichtspunkt der verschiedenen Gesellschaftssysteme, in deren Rahmen die Analysen vorgenommen werden. In der kapitalistischen Gesellschaft dienen sie, ob der bürgerliche Wissenschaftler das will oder nicht, den falschen, in der sozialistischen den richtigen Zwecken. Aber auch diese Rechnung geht nicht auf. Wer hindert den westlichen Propagandisten daran, sich die Bücher von Klaus zu bestellen und das, was dem Sozialismus nützlich sein sollte, gegen ihn zu wenden? Auch Klaus ist vor Mißbrauch nicht geschützt.

4.

Ich komme auf die oben skizzierte Position der Sprachwissenschaft in der Bundesrepublik zurück, die mit ihrer Betonung des Beschreibbaren und der Beschränkung auf den systemimmanenten Funktionsaspekt von Klaus meines Erachtens kaum mehr kritisiert werden kann, von der zumeist auch marxistischen Ideologiekritik in der Bundesrepublik aber wegen ihrer positivistischen Grundhaltung attackiert wird.

Näher betrachtet stellt sich allerdings heraus, daß die Beschränkung auf die linguistische Beschreibung gar nicht so entschieden durchgehalten wird, wie es nach dem eigenen Selbstverständnis notwendig wäre.

Als bedenklich muß man schon ansehen, daß die Autoren zum Teil selbst nicht an die Möglichkeit einer politisch neutralen Behandlung der Probleme glauben. Grundsätzliche Zweifel äußert Zimmermann (1969, 19f.), und die deutlichste, halb noch fragende und doch schon entschiedene Stimme ist die Jägers (1970) im Schlußteil seines Aufsatzes über "Linke Wörter". Bedenklich ist diese Unsicherheit deshalb, weil sich der Rückzug aufs "Sprachwissenschaftliche", wenn überhaupt, nur dann rechtfertigen läßt, wenn der Anspruch auf ideologische Neutralität wenigstens innerhalb der empirischen Untersuchung einlösbar ist. Daß er in der Praxis nicht eingelöst wird, ist unschwer zu erkennen. Ideologieverdächtige Äußerungen und unreflektierte Wertungen lassen sich schon deshalb nicht vermeiden, weil die Sprachwissenschaft in diesen Teilbereichen über keine ausgebildete Metasprache verfügt und sich für diese Zwecke, angereichert mit Fachtermini, der Umgangssprache bedient. Schwerwiegender ist die Tatsache, daß es für die Untersuchungsgegenstände "öffentliche Sprache", "Propagandasprache", "Verwaltungssprache", "politische Sprache", "Ideologiesprache" keine sprachinternen Spezifika gibt. Die Texte oder sprachlichen Phänomene, die untersucht werden sollen, werden erst greifbar, wenn man die Begriffe "öffentlich", "Propaganda", "Ideologie", "Politik" usw. definiert hat. Die Gefahr, daß bei den Bestimmungen ideologische Vorentscheidungen ins Spiel kommen, ist von vornherein groß.

Die zentrale Schwäche liegt aber wohl darin, daß die zur Diskussion stehenden Untersuchungen, entgegen ihren ausdrücklichen Voraussetzungen, Aussagen über die gesellschaftliche Realität machen, und zwar nicht selten in der Absicht, eine mögliche oder anderswo geäußerte Kritik an sprachlichen Erscheinungen im Umkreis der öffentlichen Sprache zurückzuweisen. Wenn sich die Bewertung "angemessen" oder "unangemessen" nicht auf die Sprecher-Intention, sondern auf vermeintlich objektive Notwendigkeiten d e r G e s e l l s c h a f t oder auf d a s W e s e n ihrer Teilbereiche bezieht, dann hat das fatale Konsequenzen für die Methode. Es geschieht zum Beisiel immer dann, wenn Sprachformen oder Handhabungsformen der Funktionssprache gerechtfertigt werden, weil sie in der "modernen rationalen Welt" gefordert seien. Diese Charakterisierung setzt eine soziologische und ideologiekritische Deutung der Wirklichkeit voraus, die zum Ergebnis kam, daß die moderne Welt in der Tat sachlich und rational ist. Wie problematisch solche Rechtfertigung der Sache ist, wird augenscheinlich, wenn man bedenkt, daß die so verteidigten Sprachformen ja zuerst in der Sprache des "Dritten Reiches" beobachtet worden waren. Die Verwaltungsvorgänge waren - systemimmanent - mehr oder weniger rational; aber war es jene "Welt", oder ist es die heutige?

Von der Beurteilung der systemimmanenten Zweckmäßigkeit zur Beurteilung der funktionsverleihenden Zwecke selbst ist es nur ein kleiner Schritt, und doch sprengt er grundsätzliche den oben abgesteckten Rahmen der Sprachwissenschaft: die Sprachwissenschaftler, die anfangs sagen, daß die Kritik an der gesellschaftlichen Realität jenseits ihres Kompetenzbereiches liege, enden mit der Feststellung, daß es an ihr nichts zu kritisieren gäbe.

Parallele Grenzüberschreitungen zeigen sich auch in der Behandlung der Meinungssprache; z.B. beim Problem der Lüge. Ruth Römer (1968, 219-223) könnte in ihrer Arbeit über die Anzeigenwerbung das Problem vermeiden, wenn sie die Wahrheitsfrage nicht stellte oder wenn sie, eine methodisch konsequente aber unbefriedigende Lösung, die Lüge in der Reklame als funktionsangemessen interpretierte. Sie verzichtet auf beides und beruft sich auf außersprachliche Sachverhalte, und wieder mit dem Ergebnis, daß Kritik entfällt. Sie kommt nämlich zu dem in mehrfacher Weise anfechtbaren Schluß, daß die Anzeigenwerbung gar nicht löge, weil jedermann bekannt sei, "daß die Werbung übertreibt und flunkert".

Ähnlich bei Zimmermann (1969, 18), der den Vorwurf der Skrupellosigkeit und Unmoral in der politischen Rhetorik zurückweist, wenn die Rede in einer Gesellschaft mit Redefreiheit gehalten wird, weil sie dann nicht endgültig und korrigierbar sei. Wie bei Römer der moralische Tatbestand der Lüge, so werden bei Zimmermann allgemeiner Skrupellosigkeit und Unmoral vom Erfolg abhängig gemacht. Außerdem muß der Sprachwissenschaftler zuerst einmal ausfindig machen, wo Redefreiheit herrscht und wo nicht, was sicherlich nicht sprachwissenschaftlich zu leisten ist.

Wie soll sich die Sprachwissenschaft angesichts dieser Übergriffe gegen den Vorwurf wehren, daß das Pochen auf Objektivität und streng empirische Forschung nur ein Vorwand sei, hinter dem sich ideologische Haltungen verstecken; besonders wenn man an den Beispielen sieht, daß die Aversion gegen negative Wertungen stärker entwickelt ist als die gegen Verteidigungen? Ohne die Möglichkeit auszuschließen, daß sich hinter dieser Kritikscheu in der Tat eine ideologische Identifizierung mit der bestehenden Gesellschaft und ihren Praktiken verbirgt, scheinen mir auch andere Gründe vorzuliegen. Der wichtigste ist vielleicht, daß die Arbeiten der "zweiten Phase" in ihrem Bemühen, die Fehler der ersten zu meiden, sich immer wieder dazu verleiten lassen, in der Abwehr unangemessener Kritik auf der S p r a c h e b e n e einen Schritt zu weit zu gehen und selbst bei der Rechtfertigung der S a c h e zu enden.

Die hier sichtbar werdenden Schwächen in den wissenschaftstheoretischen und methodischen Vorentscheidungen ließen sich durch eine noch striktere Eingrenzung der sprachwissenschaftlichen Gegenstände vermindern oder sogar vermeiden, aber dieser Ausweg steht immer in Gefahr, so hochgradig artifiziell zu werden, daß die Diskrepanz zwischen dem wissenschaftlichen Aufwand und den erzielten Ergebnissen nicht mehr vertretbar ist. In dieser Situation bieten sich als Alternative die ideologiekritischen Sprachanalysen an, deren Prinzipien auf ihre eventuelle Anwendbarkeit in der Sprachwissenschaft überprüft werden sollen.

5.

Die wiederkehrende Formel, mit der Gerhard Voigt (1967) in einer Sammelbesprechung den geringen Erkenntniswert sprachwissenschaftlicher Veröffentlichungen zur Sprache des Nationalsozialismus beschreibt, ist, daß ihnen eine kritische Theorie der Sprache des Faschismus fehle, ohne die Kritik der Sprache nicht Kritik des Faschismus sein könne. Ähnlich spricht Hund (1968, 474) von "Sprachkritik, die gleichzeitig Kritik der herrschenden Ideologie wäre", Schumann (1968) von "Schlagwortbiographie als Ideologiekritik".

Wie gelangt man zu einer kritischen Theorie der Sprache eines politischen Systems? Muß der Sprachforscher zuerst das "spezifisch Faschistische" der Sprache erkennen, um anschließend eine kritische Theorie dieser Sprache formulieren zu können, oder ist diese Theorie Voraussetzung für das Erkennen des sprachlich spezifisch Faschistischen? Und ferner: Ist die kritische Theorie der Sprache ein Mittel, um zur politischen Theorie zu kommen, oder setzt umgekehrt die Sprachtheorie die politische Theorie voraus?

Zur Beantwortung dieser Fragen ziehe ich den Aufsatz "Information und Redundanz" von Wulf D. Hund (1968) heran, weil mit ihm die Grundlagen zu einer politischen Semantik gelegt werden sollen. Dort heißt es: "

> "Kritisierbare Sprache findet ihren Ursprung in den Zuständen der Gesellschaft. Effektiv werden wird Sprachkritik erst dann, wenn sie sich von der Wörterhatz erholt hat, und in exakter Analyse die ideologischen Färbungen des Codes freilegt, in den Meinung immer gehüllt ist."
> (479)

Das Wort "Code" bezeichnet bei Hund den gesellschaftlichen Hintergrund eines Wortes oder Satzes, der für die nationalsozialistische Sprache u.a. die Geschichte Deutschlands zwischen 1933 und 1945, die Faschismus-Theorien, die Nürnberger Prozesse und Werke der Literatur, z.B. von Peter Weiss, enthält. Da Sprachkritik effektiv nur dann wird, wenn die ideologischen Färbungen des Codes freigelegt werden, ist zu schließen, daß die Analyse des Codes, d.h. der Gesellschaft

u n d deren ideologiekritischer Deutung, der Sprachkritik
vorausgehen muß. Der Unterschied zum sprachwissenschaftlichen
Vorgehen ist klar. Die Sprachwissenschaftler beziehen zwar
die nationalsozialistischen Wörter und Sätze auf den gesellschaftlich-politischen Hintergrund, aber nur auf den
zur Zeit ihres Gebrauchs bestehenden, während Hunds Code sozusagen als zweite Hälfte den Hintergrund des nachträglichen
Betrachters enthält, der Peter Weiss und die Nürnberger Prozesse studiert hat und über die Faschismus-Theorien verfügt.
Wo Sprachwissenschaftler diese zweite Hälfte einbezogen,
verfuhren sie zwar methodisch eher im Sinne Hunds; nur lasen
sie statt der Faschismus-Theorie meist andere Bücher.

Dies Ergebnis wird von anderen ideologiekritischen
Sprachanalysen unterstützt. Klar und deutlich sagt Lutz
Winkler (1970) in seiner "Studie zur gesellschaftlichen
Funktion faschistischer Sprache": "Kritik an Hitlers Sprache
ist ohne eine politische Theorie des Faschismus nicht denkbar" (12). Zum gleichen Schluß führt der Blick auf die bekannten Arbeiten von Wendula Dahle (1969) und Wolfgang F.
Haug (1968).

Dahles Vorgehen ist methodisch besonders lehrreich, weil
sie mit der in der sprachwissenschaftlichen Stilistik üblichen Sprachgebrauchsanalyse beginnt und erst allmählich
feststellt, daß sie nicht zum Ziele führt. Sie wählt eine
Reihe militärischer Termini , die in Veröffentlichungen von
Germanisten in der Zeit des "Dritten Reiches" eine prominente Rolle gespielt haben, und versucht, am Sprachgebrauch
aufzuzeigen, daß die Germanistik sich fahrlässig oder sogar
bewußt in den Dienst des Faschismus gestellt habe. Das
Unterfangen scheitert: Die semantische Analyse der Wörter und
Wendungen gibt ihr kein Mittel an die Hand zu entscheiden, ob
die untersuchten Sprachformen in ihrer primären oder in metaphorischer Bedeutung verwendet werden und im zweiten Falle
möglicherweise nur eine rhetorische Funktion haben. Sie
erkennt, daß "erst diejenige Sprachkritik, die in ihre Untersuchung Denkschemata, Wertungskriterien, soziale Gruppierungen,
ideologische Komponenten der Wissenschaftsauffassung einbe-

zieht, ... legitimerweise über das Abhängigkeitsverhältnis
von Denken, politischem Engagement, sprachlichem Ausdruck
und dessen Effekte Aussagen machen" darf (27). Folgerichtig
geht die Autorin im zweiten Textkapitel den Umweg über die
Verhaltens- und Aussagenanalyse und weist nach, daß viele
Germanisten durch ihre Teilnahme an der "Kriegseinsatztagung
deutscher Hochschulgermanisten" im Jahre 1940 (Verhalten)
oder in ihren Schriften (Aussagen) sich ausdrücklich zum
Kriegseinsatz der Geisteswissenschaften bekannt haben. Die
im ersten Kapitel konstatierte militärische Ausdrucksweise
kann nun nach den Ergebnissen des zweiten "als Resultat einer der nationalsozialistischen Ideologie verpflichteten
Wissenschaftsauffassung" (16) gedeutet werden, und r ü c k -
w i r k e n d werden auch die sprachlichen Beobachtungen
beweiskräftig. Die Sprache entlarvt, was ich vorher schon
gewußt habe, und nur dann, wenn ich es schon wußte.

Auch bei Haug darf man sich von der starken Betonung der
"Sprache des hilflosen Antifaschismus" (dies der Titel des
1. Kapitels) nicht täuschen lassen. Seine These, daß der in
den bekannten Vorträgen und Ringvorlesungen der Jahre 1964
bis 1966 an deutschen Universitäten geäußerte "Antifaschismus" wissenschaftlich und politisch hilflos sei und in
mancher Beziehung selbst in der Tradition des Faschismus
verbleibe, wird nicht (oder kaum) begründet durch Ergebnisse der Sprachgebrauchsanalyse, sondern durch Inhaltsanalyse.
Die entscheidenden Fragen, die an die Texte gestellt werden,
sind nicht: wie sind die Aussagen formuliert, welche Wörter
werden verwendet, welche Bedeutung haben sie, aus welchen
Bereichen stammt die Metaphorik, sondern: was wird gesagt
und am Faschismus kritisiert, und was wird nicht gesagt, verschwiegen oder nicht erkannt, wie wird das Verhalten der
Professorenschaft vor 1933 erklärt, und welche Wissenschaftsauffassung liegt der Kritik der Kritiker zugrunde? "Den Primat hat die Sache, von der geredet wird" - der Faschismus
zwischen 1933 und 1945, begriffen als Organisationsform der
spätkapitalistischen Gesellschaft in einer bestimmten historischen Situation. Der Nachweis der Hilflosigkeit gegenüber

dieser Sache konzentriert sich, auch wenn die Arbeit darauf nicht reduziert werden soll, auf die Beobachtung, daß in den behandelten Vorträgen entgegen der bekannten Aufforderung Horkheimers vom Kapitalismus nicht die Rede ist. Die Inhaltsanalyse trägt die Beweislast, die Sprachgebrauchsanalyse erfüllt sekundäre Funktionen. Die sprachlichen Ausdrucksmittel machen auf die m ö g l i c h e Affinität zwischen faschistischem Denken und dem "Antifaschismus" der Vorträge aufmerksam: an der Sprache schöpft der Ideologiekritiker Verdacht. Außerdem unterstützt die Sprachgebrauchsanalyse die Ergebnisse der Inhaltsanalyse: die Sprache ist die Probe aufs Exempel. Wo Haug tatsächlich im Detail Kritik allein auf sprachliche Beobachtungen stützt, neigt auch er, z.B. bei der Beurteilung der Übernahme "faschistischer Eigennamen" in Kap. I,2, zur Überinterpretation.

Als letztes Beispiel ein Blick auf Weinrichs (1966) "Linguistik der Lüge": Der Linguist Weinrich kommt bis zu der Feststellung, daß Wörter lügen k ö n n e n . Welches Wort nun aber lügt, ist erst an der Ideologie zu entscheiden, in der es eine Rolle spielt. Dazu bemerkt Voigt (1967, 164), daß diese Entdeckung für die Ideologiekritik nicht eben eine große Hilfe sei. Der Vorgang hat typischen Wert: Voigt, der sich für die Ideologiekritik bei der Sprachwissenschaft Hilfe sucht, wird von der Sprachwissenschaft an die Ideologiekritik zurückverwiesen. Es ist der gleiche Weg, den in exemplarischer Form die Untersuchung von Dahle beschreitet.

6.

In dieser Situation sieht eine Zusammenarbeit zwischen Ideologiekritik und Sprachwissenschaft nicht gerade vielversprechend aus. Die Diskrepanzen in den wissenschaftstheoretischen Ansätzen und in den Methoden und Untersuchungszielen sind offensichtlich. Zum Teil herrschen aber auch terminologische Mißverständnisse, die vermeidbar sind und ausgeräumt werden sollten.

Die Ideologiekritik ist nicht primär an Sprache oder Sprachgebrauch interessiert, sondern a) am Bewußtsein von

Individuen oder Gruppen, b) an der Beziehung zwischen dem
Bewußtsein und der Wirklichkeit und c) an den Determinanten
des Bewußtseins. Jede Ideologiekritik muß also zuerst einmal
auf irgendeine Weise - durch Rückschlüsse aus dem sprachlichen oder nicht-sprachlichen Verhalten, in künstlichen
Versuchssituationen oder in natürlicher Umgebung - dieses
Bewußtsein in den Griff zu bekommen versuchen. Neben den
Techniken der Verhaltensanalyse, psychologischer Testver-
fahren, soziologischer Interviews und anderer Methoden dient
dazu die Textanalyse, mit der das Denken sichtbar gemacht
werden soll, das sich in den Texten ausdrückt. Sie erscheint
in der Literatur unter verschiedenen Namen; u.a. sind "Aussagenanalyse", "Sprachanalyse", "sprachinhaltliche Analyse"
gebräuchlich. Wählt man als Oberbegriff den in der Kommunikationsforschung üblichen Begriff der "Aussagenanalyse", so
ergibt sich, entsprechend der methodischen Trennung von Aussageform und Aussageinhalt, eine "Sprachgebrauchsanalyse",
die die Aussageform, und eine "Inhaltsanalyse", die den Aussageinhalt untersucht. Diese für viele sprachwissenschaftliche
Operationen grundlegende Unterscheidung spielt in der Ideologiekritik wie auch in anderen Sozialwissenschaften eine
untergeordnete Rolle oder wird sogar generell als unnötig
oder unangemessen abgewiesen. Behält man sie bei und legt
sie an die ideologiekritischen Sprachanalysen an, so stellt
man fest, daß die "Sprachanalyse" manchmal auf die Aussageform, manchmal auf den Aussageinhalt und manchmal ununterschieden auf beides zielt. Vorrang hat aber der Aussageinhalt: das spezifisch Faschistische, Kommunistische usw. wird
durch die Sätze hindurch in den ausgedrückten Inhalten gesucht und in dem Herrschaftssystem, das sich der Sprache
bedient. Der Wert der Sprachgebrauchsanalyse wird allgemein
als gering eingeschätzt, weil die konkrete Formulierung der
Aussage nur bedingt oder gar keine sicheren Rückschlüsse auf
das dahinterstehende Denken zuließe. Sprachanalyse im ideologiekritischen Kontext bedeutet also nicht Analyse der
Sprache noch Analyse des Sprachgebrauchs, wie diese Begriffe
in der Sprachwissenschaft üblicherweise aufgefaßt werden,

sondern im umfassenden Sinn "Analyse von Gesprochenem und Geschriebenem". Wenn z.B. Winckler (1970, 96) in Anlehnung an R. Kühnl feststellt, die "Sprache der NPD" zeige "Abneigung gegen soziale Konflikte", so kann wohl nur gemeint sein, daß die NPD nicht gern über soziale Konflikte spricht. Die gleiche Bedeutung des Wortes "Sprache" scheint mir auf S. 22 vorzuliegen, wo Winckler neben der "Analyse der sprachlichen Verführungstechniken" (= Sprachgebrauchsanalyse?) Rücksicht auf den "sprachlichen Inhalt des jeweils Propagierten" (= auf das Propagierte, das sprachlich formuliert wird?) fordert.

Behält man diesen Gebrauch des Wortes "Sprache" im Auge, dann bekommt auch "Sprachkritik" einen besonderen Sinn. Gemeint ist nicht Kritik an der (deutschen, französischen, russischen) Sprache; denn jede Sprache enthält potentiell für jede Ideologie die nötigen Ausdrucksmittel. Gemeint ist in der Regeln auch nicht Sprachgebrauchskritik; denn die von der Ideologiekritik implizierte Alternative ist nicht ein veränderter Sprachgebrauch, der ja am Denken nichts ändern würde, sondern ein anderes Denken. Das Bestimmungswort "Sprache" in "Sprachkritik" ist im strikten Sinne ein Synonym für "Denken". Die Wertungskriterien dieser Sprachkritik (= Denkkritik) stammen aus der Beziehung zwischen der Wirklichkeit und deren gedanklicher Widerspiegelung. Unterstützend treten die Ergebnisse der Kommunikator-, Medien-, Situations- und Wirkungsanalyse hinzu. Gelegentlich könnte man von "Sprachgebrauchskritik" in einem besonderen Sinne sprechen, nämlich von Kritik daran, "daß Sprache gebraucht wird". Die Alternative ist dann der Nicht-Gebrauch der Sprache, das Schweigen. Diese Forderung ist allerdings so berechtigt wie folgenlos, es sei denn, man bringe den Andersdenkenden zum Schweigen, mache ihn gar stumm.

Sprachwissenschaftler auf der andren Seite machen meist gerade die Unterscheidung zwischen Aussageform und Aussageinhalt zu ihrem Ausgangspunkt und beschreiben die konkrete Formulierung eines gedanklichen Inhalts vor dem Hintergrund möglicher anderer sprachlicher Realisierungen. Der gedankliche Inhalt wird von der sprachlichen Form für die Zwecke der Untersuchung künstlich abgelöst, damit er als Folie präsent wird. Aussagen über das Denken des Sprechers werden an den speziellen sprachlichen Ausdruck geknüpft, den der Sprecher aus dem Potential der Sprache aktualisiert. Die Sprachgebrauchsanalyse macht sich so die Tatsache zunutze, daß die perspektivische Sicht der Ideologie zu bestimmten Sprachformen führt, indem sie nun umgekehrt von den Sprachformen auf den ideologischen Standort schließt. Die Wertungskriterien für die Sprachgebrauchskritik ergeben sich aus der Beziehung zwischen sprachlichem Ausdruck und gedanklichem Inhalt. Ihre Maßstäbe sind vielfältig (ästhetisch, formallogisch, ethisch, funktionalistisch) und variieren mit der Art der analysierten Texte und den Kommunikationssituationen. Kritisiert wird aber immer nur der sprachliche Ausdruck in Hinblick auf die Aussageinhalte, nicht der Aussageinhalt selbst.

Der mögliche Beitrag der Sprachwissenschaft zur Ideologiekritik auf dieser Basis ist in der Tat nicht groß, und so geht denn auch die Forderung an die Sprachforscher dahin, die Wörterhatz aufzugeben und sich mit den Aussageinhalten zu befassen. Diese jedoch entziehen sich jeder sprachwissenschaftlichen Methode. Wollte die Sprachwissenschaft die wertende Beurteilung der Inhalte der Texte und Rede, deren Sprache sie untersucht, zu ihrem Gegenstand machen, dann müßte sie sich zu einer Universalwissenschaft entwickeln, die alle Disziplinen in sich vereint, die, wie Literatur-, Geschichts-, Rechtswissenschaft, Theologie und sprachanalytische Ideologiekritik, in ihrem jeweiligen Sachbereich ausschließlich oder vorwiegend Inhaltsanalysen von Texten vornehmen. Ähnlich problematisch ist der begrenztere Vorschlag, die Sprachwissenschaft solle sich die Ergebnisse der Ideologiekritik zunutze machen und die sprachlichen Untersuchungen dann kritisch von dieser Basis aus beginnen. In diesem Fall bleibt ihr nämlich nicht viel mehr zu tun, als immer zwei Schritte hinter dem Ideologiekritiker herzulaufen und zu rufen: auch sprachlich, ja auch sprachlich.

Nichts hindert den einzelnen Sprachwissenschaftler mit den

entsprechenden Kenntnissen, den sprachwissenschaftlichen Rahmen in seinen Veröffentlichungen zu überschreiten und ideologiekritisch zu werten; und er sollte sich daran auch nicht hindern lassen. Er sollte sich aber über die Verschiedenheit der anzuwendenden Gesichtspunkte, Methoden und Untersuchungsziele im Klaren sein. Das Schlimme ist nicht die Ideologiekritik in der Sprachwissenschaft, sondern die pseudowissenschaftliche Verschleierung der politischen Kritik, zu der es immer dann kommt, wenn ein enger Begriff von Sprachwissenschaft vorausgesetzt wird, der Ideologiekritik, oft Kritik überhaupt, ausschließt und dann dazu zwingt, Kritik, von der der Wissenschaftler nicht lassen kann oder will, entweder als Beschreibung oder, wenn als Kritik, als rein sprachwissenschaftlich begründete Kritik auszugeben.

7. Nachtrag 1981

Die Abschnitte 1-6 sind im Jahre 1970 geschrieben worden. Natürlich wäre es möglich, das gleiche Thema fortsetzend für die letzten zehn Jahre zu behandeln. Ich möchte das in diesem Nachtrag nicht versuchen, sondern beschränke mich darauf, wenige mir wesentlich erscheinende Veränderungen anzudeuten. Partiell habe ich das Problem der Beziehung von Sprachwissenschaft und sprachanalytisch fundierter Ideologiekritik und das allgemeinere Problem der Beziehung von Sprachwissenschaft und Sprachkritik auch für die 70er Jahre in anderen Veröffentlichungen behandelt (vgl. Dieckmann 1975: Literaturbericht zur 2. Aufl., Behrens/Dieckmann/Kehl 1979, Dieckmann 1980a und den Beitrag "Politische Sprache. Maßstäbe ihrer Bewertung" in diesem Band).

Die Feststellung im ersten Satz dieses Aufsatzes, die Erforschung (oder besser: der Erforscher) der öffentlichen Sprache im gegenwärtigen Deutsch sitze zwischen zwei Stühlen, mag heute noch zutreffen; es sind aber sicherlich nicht mehr die gleichen Stühle. Der weite methodologische Abstand, den v. Polenz 1969 zwischen der strukturellen Linguistik (im Sinne Saussures, Trubetzkois, Hjelmslevs und Chomskys) und den Studien zu Umgangssprache, Werbesprache, politischer

Sprache konstatierte, hat die in diesen Bereichen tätigen
Sprachwissenschaftler in den 70er Jahren nicht allzu sehr bekümmert, weil die Linguistik in der Bundesrepublik nach der
"pragmatischen Wende" Anfang der 70er Jahre für weite Gegenstandsbereiche noch einmal in eine heuristisch-explorative
Phase eingetreten ist, die im großen ganzen andauert. Die
Untersuchung der öffentlichen und im weiten Sinne politischen
Sprache konnte sich in diese pragmatischen Forschungsrichtungen eingliedern und bekam von ihnen zugleich wesentliche
Impulse. Das gilt allerdings nicht für die spezielle Frage
nach der Möglichkeit (sprach-)wissenschaftlicher Kritik des
Sprachgebrauchs in diesem Kommunikationsbereich. Man kann
ganz im Gegenteil sagen, daß die schon vorher beobachtbare
Tendenz zur Konzentration auf die Beschreibung und zum ausdrücklichen Verzicht auf Kritik sich fortgesetzt hat. Das
gilt für so unterschiedliche Arbeiten wie die von Müller
(1978), Hoppenkamps (1977) und Simmler (1978) gleichermaßen.
Sie sind in ihrer Entscheidung meist auch so konsequent, daß
Widersprüchlichkeiten der Art, wie ich sie oben an Aufsätzen
aus den 60er Jahren zu belegen versucht habe, vermieden werden. Das gilt zumindest für die eigentliche Untersuchung und
ihre Darstellung. Umso größer wird die Diskrepanz zwischen
der Verlagswerbung, die sich häufig des verkaufsfördernden
Arguments des auch kritischen Potentials der wissenschaftlichen Untersuchung bedient, und dem, was die Untersuchung
leistet. Indirekt wird dadurch ein Anspruch bestätigt, der
außerhalb der Gemeinschaft der Wissenschaftler zweifellos
besteht und von dem auch die Wissenschaftler selbst oft nur
mit schlechtem Gewissen Abstand zu nehmen scheinen. Die
Diskrepanz besteht nämlich gelegentlich nicht nur zwischen
wissenschaftlichem Produkt und Verlagswerbung, sondern auch
zwischen der Untersuchung und dem die Untersuchung rechtfertigenden Vorwort des Autors.

Der andere Pol, von dem eingangs die Rede war, die sprachanalytisch orientierte Ideologiekritik, ist in den 70er Jahren kaum zur Geltung gekommen. Sie war eng verbunden mit der
Frankfurter Schule und dem ausgeprägtem Interesse am Ideolo-

gieproblem in den 60er Jahren. Sowohl die Frankfurter Schule als auch das Interesse an der Ideologie traten in der marxistischen und marxismusnahen Theorie nach 1970 sehr stark in den Hintergrund. Relevante Beiträge sind erst in den letzten Jahren wieder erschienen. Ich verweise vor allem auf das "Projekt Ideologie-Theorie" um die Zeitschrift "Das Argument" (M. Behrens u.a. 1979 und 1980), an dem sich ablesen läßt, daß, wer von Ideologie spricht, offenbar auch immer von Sprache reden muß. Nur die Umkehrung scheint, traut man den sprachwissenschaftlichen Veröffentlichungen, nicht zu gelten.

Allerdings hat das Interesse an der Sprachkritik (und in diesem Rahmen u.a. das Ideologieproblem) auch in der Sprachwissenschaft in den letzten Jahren eine bemerkenswerte Renaissance erfahren (vgl. Heringer 1981), wobei auffällig ist, daß sie nicht von einzelnen Autoren getragen wird, sondern institutionelle Stützung erfährt. Anzeichen dafür sind die Einrichtung einer Arbeitsgruppe "Sprachbewertung" auf der 2. Jahrestagung der "Deutschen Gesellschaft für Sprachwissenschaft" 1979 in Berlin (vgl. dazu Dieckmann u.a. 1980b) und die öffentliche Podiumsdiskussion zum Thema "Sprachverbesserung" auf der 3. Jahrestagung in Regensburg 1981; ferner die Beteiligung von Linguisten an dem mehrjährigen Normenprojekt der "Deutschen Akademie für Sprache und Dichtung" in Darmstadt (Deutsche Akademie 1981), in welchem Rahmen Sprachkritiker, Sprachwissenschaftler und Praktiker aus den jeweiligen Kommunikationsbereichen gemeinsam die Probleme wieder aufnehmen, die im "Streit um die Sprachkritik" Mitte der 60er Jahre ungelöst geblieben waren.

Literatur

Bartholmes, H.: Bruder, Bürger, Freund, Genosse und andere Wörter der sozialistischen Terminologie. Göteborg 1970

Behrens, M., W. Dieckmann, u. E. Kehl: Politik als Sprachkampf. Zur konservativen Sprachkritik und Sprachpolitik seit 1972, in: LAB Berlin (West) 13/1979, 61-141

Behrens, M. u.a.: Theorien über Ideologie. (= Argument-Sonderband AS 40) Berlin 1979

Behrens, M. u.a.: Faschismus und Ideologie 1. (= Argument-Sonderband AS 60) Berlin 1980

Beutin, W.: Sprachkritik - Stilkritik. Eine Einführung. Stuttgart 1976

Dahle, W.: Der Einsatz einer Wissenschaft. Eine sprachinhaltliche Analyse militärischer Terminologie in der Germanistik 1933-1945. Bonn 1969

Deutsche Akademie für Sprache und Dichtung (Hg.): Der öffentliche Sprachgebrauch. Bd I: Die Sprachnorm - Diskussion in Presse, Hörfunk und Fernsehen. Stuttgart 1980

Dieckmann, W.: Kritische Bemerkungen zum sprachlichen Ost-West-Problem, in: Zeitschrift f. deutsche Sprache 23 (1967), 136-165

Dieckmann, W.: Sprache in der Politik. Heidelberg ^{2}1975

Dieckmann, W.: Bedarf an Rhetorik? Zu einer neuen Welle auf dem Buchmarkt, in: Das Argument 18(1976), H. 95, 24-43

Dieckmann, W.: Sprachlenkung/Sprachkritik, in: Lexikon der Germanistischen Linguistik. Hg. v. H. P. Althaus u.a., Tübingen ^{2}1980, 508-515 (a)

Dieckmann, W. u.a.: Tagungsbericht der Arbeitsgruppe 6: Sprachbewertung, in: LAB Berlin (West) 15/1980, 130-164 (b)

Handt, F. (Hg.): Deutsch - Gefrorene Sprache in einem gefrorenen Land? Berlin 1964

Haug, W.F.: Der hilflose Antifaschismus. Zur Kritik der Vorlesungsreihen über Wissenschaft und NS an deutschen Universitäten. Frankfurt ^{2}1968

Heringer, H.-J. (Hg.): Holzfeuer im hölzernen Ofen. Aufsätze zur politischen Sprachkritik. Tübingen 1981 (demnächst)

Hoppenkamps, H.: Information oder Manipulation? Untersuchungen zur Zeitungsberichterstattung über eine Debatte des Deutschen Bundestages. Tübingen 1977

Hund, W. D.: Information und Redundanz. Ein Beitrag zur politischen Semantik, in: Literatur und Kritik 28/1968

Ihlenburg, K.H.: Entwicklungstendenzen des Wortschatzes in beiden deutschen Staaten, in: Weimarer Beiträge 10 (1964), 372-397

Jäger, S.: Linke Wörter. Einige Bemerkungen zur Sprache der APO, in: Muttersprache 80 (1970), 85-107

Klaus, G.: Die Macht des Wortes. Ein erkenntnistheoretisch-pragmatisches Traktat. Berlin ^{4}1968

Klaus, G.: Semiotik und Erkenntnistheorie. Berlin ^{2}1969

Klemperer, V.: Die unbewältigte Sprache. Aus dem Notizbuch eines Philologen. LTI. Neudruck der 3. Aufl. Darmstadt 1966

Lenk, K. (Hg.): Ideologie. Ideologiekritik und Wissenssoziologie. Neuwied 1961

Mannheim, K.: Ideologie und Utopie. Frankfurt ^{3}1952

Moser, H. (Hg.): Sprachnorm, Sprachpflege, Sprachkritik. Düsseldorf 1968

Müller, G.: Das Wahlplakat. Pragmatische Untersuchungen zur Sprache in der Politik am Beispiel von Wahlplakaten aus der Weimarer Republik und der Bundesrepublik. Tübingen 1978

Neubert, A.: Semantischer Positivismus in den USA. Ein kritischer Beitrag zum Studium der Zusammenhänge zwischen Sprache und Gesellschaft. Halle 1962

Pankoke, E.: Sprache in "sekundären Systemen". Zur soziologischen Interpretation sprachkritischer Befunde, in: Soziale Welt 17 (1966), 253-273

Polenz, P. v.: Gibt es eine germanistische Linguistik? in: Ansichten einer künftigen Germanistik. München 1969

Polenz, P. v.: Sprachkritik und Sprachwissenschaft, in: Sternberger u.a. 1970, 210-225

Reich, H.H.: Sprache und Politik. Untersuchungen zu Wortschatz und Wortwahl des offiziellen Sprachgebrauchs in der DDR. München 1968

Römer, R.: Die Sprache der Anzeigenwerbung. Düsseldorf 1968

Schmidt, W.: Zur Ideologiegebundenheit der politischen
    Lexik, in: Zeitschrift für Phonetik, Sprachwissenschaft
    und Kommunikationsforschung 22 (1969), 255-271

Schumann, H.G.: Einleitung zum Neudruck des "Historischen
    Schlagwörterbuches" von O. Ladendorf. Hildesheim 1968

Simmler, F.: Die politische Rede im Deutschen Bundestag.
    Tübingen 1978

Sternberger, D. u.a., Aus dem Wörterbuch des Unmenschen.
    Neue erw. Ausg. mit Zeugnissen des Streites über die
    Sprachkritik. München 1970

Voigt, G.: Zur Sprache des Faschismus, in: Das Argument 9
    (1967), 154-165

Weinrich, H.: Linguistik der Lüge. Heidelberg 1966

Winckler, L.: Studie zur gesellschaftlichen Funktion faschistischer Sprache. Frankfurt 1970

Zimmermann, H.D.: Die politische Rede. Der Sprachgebrauch
    Bonner Politiker. Stuttgart 1969

Anhang

DIE "OBJEKTIVE BEZEICHNUNG" ALS MASSSTAB ZUR KRITIK IDEOLOGISCHER WORTBILDUNGEN[+]

Im ersten Satz der Einleitung zu seinem Buch schreibt Reich, er wolle in seiner Behandlung der SED-Sprache versuchen, "vorurteilsfrei" zu sein, ohne dem Faktum der Verquickung von Politik und Sprache auszuweichen" (S. 7).

Der zitierte Satz aus der Einleitung richtet sich, wie die Auseinandersetzung Reichs mit seinen Vorgängern zeigt, in erster Linie gegen die Art der unreflektierten politischen Wertung, die offen oder verdeckt die Beschäftigung mit der Sprache in Ost- und Westdeutschland in den 50er und frühen 60er Jahren bestimmte. Gemessen an diesen Vorgängern ist Reichs "Vorurteilslosigkeit" ein unbezweifelbarer Fortschritt. Mit ihr bringt er Licht in das Halbdunkel des politischen und kulturkritischen Engagements, in dem sich Stilkritik, Sprachkritik, Ideologiekritik und politische Sachkritik vermischen. Reichs Zurückhaltung richtet sich nicht gegen Ideologiekritik und Sachkritik, wo sie sich als solche zu erkennen geben, sondern gegen die pseudosprachwissenschaftliche Verschleierung der politischen Kritik, die mit ad hoc formulier-

---

[+]Der folgende Text wurde als Teil einer Auseinandersetzung mit dem Buch "Sprache und Politik. Untersuchungen zu Wortschatz und Wortwahl des offiziellen Sprachgebrauchs in der DDR" von H.H. Reich (München 1968) zuerst in der Zeitschrift für Deutsche Sprache 27 (1971), S. 126-128, veröffentlicht. Der ursprüngliche Text wurde für diesen Sammelband überarbeitet, jedoch nicht wesentlich verändert. Die erneute Veröffentlichung soll nicht noch einmal auf die wissenschaftsgeschichtlich sehr wichtige Dissertation von Reich oder speziell auf einen problematischen Aspekt seiner Arbeit aufmerksam machen, sondern geschieht, weil das behandelte Problem, wie mir scheint, immer noch ungelöst ist. Die "objektive Bezeichnung" spielt als Argument in der politischen Sprachkritik der 70er Jahre bis heute eine große Rolle (vgl. dazu M. Behrens, W. Dieckmann, E. Kehl, Politik als Sprachkampf, in: LAB Berlin (West), H. 13/1979, 61-141); sie ist auch in Publikationen von Sprachwissenschaftlern auffindbar (vgl. "Politische Sprache. Maßstäbe ihrer Bewertung" in diesem Band, insbesondere die Kritik an W. Betz).

ten Kriterien linguistisch verurteilt, was nur politisch verurteilt werden kann.

Reichs eigene Position besteht, mit noch zu behandelnden Ausnahmen, darin, daß er, ausgehend von der Beobachtung, daß ein gemeinsames politisches Realitätsbewußtsein nicht existiert, das ideologische Bewußtsein des SED-Sprechers zu erkennen sucht, um dann den sprachlichen Ausdruck am ideologischen Denksystem zu messen. Eine so verstandene Sprachwissenschaft beschränkt sich auf die Relation zwischen ideologischem Denken und ideologischem Sprechen ("Verquickung von Politik und Sprache"), verzichtet aber auf die Kritik am Denken selbst (Ideologiekritik) als auch auf Kritik an der politischen Praxis (politische Sachkritik):

"Die Heranziehung politischer Fakten zur Deutung sprachlicher Erscheinungen bemüht sich, ihre Bedeutung, darunter etwa auch die Bedeutung einer andersartigen Normvorstellung für die Behandlung und den Gebrauch der Sprache zu beschreiben, aber politische Urteile zu fällen, ist nicht der Sinn einer sprachwissenschaftlichen Untersuchung" (S. 321).

Ihre erste Aufgabe ist es, die Beziehung zwischen dem Denken und der Sprache, in der es sich ausdrückt, zu beschreiben, den sprachlichen Ausdruck als ideologisch gebundenen nachzuweisen (was noch keine Kritik beinhaltet) und die Sprachformen aus der speziellen Ideologie zu erklären. Kritik am Sprecher ist auch in dieser Beschränkung möglich, wenn sich eine Diskrepanz zwischen Denken und Sprechen feststellen läßt. Ohne Zweifel aber erreicht die sprachwissenschaftliche Kritik die Ideologie selbst nicht.

Reich bewegt sich mit Erfolg im großen ganzen innerhalb dieser Grenzen. Nicht zufällig aber werden sie ihm im Kapitel über den Euphemismus (und an wenigen anderen Stellen) zu eng; denn der Euphemismus ist der Testfall für eine Sprachwissenschaft, die objektiv zu sein sich bemüht. Noch kein Problem sieht Reich bei den Fällen, in denen ein altes Wort von einem neuen ersetzt wird, das denselben Gegenstand oder Sachverhalt, nun aber verschleiernd, verharmlosend, verschönend bezeichnet; denn der Nachweis des euphemistischen

Charakters der neuen Benennung und eine eventuell sich
anschließende Kritik könne sich rein innersprachlich auf
den Vergleich mit dem alten Wort stützen. Er nennt als Beispiel den Wechsel von "Flüchtling" zu "Umsiedler". Genauer
besehen scheitert aber die innersprachliche Methode schon
hier, weil sich nämlich ohne Bezug auf die bezeichnete Sache
nicht feststellen läßt, welches der beiden Wörter das euphemistische und welches das sachgerechte ist, oder ob vielleicht beide oder keins euphemistische Benennungen sind. Es
gilt also schon für den Wechsel von einem Wort zum anderen,
was Reich erst in den Fällen bewahrheitet sieht, in denen
eine Ersetzung nicht erkennbar ist oder, wie bei neuen Wortbildungen für neue Sachverhalte, gar nicht stattfindet. Die
Sprachwissenschaft scheitert schon vor jeder Kritik an der
Frage, ob ein Euphemismus überhaupt vorliegt oder nicht,
wenn sie auf ihrer innersprachlichen Argumentation beharrt
und den Bezug auf die bezeichnete Sache ausschließt. Weist
sie Sachurteile grundsätzlich von sich, dann muß sie auf den
Euphemismus als Untersuchungsgegenstand verzichten; schließt
sie Sachurteile ein, dann verliert sie ihre politische Neutralität, weil die Entscheidung, was eine euphemistische
und was eine sachgerechte Benennung ist, mit dem politischen
Standort des Betrachters variiert. Der SED-Sprecher interpretiert das Wort "Verteidigungsminister" in der Bundesrepublik als Euphemismus für "Kriegsminister", eine Deutung,
die sich konsequent aus der Imperialismus-Theorie ergibt,
und der westliche Betrachter wirft ihm seinerseits das Wort
"volkseigen" an den Kopf.

Um diesem Dilemma zu entgehen, beruft sich Reich auf die
"objektive Definition" oder "objektive Bezeichnung" (S. 296,
308, 310, 311), womit er seine Kritik auf ein objektives
Sachurteil stützen will: "Man wird also die ... Möglichkeit
einer (wenn auch immer nur vorläufigen) objektiven, wissenschaftlichen Beschreibbarkeit außersprachlicher Sachverhalte
als methodisches Axiom akzeptieren müssen, will man nicht auf
die Behandlung der zur Debatte stehenden Probleme überhaupt
verzichten" (S. 295). Die theoretisch angenommene "objektive

Bezeichnung", die er aus den Eigenschaften des Bezeichneten erschließt, dient ihm dann als Handhabe, Wortbildungen als euphemistisch (oder im weiteren Sinne als propagandistisch oder ideologisch) zu charakterisieren, weil sie die Sache in irgendeiner Weise einseitig, verzerrend, d.h. selektiv widerspiegeln. So sieht er in "Befreiung" als Benennung der militärischen und politischen Vorgänge in Deutschland 1945 einen Euphemismus, weil das Wort "nur einen Aspekt der Sache, die Befreiung vom Nationalsozialismus betont, den anderen Aspekt der Besetzung durch fremde Truppen dagegen verschweigt" (S. 311). "Normerhöhung" wird zum Euphemismus, weil der bezeichnete Vorgang zugleich auch Lohnsenkung oder Mehrarbeit beinhaltet, was in der Wortbildung nicht zum Ausdruck kommt. An anderer Stelle (S. 295) kommt er bei der Gegenüberstellung von "Heimatvertriebener" (BRD) und "Neubürger" (DDR) zum Ergebnis, daß "beide Wörter einseitige, befangene (wenn man so will, die Wirklichkeit 'verzerrende') Bezeichnungen sind - einseitig gegenüber einer angenommenen objektiven Definition dieser Personengruppe, die in der Tat beide Bedeutungselemente enthalten müßte; und darauf muß sich der Nachweis ihres Propagandacharakters stützen" (S. 296).

Nun wird nicht ganz klar, wozu diese objektive Bezeichnung dienen soll: zum bloßen <u>Nachweis</u> der Einseitigkeit oder als Kriterium der <u>Kritik</u> an solchen einseitigen Benennungen. Im letzten Zitat spricht Reich von "Nachweis", weiter oben stellt er jedoch die Frage nach der Legitimität des sprachlichen Vorgehens, was doch wohl Kritik impliziert. Wegen dieser Unsicherheit frage ich nicht nach Reichs Anwendung des Begriffs, sondern allgemein, was die "objektive Bezeichnung" methodisch leisten kann.

Sie hat, wenn ich recht sehe, zwei Merkmale: Sie ist nicht einseitig, sondern allseitig und deshalb ideologisch unbefangen. In der Tat läßt sich mit ihr die Einseitigkeit von Wortbildungen nachweisen, wenn diese wenigstens teilweise motiviert sind und wegen dieser Eigenschaft die Perspektivität sichtbar werden kann. Reichs theoretischer Maßstab hilft, die ideologische Perspektive zu erkennen, die aus den vielen

Merkmalen eines Gegenstandes den heraushebt und sprachlich verfestigt, dem im Kontext der Ideologie die größte Bedeutung zukommt. Der Nachweis der Einseitigkeit genügt jedoch nicht zum Schluß auf eine euphemistische oder propagandistische Absicht. Zur Feststellung der Intention bedarf es zusätzlicher Kriterien. Das zeigt schon die weite Verbreitung "einseitiger" Wortbildungen in unverfänglichen Bereichen außerhalb der Politik. Warum betont das Wort "Telefonhörer" die Tätigkeit des Hörens und "verschweigt" die des Sprechens, und warum beschränkt sich das Wort überhaupt auf die Funktion des Gegenstandes und sagt nichts über Form und Material aus, die doch in einer objektiven (= allseitigen) Benennung enthalten sein müßten? Warum die einseitige Betonung des Koffers in "Kofferraum", und warum überhaupt die Benennung nach dem, was man hineinsteckt? Die Wahl des Aspektes mag manchmal mehr oder weniger Zufall sein; in der Regel spiegelt sich im Wort das, was dem jeweiligen Wortschöpfer als das Wichtigste und Kennzeichnendste erschien. Ob er zusätzlich eine euphemistische oder allgemein werbende Absicht hat, kann aus der Einseitigkeit allein nicht gefolgert werden.

Da die objektive Bezeichnung nur die Einseitigkeit, nicht aber deren Funktion erkennbar macht, gibt sie natürlich auch keinen Maßstab zur Kritik an die Hand, es sei denn, die Einseitigkeit selbst könnte als Kriterium der Kritik dienen. Und dies ist nun offensichtlich nicht möglich, weil die implizierte Forderung nach einer allseitigen Benennung bei motivierten Kompositabildungen, an die Reich seinen Maßstab anlegt, die Sprache vor eine unlösbare Aufgabe stellt. Jede Wortbildung ist notwendigerweise das Ergebnis einer Selektion, weil die allseitige Definition eines Gegenstandes einige Seiten Text erfordert und sich nicht in einem Wort komprimieren läßt. Man kann Wörter wie "Heimatvertriebener" und "Neubürger" als ideologisch-selektive Benennungen beschreiben und die spezielle Perspektive aus der dahinterstehenden Ideologie erklären; dem Wortschöpfer ist aber aus der Tatsache der Einseitigkeit kein Vorwurf zu machen. Ich

kann nur die _spezielle_ Perspektive kritisieren, die zur
Wortbildung führte. Dies aber wäre Ideologiekritik, nicht
Kritik an der Sprache oder am Sprachgebrauch.

Mir scheint daher, daß Reichs Begriff der "objektiven
Bezeichnung" in der Frage der Bewertung politischer Sprache
nicht weiterführt. Der Sprachwissenschaftler, der die außersprachliche Wirklichkeit in die Untersuchung hineinnimmt und
Sachurteile fällt, gibt in seiner Kritik seine ideologie-
neutrale Position auf, oder er bewahrt sich seine Vorurteilslosigkeit und muß dann auf Kritik verzichten. Diese Alternative wird bei Reich nur deshalb nicht sichtbar, weil er
seine Kritik mit dem Kriterium der Einseitigkeit _so_ allgemein
formuliert, daß sie "vorurteilsfrei" _jedes_ ideologische
Sprechen trifft und darüberhinaus jedes Sprechen überhaupt.

SPRACHE UND IDEOLOGIE
ÜBER DIE IDEOLOGIEGEBUNDENHEIT DER SPRACHE UND DIE MACHT DES WORTES[+]

1.

Das Verhältnis von Ideologie und Sprache hat als Thema in den letzten Jahrzehnten in verschiedenen Fachdisziplinen eine gewisse Prominenz erlangt. Die Problematik wird nicht nur in der Ideologiekritik behandelt, sondern auch unter erkenntnistheoretischen, wissenschaftstheoretischen oder sprachphilosophischen Fragestellungen, ferner in der Sprachwissenschaft und - mit zum Teil recht praxisnahen Zielen - in der Meinungs-, Vorurteils- und Propagandaforschung.

Das Interesse an der Sprache, wo immer von Ideologien die Rede ist, ergibt sich aus der Natur der Sache, ist doch die Sprache als wichtigstes Kommunikationsmittel der Menschen auch das Vehikel zum Ausdruck und zur Verbreitung von Ideologien. Wem es etwa um die möglichst effektive Verbreitung ideologischer Inhalte geht, wird sein Augenmerk auch auf das Mittel, die Sprache, lenken.

Sprache ist indes für die Ideologienforschung nicht nur in ihrer kommunikativen Funktion von Interesse, sondern auch in ihrer kognitiven Funktion, kraft derer sie im Erkenntnisprozeß zwischen Subjekt und Objekt vermittelt. Mit den Worten Rubinsteins:

> "Die Sprache, das Wort, dient nicht nur dazu, einen Gedanken auszudrücken und nach außen in Erscheinung treten zu lassen, um dem anderen den bereits fertigen, noch nicht ausgesprochenen Gedanken zu übermitteln. In der Sprache formulieren wir den Gedanken, und indem wir ihn formulieren, formen wir

[+] Die erste Fassung des Aufsatzes wurde 1972 als Rundfunkvortrag gesendet und erschien 1974 in dem Sammelband "Linguistik und Sprachphilosophie" (Hg. v. M. Gerhardt. München: List Verlag). Der Aufsatz wurde für die erneute Veröffentlichung überarbeitet; doch habe ich weder die inzwischen erschienene Literatur, die übrigens nicht sehr reichhaltig ist, eingearbeitet, noch die Beispielwörter ausgewechselt, die deutlich den Stempel der 60er und frühen 70er Jahre tragen.

ihn auch. Die Sprache ist mehr als das äußere
Werkzeug des Gedankens. Sie ist im Prozeß des
Denkens als Form, die mit seinem Inhalt ver-
bunden ist, mitenthalten". (1971, 150)

Folgt man der Auffassung Rubinsteins, daß zwischen Sprache, im Sinne eines von den Sprechern internalisierten Systems sprachlicher Mittel, und Denken eine enge Beziehung besteht, ja daß Sprache und Denken eine komplexe Einheit bilden, so hätte der Nachweis, daß die Sprache selbst schon ideologiehaft ist, direkte Konsequenzen für die Frage nach der Ideologienbildung im Bewußtsein. Dieser Aspekt von Sprache und Ideologie, die eventuelle Ideologiegebundenheit der Sprache, ihre Ursachen und ihre Wirkungen, soll im folgenden behandelt werden.

Nun ist der hier angedeutete Zusammenhang zwischen Sprache und Denken und der mögliche Einfluß der Sprache auf das Denken keineswegs eine Entdeckung neuerer Zeit. Schon zu Beginn der neuzeitlichen Ideologienforschung im 16. und 17. Jahrhundert ist das Problem von Francis Bacon erkannt worden. Sein "Neues Organon" enthält als Vorstufe die gesamte später entfaltete Ideologientheorie, und er stieß bei seiner Untersuchung der "Idole", die den Weg zur wahren Erkenntnis versperren, auch schon auf die Sprache als einen der Faktoren, die sich störend zwischen den erkennenden Menschen und das Objekt seiner Erkenntnis, die Welt und ihre Gegenstände, stellen. Über diese "Idole" oder "Götzenbilder" heißt es im 38. Paragraphen des "Neuen Organon":

"Die Götzenbilder und falschen Begriffe, die von
dem menschlichen Geist schon Besitz ergriffen haben
und fest in ihm wurzeln, halten den Geist nicht
bloß so besetzt, daß die Wahrheit nur schwer einen
Zutritt findet, sondern daß, selbst wenn dieser
Zutritt gewährt und bewilligt worden ist, sie bei
der Erneuerung der Wissenschaften immer wieder-
kehren und belästigen, solange man nicht sich
gegen sie vorsieht und nach Möglichkeit verwahrt."
(in: Lenk 1961, 61)

In der späteren Ideologienlehre sind von den bei Bacon unterschiedenen vier Arten, den Götzenbildern des Stammes, der Höhle, des Marktes und des Theaters, besonders die an dritter Stelle genannten Götzenbilder des Marktes, die idola fori, bedeutsam geworden. Von ihnen sagt Bacon:

> "Es gibt auch Götzenbilder infolge der gegenseitigen Berührung und Gemeinschaft des menschlichen Geschlechts, welche ich wegen des Verkehrs und der Verbindung der Menschen die Götzenbilder des Marktes nenne. Denn die Menschen gesellen sich zueinander vermittels der Rede; aber die Worte werden den Dingen nach der Auffassung der Menge beigelegt; deshalb behindert die schlechte und törichte Beilegung der Namen den Geist in merkwürdiger Weise."

Und zwei Zeilen weiter:

> "Die Worte tun dem Verstande Gewalt an, stören alles und verleiten die Menschen zu leeren und zahllosen Streitigkeiten und Erdichtungen."

"Die Worte tun dem Verstande Gewalt an": Hier erscheint sie also schon, die Klage von der Macht des Wortes über den Gedanken, die heute die sprach- und ideologiekritische Diskussion begleitet und in mancherlei Paraphrasen zum beliebten Buch- und Aufsatztitel avanciert ist. Traut man den Titeln, etwa: "Die Tyrannei der Wörter", "Die Macht des Wortes", "Wörter machen Weltgeschichte", "Sprache als Waffe", so werden Denken und Verhalten nicht bestimmt von der konkreten Erfahrung und den Interessen und Bedürfnissen der Menschen, sondern von der Sprache. Wort und Sprache werden geschichtsmächtig aus eigener Kraft. Es muß allerdings daran erinnert werden, daß für Bacon die Götzenbilder ihre Macht verlieren, wenn man "sich gegen sie vorsieht und nach Möglichkeit verwahrt". Die ideologische Trübung des Denkens erscheint letztlich doch als ein individuelles Problem und als vermeidbares Übel. Gerade diese optimistische Grundhaltung ist in der Folgezeit fraglich geworden.

Eine tiefere Einsicht in die Ursachen ideologischen Denkens ergab sich mit der Schwerpunktverschiebung der Ideologienforschung hin zu gesellschaftswissenschaftlichen Problemstellungen. Während Bacon seine Lehre von den Idolen im Hinblick auf die Naturerkenntnis und ihre Begrenzungen entwickelt hatte, konzentrierte sich das spätere Interesse auf die Erkenntnis der gesellschaftlichen Zusammenhänge und die Bedingungen menschlichen Verhaltens. In diesem Problemkontext lag es nahe, nach den sozialen Ursachen und den sozialen Funktionen der Ideen und Ideenkomplexe zu suchen, und die Ideologiekritik erkannte in den Ideologien Theorien, in denen sich die verschiedenen Klassen ihrer Interessen und ihrer Stellung in der Gesellschaft bewußt werden, in denen sie ihre Ziele formulieren und begründen und aus denen sie die Anweisungen für ihr Handeln entnehmen. Die scheinbar autonomen Ideen wurden somit, nicht im Sinne einfach mechanistischer Spiegelung, sondern vielfach vermittelt und unbeschadet der Möglichkeit von Rückwirkungseffekten, auf die unterschiedlichen Interessenlagen sozialer Gruppen in der Gesellschaft zurückgeführt. Demgegenüber verloren die anthropologischen Konstanten, Bacons Götzenbilder des Stammes, und die individualpsychologisch bedingten Varianten, Bacons Götzenbilder der Höhle, im ideologiekritischen Kontext an Erklärungswert. Der objektive Ideologiebegriff, in klassischer Form bei Marx, fügte darüber hinaus das Merkmal des gesellschaftlich notwendigen Scheins hinzu und verbot die Erklärung der Ideologie als einfachen Irrtum oder als bewußte Lüge.

2.

Ideologien korrelieren mit Klassen und Schichten, als herrschende Ideologie mit Gesellschaften, nie aber mit Sprachgemeinschaften. Deshalb kann bei einer Untersuchung des Verhältnisses von Sprache und Ideologie das Wort "Sprache" auch nicht im Sinne von Muttersprache aufgefaßt werden. Das Verbreitungsgebiet einer Ideologie kann zwar gelegentlich mit dem Geltungsbereich einer natürlichen Sprache zusammenfallen, jedoch besteht auch dann zwischen ihnen nur ein über die Gesellschaft vermittelter Zusammenhang.

Deshalb sind die gelegentlichen Versuche, die sogenannte sprachliche Relativitätstheorie oder die Theorie vom muttersprachlichen Weltbild zur Erklärung des Ideologieproblems heranzuziehen (vgl. dazu Römer 1973), von vornherein problematisch, weil sie die Mechanismen verkennen, aufgrund derer

Ideologien entstehen. Das Ergebnis sind Argumentationen wie
die des Sprachpsychologen Kainz (1965, 260f.), der die Differenzen in der kommunistischen Ideologie in den verschiedenen
Ländern auf Unterschiede in den natürlichen Sprachen zurückführen will, oder die des amerikanischen Publizisten Steiner
(in: Handt 1964, 9ff.), der die Ansicht vertritt, an den
Schrecken des Nazismus sei die deutsche Sprache nicht ohne
Schuld gewesen. Die Meinung, gewisse Sprachen seien für bestimmte Ideologien sozusagen prädestiniert, während sie sich
mit anderen von Natur aus nicht vertrügen, ist wohl auch mitverantwortlich dafür, daß die Entstehung eines kommunistischen
Vokabulars in der DDR von manchem bundesrepublikanischen
Interpreten nur als Entartung der deutschen Sprache begriffen
werden konnte. Beispiele dafür befinden sich in dem von Moser
(1964) herausgegebenen Sammelband.

Wenn ich gegenüber solchen Thesen daran festhalte, daß
jede natürliche Sprache sich prinzipiell zum Ausdruck jeder
beliebigen Ideologie verwenden läßt, was u.a. auch bedeutet,
daß ideologische Aussagen grundsätzlich übersetzbar sind, so
soll nicht geleugnet werden, daß die in einer Gesellschaft zu
einem bestimmten Zeitpunkt herrschende Ideologie nicht ihrerseits über den kollektiven Sprachgebrauch die Sprache dieser
Gesellschaft oder Teilbereiche dieser Sprache mit dem Ergebnis beeinflußt, daß sich innerhalb einer natürlichen Sprache
ideologische Varianten ausbilden. Gerade darauf soll hingewiesen werden; und zwar soll nicht von der Ideologiehaftigkeit
von Aussagen bzw. Sätzen die Rede sein, nicht von ideologiespezifischen Formen des Gebrauchs von Sprache, sondern von
der eventuellen Ideologiehaftigkeit der sprachlichen Mittel
selbst, die im Bewußtsein der Sprecher internalisiert sind.

Die Frage nach der Ideologiehaftigkeit in diesem Sinne, in
Anlehnung an Wilhelm Schmidt (1969) sei für diesen Sachverhalt der Terminus "Ideologiegebundenheit der Sprache" verwendet, hat die Sprachwissenschaft und die Sprachkritik in der
Bundesrepublik in den fünfziger und sechziger Jahren bei
der Untersuchung der Sprache im Dritten Reich und der Sprache
in der DDR beschäftigt. Ich stütze mich im folgenden aber

vorzugsweise auf marxistische Autoren, weil ich meine, daß die These von der "Macht des Wortes" nur soweit Gültigkeit haben kann, als sie sich gegenüber einer materialistischen Deutung des Verhältnisses von Sprache, Denken und Wirklichkeit zu behaupten imstande ist.

Zu Beginn ein Rückblick auf die berühmten oder berüchtigten Linguistik-Briefe Stalins (1951), mit denen er 1950 in die Auseinandersetzung um den sowjetischen Sprachwissenschaftler Marr eingriff und in denen Sache und Begriff der Klassensprache zum zentralen Punkt wurde. Stalin vertrat die Auffassung, daß die natürliche Sprache als Verbindungsmittel der Menschen allen Klassen gleicherweise diene und diesen neutral gegenüberstehe. Damit schließt er die Möglichkeit von Klassensprachen aus und vertritt gegen Marr die Ansicht, daß die Sprache kein Überbau der Basis sei. Zur Unterstützung verweist er auf das Faktum, daß sowohl die französische Sprache nach der Revolution von 1789 als auch die russische Sprache nach der Oktoberrevolution im wesentlichen gleich geblieben seien. Der Grundwortschatz und die grammatischen Strukturen seien völlig unbeeinflußt geblieben, die feststellbaren Veränderungen im Wortbestand und im Wortinhalt machten kaum 1% des gesamten Sprachmaterials aus. Stalin räumt allerdings ein, daß zwar die Sprache den Klassen und Schichten neutral gegenüberstehe, nicht aber die Menschen und Klassen der Sprache; denn sie verwenden die Sprache in bestimmter Art und Weise im politischen Kampf zur Förderung ihrer Zwecke und versuchen, ihr "ihren besonderen Wortschatz, ihre Fachausdrücke aufzudrängen".

Im großen ganzen ist diese Einschätzung von den späteren Untersuchungen zur politischen Sprache, ob sie nun in der Bundesrepublik oder der DDR entstanden sind, bestätigt worden. Ideologiegebundenheit ließ sich nicht im grammatischen und morphologischen System nachweisen, sondern nur in Teilbereichen des Lexikons. "Ideologiegebundenheit" wurde deshalb eingegrenzter als Merkmal von Wörtern bzw. Bedeutungen definiert und besteht nach Schmidt in der semantischen Determination eines Wortes, "die durch seine Zugehörigkeit zu dem

terminologischen System einer bestimmten Ideologie bzw. einer
ideologischen Variante und durch seinen Stellenwert in diesem
terminologischen System gegeben ist" (1969, 256). Als ideologiegebunden gelten nicht die Bezeichnungen für die Gegenstände und Sachverhalte des täglichen Lebens, Stalins Grundwortschatz, sondern die Bezeichnungen für die sozialen, politischen, juristischen, wissenschaftlichen und kulturellen
Institutionen, d.h. der Wortschatz des institutionellen
Überbaus, und die Bezeichnungen für die diesem Überbau entsprechenden Ideen, d.h. der Wortschatz der Ideologie selbst.

Die verschiedenen Formen der Ideologiegebundenheit lassen
sich in Anlehnung an Schmidt an einigen Beispielen aus dem
Nebeneinander von DDR und BRD gut illustrieren:
Geht man von der Formseite des Wortes aus, dem sprachlichen
Ausdruck, und fragt nach der Inhaltsseite, der Bedeutung, so
ergeben sich die beiden folgenden Möglichkeiten:
(a) Ein sprachlicher Ausdruck existiert nur in einem der
beiden gesellschaftlichen Systeme, weil der außersprachliche
Sachverhalt ihm eigentümlich ist. Dies ist z.B. der Fall im
Institutionenbereich, da die staatliche und gesellschaftliche
Organisation zu verschiedenen Einrichtungen führte. Man denke
für die DDR an Wörter und Syntagmen wie "FDJ", "Kolchose",
"Kulturhaus", "volkseigener Verlag", "Volkskammer", "Sollerfüllung", für die BRD an "Grüner Plan", "Baukostenzuschuß",
"Soziale Marktwirtschaft", "Vertriebenen-Ministerium". Bei
diesen Wörtern ist nicht nur die Bedeutung des Wortes ideologiegebunden, sondern schon die Tatsache, daß der sprachliche
Ausdruck existiert.
(b) Ein sprachlicher Ausdruck besteht in beiden gesellschaftlichen Systemen, die Bedeutung aber ist unterschiedlich. Die
Wörter sind ideologiegebunden im semantischen Inhalt. Diese
Gruppe ist zweifellos die interessanteste, weil es sich unter
anderem um den Kernwortschatz der Ideologien handelt, die ja
wegen ihres gemeinsamen historischen Ursprungs weitgehend die
gleichen sprachlichen Ausdrücke verwenden. Bei genauerem Hinsehen ergibt sich eine Untergliederung, je nachdem, ob die
ideologische Differenz den begrifflichen Inhalt und/oder die

Bewertung der Sachvorstellung betrifft. Es kann vorliegen
ein unterschiedlicher begrifflicher Inhalt bei gleichzeitig
unterschiedlicher Bewertung ("Diktatur", "parteilich"), ein
unterschiedlicher begrifflicher Inhalt bei gleicher Bewertung
("Freiheit", "Demokratie", "Selbstbestimmung") oder ein gleicher oder annähernd gleicher begrifflicher Inhalt bei unterschiedlicher Bewertung ("Kommunismus", "Revolution").

Zusätzliche Formen ideologiegebundener Sprache bekommt man
ins Blickfeld, wenn man nicht wie bisher vom sprachlichen Ausdruck ausgeht, sondern vom außersprachlichen Gegenstand oder
Sachverhalt, vom Referenten. Häufig richten sich nämlich verschiedene sprachliche Ausdrücke mit unterschiedlicher Bedeutung auf den gleichen Referenten, so daß Paare von Wörtern oder
Syntagmen entstehen, die im Hinblick auf den Referenten gleich
sind, im Hinblick auf ihren semantischen Inhalt aber ideologisch differieren. In dieser Weise stehen oder standen sich
alternativ gegenüber: "DDR" und "Mitteldeutschland", "Faschismus" und "Nationalsozialismus", "antifaschistischer Schutz-
wall" und "Berliner Mauer", "Alleinvertretungsanmaßung" und
"Alleinvertretungsanspruch", "Kapitalist" und "Arbeitgeber".
Der jeweilige ideologische Standort führt zu divergierenden
begrifflichen und wertenden Interpretationen des Referenten
und sekundär zu verschiedenen sprachlichen Ausdrücken.

Nicht zufällig ist hier die Ideologiegebundenheit des semantischen Inhalts von Wörtern an kontrastierenden Beispielen
aus der DDR und der BRD illustriert worden. Das entspricht
dem Forschungsstand, denn bisher ist das Problem ideologiegebundener Sprache, neben der Berücksichtigung der faschistischen Ideologie, vor allem im Ost-West-Vergleich angegangen
worden (vgl. Schmidt 1972, Hellmann 1973), wobei in der Bundesrepublik nicht eben selten das bundesrepublikanische
Deutsch allein als Folie diente, um auf den ideologischen
Gehalt des DDR-Vokabulars aufmerksam machen zu können. Die
Ideologiegebundenheit des politischen Wortschatzes der Bundesrepublik kam in westdeutschen Veröffentlichungen kaum zur
Sprache oder wurde schlichtweg geleugnet.

Eine Änderung zeichnet sich erst in den letzten Jahren ab,

und nicht zufällig hat der Bereich der Wirtschaftspolitik die besondere Aufmerksamkeit erregt. Obwohl die gesellschaftliche Wirklichkeit der Bundesrepublik unverändert aus Klassen und Schichten besteht, die in der Verfügung über die Produktionsmittel und ihrem Anteil am gesellschaftlichen Reichtum ungleich sind, auch wenn die Erscheinungsformen dieser Ungleichheit sich verändert haben, und obwohl der Begriff der Gleichheit im Demokratieverständnis der kapitalitischen Gesellschaft ja gerade nicht das Merkmal der ökonomischen Gleichheit enthält, suggeriert die offiziöse Sprache Gleichheit, Partnerschaft, gesellschaftliche Harmonie und Symmetrie. Partnerschaftsideologie wird ausgedrückt in Wörtern wie "Sozialpartner", "Sozialpartnerschaft", "Tarifpartner", aber auch in der Parallelbildung "Arbeitgeber" - "Arbeitnehmer"; die Ideologie der verwirklichten Gleichheit als Voraussetzung für Partnerschaft in den Ausdrücken "nivellierte Mittelstandsgesellschaft", "Wohlstand für alle", "Volkskapitalismus", "Chancengleichheit"; Harmonie ohne Dissonanz in der "konzertierten Aktion", Symmetrie ohne Ungleichheit in der "sozialen Symmetrie" und der "formierten Gesellschaft". Die Unternehmerperspektive wird auch sichtbar in Wendungen wie "Gesundschrumpfung des Bergbaus", ein Vorgang, der für die betroffenen Arbeiter eine Schrumpfung der Arbeitsplätze bedeutet; in der Rede vom "angespannten" und "entspannten Arbeitsmarkt", Ausdrücke, die aus der Arbeiterperspektive ausgewechselt werden müßten, oder in der stereotypen Verbindung des Wortes "Streik" mit dem Wort "drohen" in der offiziösen Sprachgebung.

3.

Alle bisher genannten Beispiele stammen im weiteren Sinne aus dem politischen Bereich. Es ist aber zu fragen, ob sich ideologische Gehalte nicht in einem viel umfassenderen Sinne in der Sprache niederschlagen, nicht nur im Wortschatz der politischen Ideologie, sondern im gesamten Wertesystem einer Gesellschaft bzw. ihrer Teilgruppen, wie es sich etwa in ihren Erziehungsprogrammen darstellt. Es sei nur an jüngere Forschungen zur Sozialisation und die Diskussion neuer Formen und Inhalte der Erziehung erinnert, die den mittelschichtspezifischen Charakter solcher Werte wie Ordnung, Sauberkeit, Wettbewerb, individuelle Leistung und anderer betont haben. Diese Werte sind zwar nicht als solche klasseneigentümlich, wohl aber ist es der hohe Stellenwert, den sie in der Werthierarchie des Bürgertums und damit auch in seinem Erziehungskanon erlangt haben. Der Ideologiekritik fällt es auch nicht schwer, die Betonung etwa der individuellen Leistung und des Wettbewerbs, der Eigeninitiative und des individuellen Erfolgsstrebens aus den Anforderungen des kapitalistischen Wirtschaftssystems und der Funktion des Bürgertums in diesem System zu erklären.

Daß die Semantik sich mit der Ideologiegebundenheit der Sprache in diesem weiteren Horizont bisher kaum beschäftigt hat, liegt einmal an einem mangelnden Interesse an dieser Problemstellung, die Sprache der Politik stellt eine Ausnahme dar, zum anderen daran, daß die Erkenntnisziele der traditionellen lexikalischen Semantik und ihre Analysemethoden den speziellen Anforderungen nicht genügen, die die hier angesprochene Problematik stellt. Eine Untersuchung der ideologischen Differenzen im Wortinhalt wäre aber beispielsweise im Rahmen der augenblicklichen Forschungen zur schichtspezifischen Sprache und zu den Sprachbarrieren von großer Bedeutung. Ein Versuch in dieser Richtung sind die Untersuchungen von E. Neuland (1975).

Eine genauere Analyse, die nicht von der Sprachgemeinschaft, sondern von soziologisch definierten Klassen, Schichten, Interessen-, Berufs-, Altersgruppen auszugehen hätte, wird wahrscheinlich zum Ergebnis kommen, daß das Ausmaß der Ideologiegebundenheit im semantischen Bereich wesentlich höher einzuschätzen ist, als bisher erkennbar wurde; denn die Sprache ist ein Produkt der gesellschaftlichen Entwicklung und spiegelt in umfassender Weise die kollektiven Erfahrungen der Menschen mit dem wider, was die Wörter bezeichnen. Dabei leistet die Sprache nicht nur kraft ihrer denotativen Funktion die Kennzeichnung dessen, was ein Ding bzw. einen Sachverhalt von einem anderen begrifflich unterscheidet, sondern sie enthält

kraft ihrer wertenden und verhaltenssteuernden Funktion
auch Hinweise, wie man sich gegenüber den Dingen verhält
Sie indiziert die Dinge als gute und böse, nützliche und
schädliche, gefährliche und ungefährliche. Was als gut und
was als böse, als nützlich und schädlich etc. zu gelten hat,
richtet sich nach den Normen der Gesellschaft bzw. ihrer
Teilgruppen, die von den Gruppenmitgliedern im Prozeß der
Sozialisation erworben und als ein sprachlich gebundenes
System von Wertvorstellungen und Werthierarchien internalisiert werden.

Zu einer ähnlichen Beurteilung des Problems kam Leo Kofler (1970) in seiner Auseinandersetzung mit der schon erwähnten Schrift Stalins über den "Marxismus und Fragen der Sprachwissenschaft". Ich komme auf diese Abhandlung noch einmal zurück, weil Koflers Kritik über den Anlaß Stalin hinaus in einem wesentlichen Punkt auf die sprachwissenschaftliche Forschung übertragbar ist.

Stalin sah in der Sprache vor allem das Werkzeug der Verständigung, erfaßte sie vor allem als "technisches Sprachsystem". Unter diesem Blickwinkel erkannte und betonte er die relative Stabilität und Allgemeinverbindlichkeit des phonologischen, morphologischen und syntaktischen Systems, also der Grammatik, und auch des Wortbestandes, jedenfalls im Grundwortschatz einer Sprache. Wer diese relative Stabilität leugnen wollte, hätte keine Erklärung für das fundamentale Faktum, daß intersubjektive Verständigung und auch Verständigung zwischen sozialen Gruppen möglich ist und täglich stattfindet. Die Annahme eines im wesentlichen gleichen Zeicheninventars als Bedingung der Möglichkeit von Kommunikation ist gerechtfertigt, ja notwendig. Fixiert auf die relativ stabilen Aspekte der Sprache übersah er aber die Veränderlichkeit, Dynamik und Gruppenspezifik der inhaltlichen Seite der Sprache, das, was Kofler, zugegeben unscharf und vorläufig, den "Geist" oder das "Leben" der Sprache nennt. Dieser "Geist" erweist sich, mit den Worten Koflers, als nichts anderes "denn als sprachlich gefaßter Ausdruck historisch und gesellschaftlich geformter Empfindungs-, Erlebnis- und Denkstrukturen und ihrer Veränderung. Das heißt: er ist Ideologie" (Kofler 1970, 137). In dem "Leben der Sprache" liegt, noch einmal Kofler, "das veränderliche, weil ideologische, oder besser das ideologische und deshalb zwangsläufig veränderliche Moment der Sprache" (ebda., 136).

Koflers Kritik an Stalin kann insofern auch gegen die sprachwissenschaftliche Semantik gewendet werden, weil sie, obwohl ja gerade mit der inhaltlichen Seite der Sprache befaßt, in diesem Bereich meist auch die relativ starren, stabilen und allgemeinverbindlichen Aspekte hervorhebt und verabsolutiert: die innerhalb der Sprachgemeinschaft feststellbaren Invarianzen des Wortinhalts.

4.

Wenn ich zum Abschluß die eingangs gestellte Frage nach der Macht des Wortes über den Gedanken wiederaufnehme, so kann der konstatierte enge Zusammenhang zwischen Sprache und Denken, auch verbunden mit dem Faktum der partiellen Ideologiegebundenheit der Sprache, nicht ohne weiteres zur Unterstützung der Hypothese herangezogen werden, daß die Sprache in entscheidender Weise das Denken determiniere
- deshalb nicht, weil die Ideologiegebundenheit der Sprache nicht Ursache der Ideologien ist, sondern selbst schon Ergebnis der begrifflichen und wertenden Verarbeitung der gesellschaftlichen Verhältnisse und ihrer Veränderungen im Bewußtsein der gesellschaftlich Handelnden. Die primäre Einflußrichtung geht von den materiellen Voraussetzungen des gesellschaftlichen Lebens über das Denken und Sprechen zur Sprache. In dem Gesellschaftsprodukt Sprache manifestiert sich Ideologie; die Sprache schafft sie aber nicht. Daraus folgt, daß man im allgemeinen das Bewußtsein auch nicht von der Sprache her, etwa durch Sprachmanipulationen, verändern kann. Und doch ist gerade dies die Annahme, die der These von der Macht des Wortes im hier gemeinten engeren Sinne zugrundeliegt, einer eigenständigen Macht der Sprache, die sich auch gegen die Bedürfnisse, Interessen und Erfahrungen durchzusetzen imstande ist, bzw. die Wahrnehmung der Realität durch das Individuum von vornhe-

rein in sprachbedingte Bahnen lenkt.

Die Bedingungen, unter denen die Sprache durch ideologische Begriffsinhalte und sprachlich sedimentierte Wertinterpretationen führend werden kann und rückwirkend in der Tat die Ideologiebildung und das Verhalten des Individuums beeinflußt, sollen nur noch angedeutet werden.

Zu erinnern ist an den schon erwähnten Sachverhalt, daß die Sprache zwar prinzipiell den Veränderungen der Wirklichkeit und ihrer Erfahrung bei den Handelnden folgt, daß sie aber eine gewisse Beharrungstendenz aufweist. Größere Bedeutung gewinnt die Sprache dadurch, daß die Begriffsbildung beim Individuum nicht nur auf unmittelbaren Erfahrungen in der praktischen Tätigkeit und im gesellschaftlichen Verkehr beruht, sondern häufig auf Erfahrungen zweiter oder dritter Hand, die in schriftlicher oder mündlicher Form, also schon im Medium der Sprache, weitergegeben werden. Werden die Wörter und die Bewertungen des Bezeichneten in rein sprachlichen Kontexten erlernt, ohne daß die "Dinge" in der Situation präsent sind, so gehen die vorgeformten Interpretationsgehalte der Sprache unkontrolliert in das Bewußtsein ein. Folgt die konkrete Erfahrung nach, so besteht die Gefahr, daß sie von vornherein vom ideologischen Filter der Sprache gebrochen wird. Auf jeden Fall muß sie sich gegen den Widerstand des sprachlich Vorgeprägten behaupten.

Verschärft stellt sich das gleiche Problem bei Ausdrücken, deren Bedeutung soziale Strukturen mit einem hohen Komplexitätsgrad auf so hoher Abstraktionsstufe begrifflich widerspiegeln, daß eine unmittelbare Erfahrung, die die sprachgebundenen Interpretationsgehalte überprüfen könnte, gar nicht möglich ist. Um das, was Kommunismus, Kapitalismus, Imperialismus, Faschismus, was Marktwirtschaft, Wohlfahrtsstaat oder Sozialismus ist, auf seinen Begriff zu bringen und zu erkennen, bedarf es der wissenschaftlichen Analyse. Sie jedoch wird von den Ausbildungsinstitutionen und den Massenmedien nicht geleistet. So bleibt es gegenüber den gesellschaftlichen Großstrukturen und ihren Bezeichnungen tatsächlich weithin bei der "Macht der Wörter". Diese Macht ist aber weniger ein sprachtheoretisches oder erkenntnistheoretisches als ein politisches Problem, solange es bevorrechtigte und benachteiligte Gruppen in einer Gesellschaft gibt, solange soziale Herrschaft sich auch als Herrschaft über die Sprache und die publizierten Meinungen durchsetzen kann und solange die Benachteiligten keine Sprache haben, mit der sie sich über den Bereich alltäglicher Kommunikation hinaus artikulieren können.

Literatur

Handt, F. (Hg.): Deutsch - Gefrorene Sprache in einem gefrorenen Land? Berlin 1964

Hellmann, M.W. (Hg.): Zum öffentlichen Sprachgebrauch in der Bundesrepublik Deutschland und in der DDR. Düsseldorf 1973

Kainz, F.: Psychologie der Sprache. Bd. V, Teil 1. Stuttgart 1965

Kofler, L.: Stalinismus und Bürokratie. Neuwied 1970

Lenk, K. (Hg.): Ideologie. Ideologiekritik und Wissenssoziologie. Neuwied 1961

Moser, H. (Hg.): Das Aueler Protokoll. Düsseldorf 1964

Neuland, E.: Sprachbarrieren oder Klassensprache? Frankfurt/Main 1975

Römer, R.: Weißer Schnee - rote Matrosen. Klassifizierung sprachlicher Wirkungen, in: Hellmann 1973, 46-77

Rubinstein, S.L.: Sein und Bewußtsein. s'Gravenhage ^{2}1971

Schmidt, W.: Zur Ideologiegebundenheit der politischen Lexik, in: Zeitschrift für Phonetik, Sprachwissenschaft und Kommunikationsforschung 22 (1969), 255-271

Schmidt, W. (Hg.): Sprache und Ideologie. Beiträge zu einer marxistisch-leninistischen Sprachwirkungsforschung. Halle 1972

Stalin, J.: Der Marxismus und die Fragen der Sprachwissenschaft. Berlin 1951

SPRACHE - BEWUSSTSEIN - GESELLSCHAFTLICHE WIRKLICHKEIT
ZUM PROBLEM DER "ZWEI DEUTSCHEN SPRACHEN"[+]

1.

Das Thema nennt drei Begriffe - 'Sprache', 'Bewußtsein',
'gesellschaftliche Wirklichkeit' - und setzt sie durch Bindestriche in eine nicht genauer bestimmte Beziehung. Die Aufgabe
des Vortrags besteht darin, vor dem Hintergrund des Tagungsthemas "Zwei deutsche Staaten - Zwei deutsche Sprache?" einen
Beitrag zur Klärung der fraglichen Begriffe zu leisten und
des Zusammenhangs, der zwischen ihnen bzw. dem, was in ihnen
begrifflich gefaßt ist, besteht. Ein solcher Versuch ist natürlich nichts Neues, handelt es sich doch sozusagen um Haupt-
und Staatsbegriffe, die seit der Antike ungebrochen bis zur
Gegenwart Gegenstand intensiver philosophischer Reflexion gewesen sind. Betrachtet man sie vor dem Hintergrund moderner
Wissenschaftsorganisation, so stellt man fest, daß sie zusätzlich auch noch in verschiedenen empirischen Einzelwissenschaften zentrale Bedeutung haben: der Begriff der 'Sprache'

[+] Der Text wurde als Vortrag auf einer Tagung der Europäischen
Akademie in Berlin zum Thema "Zwei deutsche Staaten - Zwei
deutsche Sprachen?" am 17.11.1976 gehalten und war in erster
Linie an ein nicht-linguistisches Publikum gerichtet. Er
erschien 1977 in den LAB Berlin (West), H. 8, 62-85.
Gegen die in Punkt 5 geäußerte Kritik an der Erforschung
ost-westdeutscher Sprachdifferenzen kann man einwenden,
daß sie heute nicht mehr zutrifft und schon 1976 nicht mehr
zutraf. Der Einwand scheint mir zugleich berechtigt und
unberechtigt. Die Kritik traf 1976 und trifft mehr oder
weniger heute noch zu auf die periodische Behandlung des
Themas in Presse, Funk und Fernsehen, aus der die damaligen
Tagungsteilnehmer meist ihre Vorkenntnisse und Vorurteile
bezogen hatten. Was den Stand der sprachwissenschaftlichen
Erforschung des Themas um 1976 betrifft, so ist der Einwand
berechtigt. Die Kritik kann z.B. nicht gegen das DFG-
Projekt Ost-West-Wortschatzvergleiche der Forschungsstelle
in Bonn gerichtet werden. Das hängt aber z.T. damit zusammen, daß die Untersuchungsziele zum Zwecke der genaueren
wissenschaftlichen Analyse inzwischen wesentlich eingeschränkter und bescheidener gesteckt werden, als es
- tagungsbedingt - in diesem Vortrag geschah. Das heißt:
die in Punkt 5 benannten Probleme werden eher vermieden als
gelöst.

natürlich u.a. in der Sprachwissenschaft; der Begriff des
'Bewußtseins', wenn auch wiederum nicht ausschließlich, in der
Psychologie; der Begriff der 'gesellschaftlichen Wirklichkeit'
in Soziologie und Politikwissenschaft. Da ich nun weder Philosoph noch empirischer Universalwissenschaftler bin, meine
gesellschaftliche Nützlichkeit sich vielmehr darin erschöpft,
mir über Sprache Gedanken zu machen, sollte ich mich vielleicht auf die Untersuchung von Sprache beschränken und hätte
ich die in diesem Vortrag gestellte Aufgabe besser ablehnen
sollen.

Jedoch: Wenn Sprache in so enger Beziehung zum Bewußtsein
und beides in so enger Beziehung zur Wirklichkeit steht, wie
allenthalben behauptet wird, kann dann der Einzelwissen-
schaftler, so kann man argumentieren, versuchen wollen, _sein_
Problem, sei es Sprache, Bewußtsein oder gesellschaftliche
Wirklichkeit, unter Absehung von dem zu lösen, womit es doch
offenbar so eng zusammenhängt? Die Frage ist nicht mit einem
schnellen Ja oder Nein beantwortbar; zumindest _hat_ die
Sprachwissenschaft seit ihrer Konstituierung als 'moderne
Sprachwissenschaft' um die Jahrhundertwende in der Tat erhebliche Energien darauf verwendet, ihren Gegenstand so zu
konstruieren, daß er vom Linguisten autonom behandelt werden
konnte. Es wurden Sprachbegriffe gebildet, aufgrund derer
man Aussagen über Sprache machen konnte, _ohne_ sich um ihren
Zusammenhang mit dem Bewußtsein und der gesellschaftlichen
Realität viel Gedanken machen zu müssen. Dieses Verfahren
hatte wissenschaftsgeschichtlich sicher auch einen relativen
Sinn, hängt doch mit ihm der Fortschritt zusammen, den die
Sprachwissenschaft in den vergangenen Jahrzehnten verzeich-
nen konnte. In den letzten Jahren sind jedoch vor allem die
Nachteile und Gefahren solcher Isolierung einzelwissenschaft-
lich autonom beschreibbarer Gegenstände wieder bewußt geworden; denn der Zusammenhang der _wirklichen_ Phänomene
bleibt ja bestehen, und auch die mit ihnen verbundenen gesellschaftlichen Probleme fallen leider nicht fein säuberlich
in die verschiedenen Kästchen, die die jeweiligen Einzelwissenschaften für bearbeitbar halten mögen. Diese wiederge-

wonnene Einsicht führte in der Sprachwissenschaft zu einer erheblichen Ausweitung des linguistischen Horizontes und u.a. auch zur Etablierung der sogenannten Bindestrich-Linguistiken - Soziolinguistik, Psycholinguistik, linguistische Pragmatik/ Pragmalinguistik -, in denen das Verhältnis von Sprache und Denken oder Bewußtsein sowie Sprache und Gesellschaft ausdrücklich zum Gegenstand erhoben wurde. Ist also der gute Wille, die reduktionistische Bestimmung des linguistischen Forschungsgegenstandes aufzuheben, vorhanden, so sind doch die Möglichkeiten zur Lösung der Probleme in dem erweiterten Horizont gegenwärtig noch begrenzt, weil die Forschungen in den genannten neuen linguistischen Teildisziplinen nur sehr bedingt an den Fortschritten der sogenannten Systemlinguistik partizipieren können und deshalb auf einem methodologischen Stand sich bewegen, der eigentlich schon überwunden schien. Das ist auch leicht zu erklären: Wenn man nämlich in der Konstruktion des Gegenstandes linguistischer Wissenschaft z.B. von dem Faktum der gesellschaftlich bedingten Variation, dem Sprache und Sprachgebrauch in der empirisch beobachtbaren kommunikativen Praxis stets unterworfen ist, abstrahiert, oder wenn man - in einer anderen Dimension - im Interesse der systematischen Analyse des gegenwärtigen Sprachzustands von dem Faktum absieht, daß Sprache wesentlich eine historische Erscheinung ist (die man überhaupt nur durch eine künstliche methodologische Operation als Zustand beschreibbar machen kann), dann ist kaum zu erwarten, daß die unter solchen Voraussetzungen erarbeiteten Theorien, Modelle und Methoden anschließend ohne weiteres zur Lösung <u>der</u> Probleme geeignet sind, die man zuvor wegabstrahiert hat.

Dies Dilemma zeigt sich - wie bei vielen anderen Forschungsprojekten - auch in der Behandlung des "sprachlichen Ost-West-Problems", das Thema dieser Tagung ist; und zwar sowohl im Bereich der Theoriebildung als auch im Bereich praktisch-empirischer Forschung: Die Linguistik verfügt über keine verläßliche und einigermaßen verbindliche, zu schweigen von einer empirisch abgestützten, theoretischen Grundlage in der Bestimmung des Verhältnisses von Sprache, Bewußtsein und Wirk-

lichkeit, und sie verfügt nur begrenzt über Kategorien und
Methoden, mit denen der empirische Gehalt der jeweiligen Hypothesen über das Problem "Zwei deutsche Staaten - zwei deutsche Sprachen" zuverlässig überprüft werden kann. - Ich konzentriere mich zuerst auf die Frage des Verhältnisses von
Sprache, Bewußtsein und gesellschaftlicher Wirklichkeit als
eines allgemeinen Problems, jedoch mit dem Ziel, für die
konkrete Problematik zu einer sinnvollen Forschungshypothese
zu kommen. Anschließend wende ich mich, am Beispiel des Ost-
West-Problems, einigen Fragen zu, die sich bei der empirischen Verifikation einer solchen Hypothese stellen.

2.

Es kann nahezu als Konsens gelten, daß Sprache und Bewußtsein in der Tat in einer sehr engen Beziehung zueinander
stehen, ja eine komplexe Einheit bilden. Zwar wird diese Einheit in der Literatur meist als Einheit von Sprache und <u>Denken</u> behauptet, doch möchte ich, um der Gefahr der Isolierung
und Überbetonung der im engeren Sinne intellektuellen Seite
des Bewußtseins vorzubeugen, am 'Bewußtsein' als einem umfassenderen Begriff festhalten. Es geht nicht nur um den
Zusammenhang von Sprache und <u>Erkennen</u>, das seinerseits verschiedene Stufen aufweist, sondern um den gesamten Komplex
der Bewußtseinsprozesse: der Wahrnehmung, des Erkennens, der
ideologischen, normativen, wertenden, emotionalen und auch unbewußten Komponenten.

In der Auffassung, daß Denken bzw. Bewußtsein sprachgebunden sind, treffen sich - neben vielen anderen - so unterschiedliche Geister wie Wilhelm von Humboldt und Karl Marx.
Bei Humboldt heißt es:

"Die Sprache beginnt daher unmittelbar und sogleich
mit dem ersten Akt der Reflexion, und so wie der
Mensch aus der Dumpfheit der Begierde, in welcher
das Subjekt das Objekt verschlingt, zum Selbstbewußtsein erwacht, so ist auch das Wort da - gleichsam der erste Anstoß, den sich der Mensch selbst
gibt, plötzlich stillzustehen, sich umzusehen
und zu orientieren." (Humboldt, 1973, 3)

An anderer Stelle äußert er:

> "Die Sprache ist das bildende Organ des Gedanken.
> Die intellectuelle Thätigkeit, durchaus geistig,
> durchaus innerlich, und gewissermaßen spurlos
> vorübergehend, wird durch den Ton in der Rede
> äußerlich und wahrnehmbar für die Sinne, und
> erhält durch die Schrift einen bleibenden Körper...
> Die intellectuelle Thätigkeit und die Sprache sind
> daher Eins und unzertrennlich von einander; man kann
> nicht einmal schlechthin die erstere als das Er-
> zeugende, die andre als das Erzeugte ansehen.
> Denn obgleich das jedesmal Gesprochene allerdings
> ein Erzeugnis des Geistes ist, so wird es doch,
> indem es zu der schon vorher vorhandenen Sprache
> gehört, außer der Thätigkeit des Geistes, durch
> die Laute und Gesetze der Sprache bestimmt, und
> wirkt, indem es gleich wieder in die Sprache
> überhaupt übergeht, wieder bestimmend auf den
> Geist zurück." (Humboldt, 1972, 191f.)

Und Marx schreibt, seinerseits in Anlehnung an Hegel:

> "Die Sprache ist so alt wie das Bewußtsein, – die
> Sprache _ist_ das praktische, auch für andre Menschen
> existierende, also auch für mich selbst existie-
> rende, wirkliche Bewußtsein..." (Marx, 1953, 357)

Bei Hegel stand:

> Die Sprache ist "das Dasein des Geistes als unmittel-
> baren Selbsts" und "das für andre seiende Selbst-
> bewußtsein" (Hegel, 1952, 458)

Vergleichbare Äußerungen lassen sich auch in jüngeren und jüngsten Veröffentlichungen, und zwar quer durch alle philosophischen und wissenschaftstheoretischen Richtungen hindurch, in fast beliebiger Zahl nachweisen. So klingt die Bestimmung Rubinsteins, eines sowjetischen Psychologen, fast wie eine Paraphrase humboldtscher Äußerungen, wenn er schreibt:

> "Die Sprache, das Wort, dient nicht nur dazu, einen
> Gedanken auszudrücken und nach außen in Erscheinung
> treten zu lassen, um dem anderen den bereits ferti-
> gen, noch nicht ausgesprochenen Gedanken zu über-
> mitteln. In der Sprache formulieren wir den Gedanken,
> und indem wir ihn formulieren, formen wir ihn
> auch. Die Sprache ist mehr als das äußere Werkzeug
> des Gedankens. Sie ist im Prozeß des Denkens als
> Form, die mit seinem Inhalt verbunden ist, mitent-
> halten." (Rubinstein, 1971, 150)

Hans Bayer andererseits, ein nicht-marxistischer Autor,

kann im Titel seines Buches "Sprache als praktisches Bewußtsein" (Bayer 1975) Marx in Anspruch nehmen und spricht generell vom "sprachstrukturierten" oder "sprachgebundenen Bewußtsein".

Natürlich ist in allen diesen Zitaten Sprache nicht im Sinne von geäußerter Sprache (Rede, parole, Performanz) gemeint, sondern im Sinne eines mentalen Besitzes oder einer mentalen Tätigkeit, und Denken im Sinne inneren Sprechens, dessen Syntax und Semantik nicht mit denen geäußerter Sprache identisch ist und das auch wenig mit lautlosen Selbstgesprächen, jedenfalls solchen Erwachsener, zu tun hat. Daß auch noch der Prozeß des Äußerns als Geburtshelfer des Gedankens unterstützende Funktion haben kann, hat Kleist in seinem Aufsatz "über die allmähliche Verfertigung der Gedanken beim Reden" zu verdeutlichen versucht.

Ich stelle also, was die Beziehung von Sprache und Denken oder Bewußtsein betrifft, einen grundsätzlichen Konsens der Autoritäten fest, der auch dadurch nicht zerstört wird, daß in der genaueren Bestimmung der Einheit von Sprache und Bewußtsein bei den einzelnen Autoren bald Differenzen auftreten, und demgegenüber immer noch umstrittene Fragen, wie z.B. die, ob es nicht doch auch Denken ohne Sprache gebe, zu sekundären werden. Es ist aber, da ich mich bisher vorwiegend auf Philosophen berufen habe, wichtig zu betonen, daß die Behandlung der Beziehungen zwischen Sprache und Denken längst den Bereich spekulativer Philosophie verlassen hat und als empirisches Problem in die Psychologie eingegangen ist. Ergebnisse liegen vor allem in der Kindersprachforschung Piagets und in der Sowjetunion vor. Weitere Erkenntnisse dürften auch aus der lange als spekulativ aus der Wissenschaft verbannten, in jüngster Zeit aber deutlich wiederbelebten Erforschung des Sprachursprungs unter anthropologisch-phylogenetischem Aspekt zu erwarten sein.

3.

Bei soviel Einigkeit erhebt sich natürlich die Frage, wo die Probleme stecken, und es liegt nahe, sie bei der Integration des dritten Begriffs, der (gesellschaftlichen) Wirklichkeit, verknüpft zu sehen. Sie lassen sich aber auch aus dem bisher Gesagten schon entwickeln, wozu die folgende Überlegung dienen soll: Wenn auch die Auffassung, daß Sprache und Bewußtsein eine komplexe Einheit bilden, als anerkannt gelten kann, so blieb die Frage, ob eine und welche Komponente in diesem Bedingungsgefüge als primäre, welche eventuell als sekundäre anzusehen ist, bisher ohne klare Antwort. Bei Marx gelten beide - genetisch betrachtet - als gleich alt ("Die Sprache ist so alt wie das Bewußtsein"); ähnlich äußert sich Humboldt: "Die Sprache beginnt daher unmittelbar und sogleich mit dem ersten Akt der Reflexion". Bei Rubinstein und im zweiten Zitat von Humboldt tritt dieser genetische Gesichtspunkt in den Hintergrund; stattdessen wird die Frage umformuliert auf die konkrete Denk- und Sprechtätigkeit bezogen. Wenn Rubinstein sagt: "In der Sprache formulieren wir den Gedanken, und indem wir ihn formulieren, formen wir ihn auch", so ist klar, daß der Gedanke erst in diesem Prozeß entsteht, die Sprache aber, jedenfalls im Sinne eines historisch tradierten und von den sprechenden und denkenden Menschen im Sozialisationsprozeß erworbenen Gebildes, war offenbar schon vorher da und bekäme die Führung. An anderer Stelle jedoch meint er, die Sprache sei archaischer als das Bewußtsein, welches sich folglich als das progressivere Element von der Sprache lösen können muß. So sagt Rubinstein ([7]1971, 524) klar und deutlich: "In der Einheit von Sprache und Denken ist das Denken führend und nicht die Sprache". Wie aber kann das Bewußtsein an die Sprache gebunden sein und ihr zugleich vorauslaufen?

Man könnte die Frage, was zuerst da war, als typisches Huhn-oder-Ei-Problem zur Seite schieben und es sich mit dem schnell verfügbaren Hinweis auf die Notwendigkeit dialektischer Betrachtungsweise vom Halse schaffen, wenn es wirklich nur ein Problem des Anfangs wäre. Eine Klärung ist aber wichtig für das Verständnis von Bewußtsein und Sprache als historischen Größen. Warum verändert sich das Bewußtsein überhaupt, und warum die Sprache? Und wie kommt die Innovation in das sprachgebundene Bewußtsein, über die Sprache oder über das Bewußtsein?

Für Rubinstein ist das Primäre, und damit kommen wir zum noch fehlenden Glied in der Begriffsreihe, ein Drittes, die objektive Realität und ihre gesellschaftlich vermittelte tätige Aneignung durch die Individuen. In dieser gemeinschaftlichen praktischen Auseinandersetzung mit der natürlichen und kulturellen Umwelt im Rahmen einer sozialen Organisation bildet und entwickelt sich das Bewußtsein, und die Resultate dieser Bewußtwerdungs- und Erkenntnisprozesse schlagen sich in dem gesellschaftlichen Produkt Sprache nieder, das seinerseits wieder Gefäß des Denkens wird, aber nicht im Sinne eines vorgegebenen Systems von Zeichen, sondern als etwas, das, obwohl tradiert, immer wieder neu und im Zusammenhang mit der Bewältigung lebenspraktischer Probleme erworben und verändert wird. Da die Sprache aber zu jedem Zeitpunkt Produkt der _vergangenen_ gesellschaftlichen Praxis und ihrer Aneignung im Bewußtsein ist und vermöge einer eigenen Schwerkraft schnellen Veränderungen nicht zugänglich ist, ist sie archaischer als das Bewußtsein und setzt ihm einen gewissen Widerstand entgegen. Die Widersprüchlichkeit in den oben zitierten Aussagen Rubinsteins löst sich also auf, wenn man die zirkuläre Argumentationsbewegung von der Sprache zum Bewußtsein und zurück sprengt und das sprachgebundene Bewußtsein insgesamt in Beziehung zur objektiven Realität und ihrer gesellschaftlich-historisch bestimmten Be- und Verarbeitung durch die Menschen setzt.

Und das ist natürlich auch die Position von Marx und jeder materialistischen Deutung des Zusammenhangs. Die oben zitierte Äußerung von Marx ist an dieser Stelle zu ergänzen. Sie lautet vollständig:

> "Die Sprache ist so alt wie das Bewußtsein, - die Sprache _ist_ das praktische, auch für andre Menschen existierende, also auch für mich selbst existierende, wirkliche Bewußtsein, und die Sprache entsteht, wie das Bewußtsein, erst aus dem Bedürfnis, der Notdurft des Verkehrs mit anderen Menschen."

Und das Bewußtsein, das die Menschen von der Wirklichkeit

haben, so wäre das Zitat im Sinne von Marx weiterzuführen, hängt davon ab, wie dieser "Verkehr mit anderen Menschen" geregelt ist, d.h. von der Organisation der Gesellschaft und ihrem Entwicklungsstand, und innerhalb dieser Gesellschaft von der Tätigkeit, die ihre jeweiligen Mitglieder im Rahmen der gesellschaftlichen Arbeitsteilung ausüben.

"Das Bewußtsein kann nie etwas anderes sein als das bewußte Sein, und das Sein der Menschen ist ihr wirklicher Lebensprozeß." (Marx, 1953, 349)

Da dieser "wirkliche Lebensprozeß" für die verschiedenen Individuen und Gruppen verschieden ist, unterscheiden sich die Erfahrungsinhalte im Bewußtsein auch innerhalb einer Gesellschaft.

Die idealistische Gegenposition wird im zweiten Zitat von Humboldt erkennbar, das ich teilweise noch einmal wiederhole:

"Die intellectuelle Thätigkeit und die Sprache sind daher Eins und unzertrennlich von einander; man kann nicht einmal schlechthin die erstere als das Erzeugende, die andre als das Erzeugte ansehen. Denn obgleich das jedesmal Gesprochene allerdings ein Erzeugnis des Geistes ist, so wird es doch, indem es zu der schon vorher vorhandenen Sprache gehört, außer der Thätigkeit des Geistes, durch die Laute und Gesetze der Sprache bestimmt, und wirkt, indem es gleich wieder in die Sprache überhaupt übergeht, wieder bestimmend auf den Geist zurück."

Hier liegt das bewegende und verändernde Prinzip nicht außerhalb, sondern innerhalb der unzertrennlichen Einheit von Geist und Sprache. Es ist die Selbsttätigkeit des sprachgebundenen Bewußtseins, die die Veränderungen schafft.

Will man sich nicht auf die biblische Genesis und die anschließende babylonische Sprachverwirrung berufen, bleibt bei solcher Argumentation recht unklar, woher die Sprache und die Einzelsprachen eigentlich ursprünglich gekommen sind. Das Problem bleibt, wie mir scheint, meist entweder vom geheimnisvollen Dunkel der Vorgeschichte verhüllt oder wird auf fragwürdige Weise mit Hilfskonstruktionen wie der Vertragstheorie erklärt, nach der die Sprachen durch eine Art

Vereinbarung zwischen den Gesellschaftsmitgliedern zustande gekommen sind. So etwa bei Whorf. Unklar bleibt bei solchen Konstruktionen, warum die gesellschaftlichen Kräfte, die ursprünglich zu dem jeweiligen Sprachvertrag zwischen den Menschen geführt haben, von diesem Moment an nicht mehr wirken sollen und fortan die einmal vereinbarte Sprache als determinierender Faktor für das Denken und Handeln der die Sprache Sprechenden gelten soll.

Geht die Einflußrichtung für den Materialisten also von der gesellschaftlichen Wirklichkeit zum sprachgebundenen Bewußtsein, so für den Idealisten vom sprachgebundenen Bewußtsein als einer wirkenden Kraft zur gesellschaftlichen Wirklichkeit. Zum Beleg noch einmal Humboldt (1972, 434):

"Der Mensch lebt mit den Gegenständen hauptsächlich, ja, da Empfinden und Handeln in ihm von seinen Vorstellungen abhängen, sogar ausschließlich so, wie die Sprache sie ihm zuführt."

Allgemeiner formuliert und nicht nur auf Humboldt bezogen: Den Primat hat die Sprache. Sie bestimmt, mehr oder weniger ausschließlich, die Wirklichkeitserfahrung - von der sinnlichen Wahrnehmung bis zu den abstraktesten logischen Operationen - und diese wiederum determiniert das Handeln, die Kultur und die gesellschaftliche Organisation der Menschen. Da Sprache immer in Gestalt einer bestimmten Einzelsprache auftritt, bekommt die These in der berühmten Sapir-Whorf-Hypothese und in ähnlicher Weise in der Sprachinhaltsforschung Leo Weisgerbers die Zuspitzung, daß die Sprecher Zugang zur Wirklichkeit nur im Rahmen dessen haben, was Grammatik und Lexikon der jeweiligen Sprache oder Sprachfamilie eröffnet. In den verschiedenen Sprachen sind verschiedene Wirklichkeitserfahrungen vorprogrammiert. Ihnen sind verschiedene "Weltbilder" immanent.

4.

Als philosophisch-weltanschauliche Positionen sind Materialismus und Idealismus natürlich strikt gegensätzlich und nicht überbrückbar, und sie sind dies bei den dogmatischen

Vertretern beider Richtungen auch in den resultierenden Deutungsschemata für das Verhältnis von Sprache, Bewußtsein und gesellschaftlicher Realität. Jedoch habe ich das Bild bisher um der grundsätzlichen Klärung willen überzeichnet; denn eine genauere Analyse der Schriften auch der Autoren, auf die ich mich gestützt habe, würde zeigen, daß sie in der Regel der jeweils anderen Auffassung durchaus einen relativen Sinn zugestehen. Der Wissenschaftler, der von einer materialistischen Grundlage aus argumentiert, nimmt, wenn er den Zusammenhang nicht einseitig-mechanistisch verzeichnet, die andere Position bedingt mit auf, wenn er der Sprache eine "gewisse Eigengesetzlichkeit" zuschreibt oder über die "Rückwirkungseffekte" spricht, die sehr wohl von der Sprache ausgehen können. Man denke nur daran, welche erstaunliche Bedeutung der Sprache auf der Grundlage der These von der Rückwirkung im DDR-Marxismus in Agitation und Propaganda, bei der "Leitung gesellschaftlicher Prozesse", der Entwicklung des sozialistischen Bewußtseins und der Ausbildung der sozialistischen Persönlichkeit zugesprochen wird. - Auf der anderen Seite leugnen auch die Vertreter sprachidealistischer Positionen nicht, daß sprachliche Veränderungen in gesellschaftlichen Veränderungen begründet sein können. Natürlich, werden sie sagen, hat das Verschwinden vieler Wörter aus der ritterlichen Lebenswelt im späten Mittelalter mit den allgemeinen historischen Veränderungen zu tun, und natürlich hat die Ausbildung neuer Berufssprachen auch mit der Ausbildung differenzierterer Formen der Arbeitsteilung und mit der allgemeinen ökonomischen und technischen Entwicklung zu tun.

Orientiert man sich an einem marxistischen Philosophen wie Adam Schaff, der in kritischer Auseinandersetzung mit platt mechanistischen Erklärungen im Marxismus besonderes Gewicht auf den "rationalen Kern" der idealistischen Deutung, nämlich die Berücksichtigung des subjektiven Faktors im Erkenntnisprozeß und der aktiven, schöpferischen Rolle der Sprache in diesem Zusammenhang, legt, so überrascht es nicht, daß ein Sprachwissenschaftler wie H. Gipper, in idealistischer

Tradition stehend, doch zugleich die Evidenz eigener empirischer Forschungen vor Augen, zu der Auffassung gelangen kann, eigentlich meinten sie beide doch ungefähr das gleiche.

Diese Relativierung des zuvor zu schematisch entwickelten Gegensatzes ist notwendig, doch möchte ich nicht den Eindruck erwecken, der Meinung zu sein, der Unterschied bestehe nur darin, daß die einzelnen Philosophen und empirischen Wissenschaftler das Problem nur an den verschiedenen Enden angriffen und sich von dort aufeinander zu arbeiteten, und daß die Wahrheit wohl irgendwo in der Mitte liege. Ich bin ganz im Gegenteil der Meinung, daß die materialistische Deutung die größere Erklärungskraft besitzt und auch im Lichte der bisherigen empirischen Befunde die wesentlich fruchtbarere Hypothese darstellt. Ein großer Teil der Belege, die von sprachidealistischen Autoren in Anspruch genommen werden, läßt sich nämlich auch materialistisch deuten. Um die Argumentationsrichtung anzudeuten, mit der ich diese Behauptung stützen würde, greife ich in den Kasten der beliebtesten Beispiele und ziehe die Eskimos mit ihrem Schnee und die Araber mit ihren Kamelen heraus. Es ist ein Faktum, daß die Eskimos über ein reichhaltiges und differenziertes Bezeichnungsrepertoire für verschiedene Arten von Schnee und alles, was mit Schnee zusammenhängt, die Araber für Kamele und alles, was mit den Kamelen zusammenhängt, verfügen. Es erscheint mir überzeugend, wenn auch nicht in gleicher Weise bewiesen, daß sie in diesen Bereichen auch ein differenzierteres Wahrnehmungsvermögen besitzen als beispielsweise ein Mitteleuropäer. Dennoch ist die Schlußfolgerung, sie nähmen diesen Ausschnitt der Wirklichkeit differenzierter wahr, weil sie die Wörter besitzen, und ein Mitteleuropäer sähe weniger, weil er die Wörter nicht hat, in dieser Form nicht akzeptabel. Historisch betrachtet beruht die Ausdifferenzierung des Lexikons in den genannten Bereichen auf der besonderen Bedeutung, die jene in der Lebenspraxis der jeweiligen Völker spielten und spielen. Das Argument ist über diese Beispiele hinaus verallgemeinerbar, und zwar über die Erfahrung der natürlichen Umwelt hinaus auch auf die Bereiche der Kultur und der ge-

sellschaftlichen Beziehungen und Institutionen. Dieser erste
Schritt wird von den Vertretern gemäßigter sprachidealistischer Positionen meist mitvollzogen, aber, so sagen sie, ist
die Sprache auch ein Produkt der vergangenen gesellschaftlichen Erfahrung und der natürlichen und kulturellen Lebensbedingungen, so tritt sie doch dem Individuum immer als Vorgegebenes und in ihrer Art Begrenzendes und aktiv Prägendes
entgegen. In der Tat besitze ich persönlich beispielsweise
ein so differenziertes Vokabular für Schnee nicht, obwohl
ich mir durchaus mit anderen Mitteln der deutschen Sprache
bei Bedarf weiterhelfen könnte, doch gäbe es diese Wörter
im Deutschen, sie wären, das ist der erste Punkt, für mich
als mitteleuropäischen Flachländer und Nicht-Skifahrer unnütz, und, das ist der zweite Punkt, würde ich die Wörter
lernen, so würde sich an meiner Wahrnehmung nicht viel ändern, wenn ich nicht zugleich mit den bezeichneten Dingen,
Sachverhalten praktische Erfahrungen machen würde. Kurz: Die
These von der determinierenden Kraft der Sprache, der grammatischen Struktur und des Lexikons auf Wahrnehmung und Erkennen beruht z.T. auf einer einseitigen Interpretation der
Sprachlernprozesse und ist über ihre empirische Erforschung
korrigierbar. Das Kind lernt nicht von Erwachsenen vorgesprochene Wörter und Sätze, sondern lernt die Wörter im Zusammenhang seines praktischen Umgangs mit denDingen. Sein
Bewußtsein wird wesentlich von diesen Erfahrungen geprägt,
die es mit den Dingen macht. So gibt es in der Kindersprache
auch viele Beispiele dafür, daß das Kind bestimmte Ausschnitte der Wirklichkeit in einer Weise gliedert, die bezogen auf seine Lebenspraxis durchaus sinnvoll sind, jedoch
im Widerspruch stehen zu den Bedeutungen, die die von ihm
verwendeten Ausdrücke in der Welt der Erwachsenen haben, aus
der die Ausdrücke stammen.

Ein weiterer Grund, warum es nicht gleichgültig oder unerheblich ist, ob man seine Forschungshypothese in Anlehnung
an das materialistische oder das idealistische Deutungsschema
formuliert, ist die Tatsache, daß die primär idealistischen
Traditionen in der deutschen Sprachwissenschaft es verhindert

haben, daß der Einfluß der gesellschaftlichen Wirklichkeit
auf die Sprache jemals systematisch zum Forschungsgegenstand
erhoben werden konnte und daß deshalb in dieser Hinsicht ein
großer Nachholbedarf besteht. In dieser Situation scheint
mir das schon genannte Buch von Bayer ein wesentlicher Fortschritt, weil es von einem nicht-marxistischen Autor stammt
und somit Raum schafft für eine empirische Bestandsaufnahme,
deren Wirkung nicht gleich an der ideologischen Barriere
des bundesrepublikanischen Lesers endet. Seine Einschätzung
kommt zusammengefaßt in dem folgenden Zitat zum Ausdruck:

> "Wo auch immer wir in die Geistesgeschichte ein-
> dringen und die funktionalen Zusammenhänge von
> Bewußtsein und gesellschaftlicher Wirklichkeit
> analysieren, stets stoßen wir auf den fundamentalen
> Tatbestand, daß das reale Bewußtsein des Menschen
> nicht einfach theoretischer Natur ist, sondern
> untrennbar mit der Wirklichkeit der vita activa
> verknüpft. Das Handeln ist die ursprüngliche
> Existenzform von Denken und Sprache. Der in-
> tellektuelle Prozeß entwickelt sich in gene-
> tischer Hinsicht als praktische Operation, in der
> konkreten Arbeitstätigkeit, und bleibt im
> Hinblick auf seine eigentümlichen Abstraktionen
> in einem dialektischen Bezug mit dem Bereich
> des Handelns verwoben. Hieraus wird nicht nur
> die Notwendigkeit, sondern auch der bereits an-
> gedeutete methodologische Aspekt einer dialekti-
> schen Erklärung geistesgeschichtlicher Phänomene
> ersichtlich, die nur theoretisch aus der sozialen
> Bionomie zu lösen sind." (Bayer, 1975, 283)

Dies Konzept wird in entschiedener Abgrenzung gegen die
sprachidealistischen Traditionen von Humboldt bis Weisgerber
entwickelt und verdankt entscheidende Impulse der sowjetischen Psychologie und Marx, dem das unbestreitbare Verdienst
zugesprochen wird, "die vita activa als konstitutives und
integrierendes Element des menschlichen Bewußtseins und hier-
mit auch der Sprache erkannt zu haben" (S. 19). Die von ihm
selbst so bezeichnete Differenz zur marxistischen Theorie
liegt darin, daß Bayer Bewußtsein und Sprache auf den weiten
Begriff der vita activa bezieht und die pointierte Zuspitzung
auf den Begriff der Arbeit und der Produktion, die Bayer -
nicht ganz zu Recht - bei Marx bemängelt, nicht mitvollzieht:

> "Marx' Begriff des 'praktischen Bewußtseins',
> das naturgemäß dem gesellschaftlichen Sein weit-
> gehend untergeordnet ist, darf jedoch nicht auf
> die Sachwelt und Arbeitstätigkeit des Menschen
> eingeengt werden, denn er umfaßt die gesamte
> Lebenswirklichkeit einschließlich der
> hieraus resultierenden normativen bzw. affektiven
> Bezüge zum Wirklichen." (Ebda., 20)

Die in der Hypothese behauptete enge Verknüpfung von Bewußtsein und Sprache mit den sinn-konstituierenden Handlungen in
der gesellschaftlich vermittelten Lebenspraxis der denkenden
und sprechenden Menschen und Gruppen von Menschen wird von
Bayer an einer Fülle empirischer Daten belegt, die z.T. der
ethnolinguistischen Literatur entstammen und einer neuen
Interpretation unterworfen werden, z.T. auf eigenen Forschungen im Bereich mittelalterlicher deutscher Sprachgeschichte beruhen.

Die neuere deutsche Sprache oder speziell das Problem
ost-westlicher Sprachdifferenzierungen finden in dem Buch
kaum Berücksichtigung. Die These ist jedoch, und damit
komme ich zu dem besonderen Tagungsproblem, übertragbar. Sie
würde etwa lauten:
Korrelierend mit den Differenzen in der gesellschaftlichen
Wirklichkeit der Bundesrepublik und der DDR, der vita activa
im Sinne Bayers, sind auch in der <u>bewußtseinsmäßigen Aneignung und Verarbeitung</u> dieser Wirklichkeit - ihrer Wahrnehmung,
ihrer Erkenntnis und den normativ-wertenden und affektiven
Stellungnahmen - <u>und</u> in der <u>Sprache</u> Differenzen zu erwarten,
die bei Fortdauer dieses Zustandes oder zunehmender Ausein-
anderentwicklung auf der Ebene der gesellschaftlichen Wirklichkeit, wenn nicht schon jetzt, so doch zu einem späteren
Zeitpunkt zu zwei Sprachen führen werden.

Die weitere Arbeit bliebe der empirischen Analyse des
augenblicklichen Sprachzustandes in der Bundesrepublik und
der DDR vorbehalten und einer aus ihren Ergebnissen zu extra-
polierenden Prognose über die Richtung und Schnelligkeit der
zukünftigen Entwicklung.

5.

Nun hat die empirische Erforschung ost-westdeutscher Sprachdifferenzen inzwischen eine 25jährige Tradition, und man könnte doch erwarten, daß die Tagungsfrage allmählich auch empirisch beantwortbar sein müßte. Daß dies m.E. nicht der Fall ist, hat verschiedene Gründe, von denen ich die wichtigsten in fünf Punkten andeutend benennen will:

a) Der Ausgangspunkt für sehr viele Untersuchungen war und ist gelegentlich noch heute der Manipulationsverdacht. Entwickelt wurde, mehr oder weniger explizit, eine Manipulationshypothese, womit das gesamte Problem notgedrungen auf die psychologische oder sozialpsychologische Ebene verlagert wird. Die wirkliche Lebenspraxis der handelnden und sprechenden Menschen kommt bei einem solchen Ausgangspunkt nicht systematisch ins Blickfeld, da die wirkenden Faktoren ja gerade nicht in ihr, sondern in der Manipulation gesucht werden.

Auf dieser Untersuchungsebene blieben die Ergebnisse fragwürdig, weil man bei der vorherrschenden und forschungspraktisch fast erzwungenen Konzentration auf den wirklichen oder vermeintlichen Manipulator und seine Sprache eigentlich immer nur Aussagen über seine Absichten, nicht aber über die Wirkungen machen konnte. Will man aber das Verhältnis Sprache, Bewußtsein und Wirklichkeit klären, so reicht es natürlich nicht aus, "manipulative" oder andere Beeinflussungsversuche nachzuweisen; unabdingbar ist gerade der Nachweis ihrer Wirkung und die Bestimmung des Stellenwerts, der diesen Wirkungen im gesamten Komplex bewußtseins- und handlungsdeterminierender Faktoren zukommt. Daß diese Aufgabe unter den gegebenen Bedingungen zumindest für die DDR von bundesrepublikanischen Sprachwissenschaftlern kaum geleistet werden kann, ist zuzugeben; daß aber das Problem in seiner Bedeutung, wie mir scheint, oft gar nicht gesehen worden ist, liegt sicher auch an den sprachidealistischen Prämissen. So hat die erhebliche Überbetonung sprachlenkender und sprachregelnder Eingriffe in der DDR als Erklärung für die festgestellten Sprachunterschiede bei der gleichzeitigen

Annahme, der Sprachgeist bringe sich in der Bundesrepublik seinem inneren Gesetz folgend frei und ungehindert zur Geltung, wohl in Denkzwängen ihren Grund, die sich aus dem vorherrschenden sprachidealistischen Deutungsschema ergeben. Denn wenn die festgestellten Sprachunterschiede nicht auf die Veränderungen in der gesellschaftlichen Lebenspraxis bezogen werden, dann bleibt nur die Möglichkeit anzunehmen, daß der in der Sprache sich gestaltende Geist auf irgendeine andere Weise auf Abwege geraten ist. Genau in diese Erklärungslücke stießen die Manipulationstheorien.

b) Es blieb oft unbestimmt, auf welcher Ebene und in welchen Bereichen des komplexen Phänomens Sprache die Unterschiede bzw. Gemeinsamkeiten eigentlich gesucht werden sollten, damit man später begründet sagen konnte, es bestehe immer noch eine oder es beständen zwei Sprachen. Diese Unbestimmtheit machte und macht die empirischen Befunde aber beliebig interpretierbar. Siedelt man die empirische Untersuchung auf einer Ebene an, auf der von den Grundprinzipien des Sprachbaus die Rede ist, so hat man, stellt man im wesentlichen Gemeinsamkeiten fest, nicht viel bewiesen und hat sich im Grunde unnütze Arbeit gemacht, denn wenn man nicht der Ansicht huldigt, ein sozialistisches Gesellschaftssystem, wie die DDR es aufweist, sei das schlechthin Ab- und Andersartige, spricht nichts für die Erwartung, daß die phonologischen, syntaktischen und semantischen Grundprinzipien des deutschen Sprachbaus, die Jahrhunderte unverändert überstanden haben, nach 30 Jahren BRD oder DDR ihre Gültigkeit verloren haben sollen. Sind sie das Kriterium, an denen sich entscheidet, ob eine oder ob verschiedene Sprachen vorliegen, so ist von vornherein klar: es gibt heute und auf lange Zeit nur eine deutsche Sprache.

Begibt man sich auf die nächsttiefere Ebene, auf der nachweislich Veränderungen schon innerhalb des Neuhochdeutschen stattgefunden haben, so zeigen die bisherigen Untersuchungen außerhalb des speziellen Themas, daß die phonologischen, morphologischen und syntaktischen Regeln kurzfristigen Änderungen in der Regel größeren Widerstand entgegensetzen als die semantischen und pragmatischen und das Lexikon. Damit soll nicht gesagt sein, daß Phonologie, Morphologie, Syntax nicht den ja generell behaupteten Bezug zur gesellschaftlichen Lebenspraxis aufweisen, aber doch, daß eine Untersuchung, die nur 30 Jahre überblickt, Gefahr läuft, am Problem der "relativen Eigengesetzlichkeit" und dem "archaischen" Charakter der Sprache zu scheitern. Blieben also sinnvolle Untersuchungen im Bereich des Lexikons und der semantischen und pragmatischen Regeln. Wie dem auch sei, der Bereich ist in der Hypothese zu kennzeichnen, und es ist zu begründen, daß gerade er einen so zentralen Stellenwert besitzt, daß die Unterschiede bzw. Gemeinsamkeiten tatsächlich etwas über die Frage 'eine Sprache oder zwei Sprachen' aussagen.

Offensichtlich kann der Sprachwissenschaftler die Frage, ob verschiedene Sprecher oder Sprechergruppen die gleiche Sprache sprechen, verschiedene Varianten einer Sprache (Dialekte, Soziolekte u.ä.) oder zwei verschiedene Sprachen, nur entscheiden, wenn er unabhängig und vor der empirischen Untersuchung Kriterien entwickelt hat, die diese Frage entscheidbar machen können. Und es kann von ihm erwartet werden, daß er diese Kriterien in der Hypothese oder im Zusammenhang mit ihr offenlegt, damit die Interpretation der empirischen Befunde nicht subjektiv-willkürlich geschieht, sondern nachvollziehbar wird.

Über diese Kriterien besteht in der Sprachwissenschaft aber auch außerhalb dieses besonderen Themas keine Einigkeit.
Als Kandidaten stehen bereit
- das Kriterium struktureller-sprachsystemimmanenter Differenzen bzw. Gemeinsamkeiten,
- das Kriterium gemeinsamer bzw. verschiedener Herkunft der Sprache,
- das Kriterium gegenseitiger Verstehbarkeit bzw. mangelnder Verstehbarkeit zwischen den Sprechern,
- das Kriterium des Zusammengehörigkeitsgefühls der Sprecher bzw. des mangelnden Zusammengehörigkeitsgefühls.

Die verschiedenen Kriterien führen nun aber keinswegs zu gleichen Ergebnissen und erfordern auch ganz verschiedene

Untersuchungen. - Eine zusätzliche Schwierigkeit besteht darin, daß die Kriterien, auch als einzelne genommen, kaum eine Klassifizierung von Äußerungen oder Sprechweisen als deutsch oder nicht-deutsch erlauben, sondern meist nur eine abgestufte Ordnung von 'mehr oder weniger deutsch' ergeben würden. Beide Probleme führen zum Ergebnis, daß die Beantwortung der Frage 'eine Sprache oder zwei Sprachen' nicht empirisch innerhalb der Untersuchung geschehen kann, sondern mindestens zum Teil eine Frage vorgängiger Festsetzung durch den Wissenschaftler ist.

c) Eine weitere Unklarheit steckt in der Formulierung "Zwei deutsche Staaten - Zwei deutsche Sprachen" und in der ganzen Diskussion hinsichtlich des Wortes "deutsch". Was bedeutet "deutsch" in seinem ersten Vorkommen, was in seinem zweiten? Ich will die verschiedenen Möglichkeiten - gesellschaftsbezogener, staatsbezogener, kulturbezogener, geschichtsbezogener, bewußtseinsbezogener Begriff - hier nicht im einzelnen darlegen; sollte jedoch "deutsch" in der Verbindung "zwei deutsche Sprachen" ein sprachbezogener Begriff sein, so wird die Hypothese, die den Begriff in diesem Sinne enthält, wiederum zum Teil gegen die empirischen Befunde immunisiert, denn die empirische Analyse kann bestenfalls die Existenz zweier Varianten der deutschen Sprache erweisen. Die Möglichkeit zweier verschiedener Sprachen ist in der Hypothese nicht vorgesehen; denn solange die beiden deutschen Sprachen "deutsche Sprachen" sind, sind sie entweder gar keine eigenständigen Sprachen, oder eine von ihnen oder beide sind nicht (mehr) deutsch.

d) Hat die empirische Analyse keine erheblichen Unterschiede zutage gefördert, die die Annahme zweier deutscher Sprachen in diesem oder jenem Sinne rechtfertigen können, so ist das nicht notwendigerweise eine Widerlegung der von mir im Anschluß an Bayer präsentierten Hypothese; denn es könnte ja auch sein, daß die gesellschaftliche Wirklichkeit in der DDR und der BRD, die vita activa, die aus wesentlich mehr besteht als aus staatlichen Organisationen und Verlautbarungen, gar nicht so unterschiedlich ist, wie in der Öffentlichkeit und in der Sprachwissenschaft normalerweise vorausgesetzt wurde. Die Hypothese wäre deshalb auch in dieser Hinsicht zu modifizieren; etwa zu: **In dem Grade**, in dem die gesellschaftliche Lebenspraxis der Bürger in der DDR und der BRD sich unterscheidet, sind auch sprachliche Unterschiede vorhanden bzw. in Zukunft zunehmend zu erwarten. In der Bestimmung des Grades, in dem sich die Gesellschaftssysteme beider Staaten unterscheiden, gerät die sprachwissenschaftliche Analyse somit in die Abhängigkeit von der vergleichenden Analyse anderer Sozialwissenschaften.

In dieser Formulierung ist das Wort "Staat" durch den allgemeineren Begriff "gesellschaftliche Lebenspraxis", "vita activa" bei Bayer, ersetzt; denn dort liegen die Erfahrungen, die im sprachgebundenen Bewußtsein verarbeitet werden. Der Staat scheint mir in der Formulierung des Tagungsthemas zu Unrecht überbetont. Er spielt nur insoweit eine Rolle, als die staatliche Organisation die Lebenspraxis der Bürger beeinflußt. Ein staatlicher Apparat kann kurzfristig umgewälzt werden; die konkrete Lebenswirklichkeit und ihre Verarbeitung im Bewußtsein verändert sich meist wesentlich langsamer. Und doch entscheidet sich in diesem Bereich und nicht in Verlautbarungen staatlicher Organe die Frage nach der einen oder den zwei Sprachen.

e) Die Erforschung der ost-westdeutschen Sprachunterschiede hat sich bisher, und das ist durchaus sinnvoll, vorwiegend auf den lexikalisch-semantischen Bereich konzentriert. Hier ergeben sich aber ernste methodische Probleme, weil nicht einmal der vorwiegend untersuchte institutionelle Wortschatz des sogenannten "öffentlichen Sprachgebrauchs" in Bundesrepublik und DDR direkt verglichen werden kann (die "Öffentlichkeiten" sind verschieden strukturiert!) und weil die bisherige sprachwissenschaftliche Semantik trotz langer Tradition kein Instrumentarium entwickelt hat, mit dem die semantischen und pragmatisch-semantischen Differenzen im Lichte der präsentierten Hypothese sicher erkannt und gedeutet werden können. Sie bietet nur unvollkommene Möglichkeiten, in ihrer Bedeutungsanalyse auch die ideologischen, wertenden und affektiven Komponenten zu erfassen, die in ihrem intensiven Bezug zu dem lebenspraktischen Handlungsraum der Sprecher gerade von besonderer Wichtigkeit sind. Die begriffliche Komponente im engeren Sinne, das fast ausschließliche Untersuchungsobjekt, läßt sich, löst man sie erst einmal aus dem Gesamtkomplex heraus und beschreibt sie auf ausreichend hoher Abstraktionsebene, relativ leicht als gemeinsame oberhalb aller gesellschaftlichen Unterschiede formulieren: Der Hund ist eben in Ost und West zuerst einmal ein Hund, die Fabrik eine Fabrik und der Staat, auch das hat sich seit geraumer Zeit herumgesprochen, ein Staat. Um die Unterschiede im Sinne der Hypothese erkennen zu können, muß man - wie Bayer - einen Bedeutungsbegriff zugrundelegen, der auf die lebenspraktischen Erfahrungen der Sprecher überhaupt beziehbar ist. Das ist aber in den meisten Konzeptionen linguistischer Semantik faktisch und oft auch vom Anspruch her nicht der Fall.

6. Literatur

Bayer, H.: Sprache als praktisches Bewußtsein. Grundlegung einer dialektischen Sprachwissenschaft. Düsseldorf 1975

Hegel, G.W.F.: Phänomenologie des Geistes. Hamburg 1952

Humboldt, W. v.: Schriften zur Sprache. Hg. v. M. Böhler. Stuttgart 1973

Humboldt, W. v.: Schriften zur Sprachphilosophie. Werke in fünf Bänden. Bd. 3. Darmstadt ^{4}1972

Marx, K.: Die Frühschriften. Hg. v. S. Landshut. Stuttgart 1953

Rubinstein, S.L.: Grundlagen der allgemeinen Psychologie. Berlin ^{7}1971

Rubinstein, S.L.: Sein und Bewußtsein. s'Gravenhage ^{2}1971

K. O. ERDMANN UND DIE GEBRAUCHSWEISEN DES AUSDRUCKS
"KONNOTATIONEN" IN DER LINGUISTISCHEN LITERATUR [+]

Inhalt

1. Erdmann und Erdmann-Rezeption
   1.1. Die Einteilung der Wortbedeutung und die einzelnen Komponenten
   1.2. Die Deutungen der Unterscheidungen in der Rezeption (Wort und Wortgebrauch, Konventionell und individuell, Begrifflich und emotional)

2. Versuch einer Rekonstruktion der semantischen Analyse Erdmanns
   2.1. Objektiv und subjektiv
   2.2. Objektiver Begriffsumfang
   2.3. Objektiver Begriffsinhalt
   2.4. Subjektiver Begriffsinhalt und subjektiver Gefühlswert
   2.5. Im Grenzgebiet von Sprachpsychologie und Logik
   2.6. Erdmann als Nachfolger Mills und Freges?

3. Zum gegenwärtigen Gebrauch des Ausdrucks "Konnotationen"
   3.1. Gebrauchsweisen in linguistischen Wörterbüchern und Einführungen (Ulrich, Bünting, Heupel, Schwarze, Herrlitz, Oksaar)
   3.2. Die Einrichtung einer linguistischen Rumpelkammer
   3.3. Versuch der Entrümpelung und erste Sichtung (Extension/Intension, Lexikalische Bedeutung/Kontextbedeutung, Sprachvarianten, Kernbedeutung/Randbedeutung, Bezeichnungen für Emotionales, Gefühlswert: der assoziierte Verwendungszusammenhang/Gefühlswert als Bedeutungskomponente)

4. Anmerkungen

5. Literaturverzeichnis

[+] Der Aufsatz wurde zuerst 1979 im 13. Heft der LAB Berlin (West) veröffentlicht. Inzwischen ist die Abhandlung von Gerda Rössler "Konnotationen. Untersuchungen zum Problem der Mit- und Nebenbedeutung" (Wiesbaden 1979) erschienen, die beim Schreiben des Aufsatzes noch nicht vorlag und deren großer Bedeutung für die Konnotationsforschung ich nicht gerecht werden würde, wenn ich sie nachträglich einzuarbeiten versuchte. Ich lasse meinen Aufsatz deshalb unverändert.

1. Erdmann und Erdmann-Rezeption

Erdmanns Buch "Die Bedeutung des Wortes. Aufsätze aus dem Grenzgebiet der Sprachpsychologie und Logik" ist erstmals 1900 veröffentlicht worden[1] und hätte unter normalen Umständen nur noch wissenschaftshistorisches Interesse. Doch herrschen in der Konnotationsforschung oder besser: in der Erforschung dessen, was dieser oder jener Konnotationen nennt, keine normalen Umstände. Das Buch ist unmittelbare Gegenwart, weil es immer noch Bezugspunkt für viele Sprachwissenschaftler ist, die sich um die genauere Klärung des Begriffs der Konnotation oder um die Untersuchung so benannter sprachlicher Erscheinungen bemühen. So hat GECKELER (1971, 70) sicher recht, wenn er feststellt:

> "Fast alle Vorschläge zur Einteilung der Wortbedeutung, die die traditionelle Bedeutungslehre gemacht hat, berufen sich ausdrücklich (oder lassen sich zurückführen) auf die im Jahre 1900 von K. O. Erdmann aufgestellten Unterscheidungen, die zu geradezu klassischer Berühmtheit in der Sprachwissenschaft gelangten."

---

[1] Im Verlag E. Avenarius in Leipzig. Dort auch die veränderte 2. Aufl. 1910. Die 3. und 4. Auflage erschienen im E. Haessel Verlag, Leipzig 1922 bzw. 1925. Einen unveränderten Nachdruck der 4. Auflage besorgte die Wiss. Buchgesellschaft, Darmstadt 1966. - Der Verfasser, "Oberlehrer" ("Professor") in Dresden, hatte zwei Jahre früher schon einen Band "Gesammelte Essays" ("Alltägliches und Neues". Leipzig: E. Diederichs 1898) veröffentlicht, die er ursprünglich verstreut für literarische und kulturelle Zeitschriften geschrieben hatte ("Kunstwert"; "Grenzboten", "Preußische Jahrbücher" u.a.). - 1924 erschien noch einmal ein Buch von Erdmann, das in bescheidenem Maße die Zeiten überdauern sollte: "Die Kunst recht zu behalten. Methoden und Kunstgriffe des Streitens". Leipzig 1924, ²1926. Auch in dieser Abhandlung bewegt sich Erdmann - auf den Spuren von Schopenhauers "Eristik" - im "Grenzgebiet der Sprachpsychologie und Logik". Man kann es auch Erdmanns "Angewandte Semantik" nennen. Eine "8. Rev. Auflage (64. Tausend)" erschien 1973 im H. Haessel Verlag, Frankfurt. Der Zusatz "Rev." ist allerdings ein Reklametrick des Verlags, um dem "Duden der Logik" oder dem "Handbuch des gesunden Menschenverstandes" (so im Klappentext) nach 50 Jahren (über das Alter des Buches erfährt man rein gar nichts) noch einmal Leser zuzuführen.

Doch ist die Einschränkung auf die "traditionelle Bedeutungslehre" zu korrigieren; denn auch "moderne Semantiker" berufen sich auf die Beschreibungen und Deutungen Erdmanns; nur bemühen sie ihn in anderer Absicht. Ihnen geht es darum, anhand der Erdmannschen Aussagen zu belegen, daß die Konnotationen, wiewohl möglicherweise in anderen Zusammenhängen wichtig, nicht oder nur am Rande zum Gegenstandsbereich der linguistischen Semantik gehören[2].

In beiden Fällen beruhen die Auffassungen über das, was Erdmann gesagt hat, oft nicht mehr auf der eigenen Lektüre des Erdmannschen Textes, sondern auf einem Wissen über Erdmann, das als gemeinsames vorausgesetzt wird ("Erdmann hat ja gesagt, daß ...") und auf einem kleinen Bestand von Zitaten, die von Veröffentlichung zu Veröffentlichung tradiert worden sind. Dieses Wissen der Erdmann-Rezeption hält der genaueren Überprüfung jedoch in wesentlichen Punkten nicht stand[3]. Ich möchte im folgenden versuchen, es zu korrigieren. Zugleich hoffe ich, zeigen zu können, daß ein erheblicher Teil der Argumente, mit denen üblicherweise der Ausschluß der Konnotationen aus der linguistischen Semantik begründet wird, sachlich fragwürdig ist und insbesondere nicht mit Erdmann gestützt werden kann. <u>Wenn ich auf diese Weise bestimmte Argumente zurückweise, mit denen die Konnotationen aus der linguistischen Semantik verwiesen werden, so bedeutet das nicht, daß sie nicht - aus anderen Gründen - trotzdem zu Recht ausgeschlossen werden.</u> Doch kann das gewählte Verfahren auch der Beantwortung dieser Frage hilfreich sein, weil es den Blick auf den entscheidenden Punkt oder die entscheidenden Punkte lenkt.

---

2 So Geckeler (1971) selbst auf S. 78.

3 Sehr vereinzelte Ausnahmen bestätigen die Regel. Ausdrücklich nennen möchte ich Hoppenkamps (1977), der sich im Einleitungskapitel seiner Dissertation mit Erdmann beschäftigt (S. 20-24) und nach meiner Kenntnis der Rezeption der einzige ist, der verstanden hat, was Erdmann mit dem Nebensinn gemeint hat. Seine Bemerkungen waren für mich der Anlaß, das Buch von Erdmann noch einmal vorzunehmen, und boten so auch die Möglichkeit, mein eigenes, in früheren Veröffentlichungen dokumentiertes fehlerhaftes Verständnis Erdmanns zu korrigieren.

1.1. Die Einteilung der Wortbedeutung und die einzelnen Komponenten

Erdmann beginnt das vierte Kapitel seines Buches, das vom "Nebensinn und Gefühlswert der Wörter" handelt (1o3 ff.), mit dem Satz "Wörter sind Zeichen für Begriffe", schränkt diese Aussage aber sogleich wieder ein:

> "Wörter sind noch anderes und mehr als Zeichen für Begriffe. Sie enthalten Werte, die nichts mit dem zu schaffen haben, was wir bisher (in den ersten drei Kapiteln, W.D.) an den Wortbedeutungen beachtet und untersucht haben" (103).

Diese "Werte" empfiehlt er, von "dem begrifflichen Wortsinne abzusondern und ihm gegenüberzustellen" (ebda.) und verweist zur Illustration des Gemeinten auf die Differenz zwischen Leu und Löwe, die in Begriffsinhalt und -umfang identisch und doch nicht auswechselbar seien. Um dem Unterschied im Gebrauch der Wörter gerecht werden zu können, schlägt Erdmann in Frageform zwei denkbare Lösungen vor:

> "Darf man also einen Unterschied in der Bedeutung annehmen, oder soll man sagen, die Bedeutung beider Ausdrücke sei zwar völlig gleich und nur der Gebrauch des Wortes Leu sei rein zufällig oder konventionell auf die dichterische Sprache beschränkt?" (104)

Er entscheidet sich für die erste Lösung:

> "Es ist demnach, wie ich schon andeutete, zwischen dem begrifflichen Inhalt und der Gesamtbedeutung des Wortes zu unterscheiden; zwischen dem begrifflichen Inhalt, der alle objektiven Merkmale einschließt, und der allgemeinen Wortbedeutung, die außer dem Begriff noch alle anderen Werte enthält, die das Wort zum Ausdruck bringt. Diese Werte sondere ich also von der Wortbedeutung ab, stelle sie dem Begriff gegenüber und fixiere sie sprachlich als 'Nebensinn' und 'Gefühlswert' (Stimmungsgehalt). Nach dieser Auffassungs- und Ausdrucksweise ist es dann eindeutig zu sagen, daß Leu und Löwe einerseits und Hose und Beinkleid andererseits Wörter von verschiedener Bedeutung, aber gleichem begrifflichen Inhalt seien" (105).

Nach einigen weiteren Beispielen, die Leu/Löwe vergleichbar sind, bestimmt er zusammenfassend:

"Ich unterscheide also am Worte dreierlei:
1. den begrifflichen Inhalt von größerer oder geringerer Bestimmtheit, wie ich ihn in den vorstehenden Abschnitten (gemeint wieder Kap. I-III) gekennzeichnet habe,
2. den Nebensinn,
3. den Gefühlswert (oder Stimmungsgehalt).
Und ich verstehe unter dem Nebensinn alle Begleit- und Nebenvorstellungen, die ein Wort gewohnheitsmäßig und unwillkürlich in uns auslöst; unter dem Gefühlswert oder Stimmungsgehalt alle reaktiven Gefühle und Stimmungen, die es erzeugt" (107).

Diese Dreiteilung ist in der Rezeption verbreitet übernommen, z.T. aber verschieden interpretiert und auch mit wechselnden Bezeichnungen versehen worden. Sie ist oft, und zwar zunehmend zur Gegenwart hin, auf eine Zweiteilung reduziert worden. Das ergab dann die einfache Gegenüberstellung von denotativer Bedeutung (begrifflicher Inhalt) und konnotativer Bedeutung (Nebensinn und Gefühlswert)[4].

Im Versuch, genauer zu klären, was Erdmann mit seiner Dreiteilung zu unterscheiden beabsichtigte, gehe ich zunächst so vor, daß ich eine Reihe der Deutungen, die sein Schema in der Literatur gefunden hat, durchgehe und sie auf ihre Verträglichkeit mit Erdmanns Aussagen überprüfe. Dabei wird es nötig sein, weitere Textstellen Erdmanns heranzuziehen.

1.2. Die Deutungen der Unterscheidungen in der Rezeption

1.2.1 Wort und Wortgebrauch

Erdmann unterscheidet mit seiner Dreiteilung Komponenten der Bedeutung der Wörter als Einheiten des Lexikons einer natür-

---

4 Vgl. dazu wieder Geckeler (1971), der S. 70-78 einen Überblick über die zahlreichen direkten und indirekten Nachfolger Erdmanns gibt. - Die einfache Zweiteilung, bei der Nebensinn und Gefühlswert zusammenfallen, findet sich allerdings schon in einer Rezension der 2. Aufl. von 1910. H. Siebeck, Professor in Gießen, schreibt im "Literaturblatt f. German. und Roman. Philologie" 33 (1912), Sp. 193-197 kurz und bündig: "In der vierten Abhandlung (über Nebensinn und Gefühlswert der Wörter) werden diejenigen Ausdrücke für ein und dasselbe unterschieden, die nur den verschiedenen Gefühlszustand bei der Benennung kenntlich machen" (197).

lichen Sprache bzw. des Sprachbesitzes bestimmter Sprechergruppen oder auch einzelner Individuen. Nebensinn und Gefühlswert wachsen dem Wort nach Auffassung Erdmanns also nicht erst im Redekontext zu, sondern das Wort bringt sie genauso wie den begrifflichen Inhalt als Vorgabe in die Gebrauchskontexte ein. Genau darauf beruhen ja die Gebrauchsbeschränkungen z.B. des Wortes Leu. Erdmann leugnet natürlich nicht, daß der Redekontext die Bedeutung der Wörter in den aktuellen Äußerungen beeinflußt, er macht im Gegenteil immer wieder darauf aufmerksam, jedoch sind es nicht die redekontextbedingten Bedeutungsinhalte, für die er die Ausdrücke Nebensinn und Gefühlswert geprägt hat. Deutungen Erdmanns in der Rezeption, die Nebensinn und Gefühlswert nur als eine Erscheinung des Gebrauchs ansehen und dem einzelnen Wort nur begrifflichen Inhalt zusprechen, beruhen also auf einem Mißverständnis[5].

1.2.2. Konventionell und individuell

Die soeben kritisierte Deutung Erdmanns, Nebensinn und Gefühlswert seien nur eine Erscheinung der Wörter in den aktuellen Äußerungen, wird oft auch so ausgedrückt, sie seien "beliebig variabel und individuell", wobei über Variabilität bzw. Individualität mit Bezug auf Redekontexte entschieden wird. Der Ausdruck individuell wird jedoch auch mit Bezug auf Personen verwendet und beinhaltet dann, daß die sprachliche Erscheinung von Person zu Person variiert. Da die Vermischung dieser beiden Begriffe des Individuellen viel Verwirrung stiftet, will ich sie auch terminologisch auseinanderhalten: Ich verwende für Individualität mit Bezug auf Redekontexte den Ausdruck okkasionell und setze ihm usuell entgegen; individuell reserviere ich für Individualität mit Bezug auf Personen und setze ihm konventionell entgegen. Sprachliche Erscheinungen mit gruppenspezifischer Geltung

---

5 Die Interpretation der Erdmannschen Einteilung vor dem Hintergrund der langue/parole-Unterscheidung ist schon deshalb problematisch, weil Erdmann letztere nicht gekannt hat und sie in den meisten ihrer Spielarten wohl auch nicht als besonders fruchtbar angesehen hätte.

innerhalb der Sprachgemeinschaft nenne ich eingeschränkt konventionell.[6] Auf der Grundlage dieser terminologischen Festlegung wird es möglich, von sprachlichen Erscheinungen zu sagen, sie seien individuell und usuell (gelten nur für eine Person, für diese aber in allen Redekontexten), oder sie seien individuell und okkasionell (gelten nur für eine Person, aber auch für diese redekontextspezifisch). Die weiteren Kombinationen sind leicht herstellbar.

Wie steht es nun mit der in der Literatur behaupteten Individualität von Nebensinn und Gefühlswert mit Bezug auf Personen?[7] Die betreffenden Autoren verweisen zur Unterstützung gern auf die folgende Passage Erdmanns:

> "Nebensinn und Stimmungsgehalt enthalten eben die subjektiven Zutaten zu einer Vorstellung oder einem Begriff, und alles Subjektive ist schwankend und veränderlich, während der begriffliche Inhalt eines Wortes, der die objektiven Merkmale in sich faßt, fester und dauerhafter ist und auf Allgemeingültigkeit Anspruch erhebt." (124 f.)

---

6 Die Ausdrücke sind vielleicht nicht sehr glücklich gewählt; auch fehlt mindestens ein Ausdruck für eingeschränkte Konventionalität mit Bezug auf Typen von Kontexten bzw. Typen von Situationen; doch reichen die Unterscheidungen für die gegenwärtigen Zwecke aus. - Vergleichbare Versuche zur Differenzierung in Dieckmann (^{2}1975, 78), Quasthoff (1973, 232 ff).

7 Die "intersubjektive Gültigkeit" vermißt z.B. Geckeler (1971, 78). Leisi (^{3}1967, 114 f.) kennzeichnet die Konnotationen als "persönliche oder private Bedeutungselemente", "welche zum Sprecher oder Hörer, also nicht zum Sprachsystem gehören, beliebig variabel sind und in keiner festen Beziehung zum Ausdruck stehen." Auch Nida (1967, 152 f.) spricht der Konnotation im Gegensatz zur Denotation nur subjektiv-individuelle Geltung zu, weil sie weitgehend von Sprecher zu Sprecher wechsele und bei einem Sprecher zusätzlich noch von den speziellen Umständen abhinge. - Natürlich gibt es "persönliche oder private Bedeutungselemente", die "von Sprecher zu Sprecher" wechseln, und es spricht im Prinzip auch nichts dagegen, diese mit dem Ausdruck Konnotation zu bezeichnen. Falsch ist aber, wie zu zeigen sein wird, die Meinung, sie wären es, die Erdmann als Nebensinn und Gefühlswert beschrieben und vom Begriffsinhalt als dem allen Gemeinsamen unterschieden hätte. Und höchst problematisch ist es, alles was dem jeweiligen Linguisten nicht ins Sprachsystem paßt, mit dem Etikett "persönlich und privat" oder

Zweifellos behauptet Erdmann in diesem Zitat einen Unterschied
zwischen begrifflichem Inhalt und Nebensinn/Stimmungsgehalt
hinsichtlich Veränderlichkeit und Schwankung. Dieser Unterschied
erlaubte als relativer aber bestenfalls eine Skalierung,
nicht die These, der begriffliche Inhalt sei konventionell,
Nebensinn und Gefühlswert aber individuell. Letzterem wider-
sprechen auch die Beispiele und Kommentare, die Erdmann in
großer Zahl in seinem Buch ausbreitet, entschieden.

Das gesamte erste Kapitel handelt von der "Vieldeutigkeit
und Unbestimmtheit des sprachlichen Ausdrucks" und den
Schwierigkeiten, die "Grenzen der Wörter" verbindlich anzugeben, ohne daß in diesem Kapitel schon in irgendeiner Weise
von Nebensinn und Gefühlswert die Rede ist. Es geht ausdrücklich
um den Begriffsumfang der Wörter, um die extensionale Bestimmung des Bereichs außersprachlicher Gegenstände, Sachverhalte, Eigenschaften, Beziehungen, auf die die Wörter anwendbar sind, und Erdmann stellt in diesem Zusammenhang fest:

> "Die Grenzen selbst sind natürlich nicht immer
> allgemein anerkannt; sie können auch nur bei
> einer Gruppe von Personen, z.B. Fachgelehrten,
> gebräuchlich oder endlich rein individuell
> sein" (8).

Die generelle "Unbestimmtheit des sprachlichen Ausdrucks" bei
den "Popularbegriffen" der Alltagssprache und die z.T. nur
gruppenspezifische oder individuelle Geltung der "Grenzen"
haben ihre Entsprechung im Begriffsinhalt. Die intensionale
Analyse unterscheidet zwischen allgemein geltender Kernbedeutung und zahlreichen Neben- oder Sonderbedeutungen mit
eingeschränkter Konventionalität. Letztere dürfen nicht mit

"von Sprecher zu Sprecher wechselnd" zu versehen, um
eine Rechtfertigung dafür zu bekommen, es in der
Rumpelkammer der Konnotationen verschwinden zu lassen.
Nida z.B. illustriert seine These an dem Beispiel: "the
word colonial produces one emotional response in an
empire-worshiper and quite a different reaction in same
downtrodden native." Wie immer man entscheidet, mit
dieser Differenz wissenschaftlich umzugehen, sie als
Wechsel "von Sprecher zu Sprecher" zu erklären, ist wenig
einleuchtend. Nicht nur, daß die empire-worshiper keineswegs vereinzelt auftraten und die downtrodden natives
ausgesprochen massenhaft vorkamen, das Problem ist als
individuelles grundsätzlich mißverstanden.

dem Nebensinn verwechselt werden, denn er ist ja etwas außerhalb des Begriffsinhalts, wie Erdmann ihn versteht.

Die gleiche Stufenfolge sozialer Verbindlichkeit stellt Erdmann im 4. Kapitel für Nebensinn und Gefühlswert fest, wenn er von "individuellen und mehr oder weniger interindividuellen Gefühlswerten" (124) spricht und von Wörtern, "an denen gewisse konventionelle und wohlfeile Werte haften" (120). Den Nebensinn hatte er ja schon allgemein als "alle Begleit- und Nebenvorstellungen, die ein Wort gewohnheitsmäßig und unwillkürlich in uns auslöst" (107), bestimmt. In seinen Beispielen belegt er die individuellen ("persönlichen") Schwankungen mit der Vorliebe bzw. Abneigung gegenüber bestimmten Vornamen und gibt zahlreiche Beispiele für Schwankungen im Sinne zeitlich, räumlich, sozial, funktional oder ideologisch eingeschränkter Konventionalität[8]. Erdmann wird also sowohl in der Analyse des begrifflichen Inhalts als auch in der Analyse von Nebensinn und Gefühlswert der vieldimensionalen Variation in der Sprache, der viel berufenen Heterogenität natürlicher Einzelsprachen gerecht. Aber gerade weil er verschiedene Grade von Konventionalität in beiden Bereichen feststellt, mißversteht man Erdmann, wenn man sich Begriffsinhalt einerseits, Nebensinn und Gefühlswert andererseits in dieser Dimension unterschieden denkt.

Es bleibt allerdings die auffällige Betonung der <u>Subjektivität</u> von Nebensinn/Gefühlswert gegenüber der <u>Objektivität</u> des Begriffsinhalts, von der das Mißverständnis in der Erdmann-Rezeption wohl ausging, weil es naheliegt, den Begriff des <u>Subjektiven</u> mit dem des <u>Individuellen</u> gleichzusetzen.

---

8 Als zeitliche Schwankung von Nebensinn und/oder Gefühlswert deutet er u.a. den Bedeutungswandel von <u>Mähre</u> bzw. <u>Buhle</u> im Neuhochdeutschen. Die Differenzen zwischen <u>Roß</u> in Süddeutschland und Norddeutschland, <u>Dearn</u> im Oberbayrischen und <u>Dirne</u> im Norddeutschen, <u>Bub(e)</u> in verschiedenen Dialekten gelten ihm als örtliche Schwankungen. Andere Beispiele beziehen sich auf gruppensprachliche Varianten (Sondersprachen der Soldaten, Studenten, Handwerker) oder - vor dem Hintergrund verschiedener politischer Positionen oder Parteien - auf ideologische.

Ich werde unten genauer zu zeigen versuchen, daß subjektiv und
objektiv bei Erdmann nicht mit individuell und konventionell
korreliert werden dürfen. Erdmann orientiert sich in seiner
Entscheidung über die Subjektivität bzw. Objektivität von
Bedeutungsinhalten "korrespondenztheoretisch" an den Sachen,
nicht "konsensustheoretisch" an der Übereinstimmung bzw.
Nicht-Übereinstimmung von Personen.

Als Ergebnis ist festzuhalten: Erdmann gibt zwar zahlreiche Beispiele für individuelle oder eingeschränkt konventionelle Gültigkeit von Nebensinn und Gefühlswert, Individualität
oder eingeschränkte Konventionalität sind aber keine definitorischen Merkmale der Begriffe.

1.2.3. Begrifflich und emotional

Der Versuch, Begriffsinhalt und Nebensinn/Gefühlswert über
die Merkmale begrifflich und emotional zu unterscheiden, kann
sich darauf berufen, daß Erdmann selbst diese Ausdrücke verwendet, unterscheidet er doch Begriffsinhalt und Gefühlswert.
Die in diesem Zusammenhang entscheidende Frage ist, welcher
Seite der Nebensinn zuzuschlagen ist.

Das, was Erdmann mit Gefühlswert bzw. Stimmungsgehalt gemeint hat, ist in der Forschung bis auf die behauptete Individualität bzw. beliebige Kontextvariabilität im großen
ganzen richtig verstanden worden. Mit dem Nebensinn hat sie
indes nicht viel anfangen können, und sie hat deshalb beides
- Nebensinn und Gefühlswert/Stimmungsgehalt - oft unter
einem Ausdruck (Konnotationen, emotive Bedeutungsgehalte,
affektive Werte o.ä.) wieder zusammengefaßt. Viele Beispiele,
die Erdmann beschreibt, legen diese Lösung in der Tat nahe.
Meist geht er nämlich so vor, daß er zwei oder mehr Wörter
der deutschen Sprache nimmt, deren Begriffsinhalt seiner
Meinung nach gleich ist, die sich aber in Nebensinn und
Gefühlswert unterscheiden. Da er in der Regel nicht genau
sagt, welche der beschriebenen Differenzen auf das Konto
des Nebensinns und welche auf das Konto des Gefühlswertes
gehen, kann man meinen, er habe seiner Unterscheidung selbst

keine allzu große Bedeutung beigemessen. Auf jeden Fall sieht es so aus, als ob Nebensinn und Gefühlswert, wenn nicht gemeinsam etwas Emotionales, so doch mindestens etwas Nicht-Begriffliches bezeichnen; denn der Begriffsinhalt soll ja gleich sein. Dennoch läßt sich nachweisen, daß die Grenze zwischen begrifflich und emotional, dem oberflächlichen Anschein zuwider, zwischen Nebensinn und Gefühlswert verläuft und nicht zwischen Begriffsinhalt und Nebensinn. Man betrachte dazu z.B. die folgenden Textstellen:

> "Man nehme etwa Begriffe wie 'Kurven zweiter Ordnung' und 'Kegelschnitte'. Sie sind insofern gewiß identisch, als jede Kurve zweiter Ordnung ein Kegelschnitt ist, und umgekehrt. Aber die gedachte Erzeugungsweise ist doch jedesmal eine andere, und so haben die beiden Ausdrücke zum mindesten einen verschiedenen Nebensinn" (127).

> "Je nachdem wir einen Menschen mit diesem oder jenem Namen nennen hören, werden wir etwas Verschiedenes uns innerlich vergegenwärtigen. 'Aristoteles' oder 'der Lehrer Alexanders' oder 'der Philosoph von Stagira', das ist gewiß ein und dieselbe Person; da aber von den drei Benennungen jede eine andere Seite dieser Person in den Vordergrund des Bewußtseins hebt und demgemäß andere Vorstellungskreise anregt, haben sie doch eine andere Bedeutung" (107).

Das Aristoteles-Beispiel ist in Erdmanns Buch überhaupt das erste, an dem er erläutert, was er unter Nebensinn versteht, und es hat deshalb einen herausragenden Stellenwert[9]. Nachdem

---

[9] Auf die Tatsache, daß Frege acht Jahre vor Erdmann das gleiche Beispiel benutzt, um seine Unterscheidung zwischen Bedeutung und Sinn zu klären, komme ich unten zurück, zitiere hier aber schon zum Vergleich die entsprechende Stelle: "Bei einem eigentlichen Eigennamen wie 'Aristoteles' können freilich die Meinungen über den Sinn auseinandergehen. Man könnte z.B. als solchen annehmen: der Schüler Platos und Lehrer Alexanders des Großen. Wer dies tut, wird mit dem Satze 'Aristoteles war aus Stagira gebürtig' einen anderen Sinn verbinden als einer der als Sinn dieses Namens annähme: der aus Stagira gebürtige Lehrer Alexanders des Großen. Solange nur die Bedeutung dieselbe bleibt, lassen sich diese Schwankungen des Sinnes ertragen, wiewohl auch sie in dem Lehrgebäude einer beweisenden Wissenschaft zu vermeiden sind und in einer vollkommenen Sprache nicht vorkommen dürften." (Frege 1962, S. 40, Anm. 2)

er anschließend das gleiche Phänomen an Friedrich II von Preußen und Alter Fritz illustriert hat, erweitert er sein Argument auch auf "Namen für Begriffe und Allgemeinvorstellungen":

> "So erhalten auch die Wörter, die Namen für Begriffe oder Allgemeinvorstellungen sind, einen besonderen Nebensinn, indem sie einzelne Seiten des bezeichneten Begriffs stärker betonen, gewisse Merkmale in den Vordergrund rücken oder auch Begleitvorstellungen anregen, die eigentlich gar nicht im Begriffe liegen" (108).

Es folgen dann die Beispiele Krieger/Soldat, Frühling/Lenz, Säugling/Wickelkind/Neugeborenes.

Angesichts dieser Beispiele und der Erläuterungen dürfte deutlich geworden sein, daß die Differenzen, die Erdmann mit dem Begriff des Nebensinns zu erfassen versucht, Resultate unterschiedlicher begrifflicher Verarbeitung der Wirklichkeit sind und nicht unterschiedlicher emotionaler Stellungnahmen. Die genannten Ausdrücke sind zwar z.T. auch unter "emotionalem" Aspekt von Interesse; doch schafft Erdmann dafür die zusätzliche Kategorie Gefühlswert[10]. Das Kriterienpaar begrifflich/emotional ist also auf Erdmanns Schema zur Einteilung der Wortbedeutung anwendbar, doch begründet es eine Grenze zwischen Nebensinn und Gefühlswert; nicht zwischen Begriffs-

---

10 U. Quasthoff (1973, 231) ist auf der richtigen Fährte, wenn sie im Anschluß an das Beispiel Krieger und Soldat schreibt:"Wichtig ist, daß man mit der Wahl verschiedener Bezeichnungen für die gleiche Extension - dh. der Bereich von Gegenständen, auf die die Bezeichnung sich bezieht - unterschiedliche Akzente innerhalb der Intension des Begriffes setzen kann." (Diese Unterschiede in der Intension sind für Erdmann Unterschiede des Nebensinns. In den verschiedenen Spielarten der semantischen Komponentenanalyse werden sie als verschiedene Bedeutungsstrukturen beschrieben, die aus z.T. gleichen, z.T. aber auch verschiedenen semantischen Merkmalen bestehen.) Folgend meint Quasthoff aber dann doch, die Unterscheidung zwischen Nebensinn und Gefühlswert scheine sich nicht zwingend zu ergeben, und faßt beides unter der Bezeichnung "emotive Elemente des Wortinhalts" oder auch Konnotationen zusammen. Sie stützt sich dabei u.a. auf das Kapitel "Konnotationsforschung" in Dieckmann 1969, ^{2}1975, jedoch ist der dort entwickelte Konnotationsbegriff, soweit ich mich auf Erdmann berufe, selbst korrekturbedürftig.

inhalt und Nebensinn/Gefühlswert. Begriffsinhalt und Nebensinn werden über die Begriffe objektiv und subjektiv unterschieden.

2. Versuch einer Rekonstruktion der semantischen Analyse Erdmanns

2.1. Objektiv und subjektiv

Erdmann wird nicht müde, auf der Objektivität des Begriffs zu insistieren, die dem Nebensinn (und dem Gefühlswert) nicht zukomme, und man tut gut daran, die Stellen, an denen Erdmann vom <u>Begriff</u> ohne den Zusatz <u>objektiv</u> spricht, als abkürzende Redeweise aufzufassen, d.h. <u>objektiv</u> stillschweigend zu ergänzen. Es ergibt sich nämlich dann die Möglichkeit, die Erdmannsche Dreiteilung, wie folgt, umzuformulieren:
1. Begrifflicher Inhalt, soweit er objektiv ist (= Begriff)
2. Subjektive begriffliche Zutaten (= Nebensinn)
3. Subjektiver Gefühlswert/Stimmungsgehalt.

Um abschließend den Inhalt der Unterscheidung des Subjektiven und des Objektiven zu klären, versuche ich, in idealisierter Form den Weg zu rekonstruieren, den Erdmann in seiner Bedeutungsanalyse insgesamt beschreitet. Die Idealisierung ist notwendig, weil Erdmann in seinen Äußerungen oft wenig explizit und häufig in der Tat auch unklar ist. Dennoch glaube ich, den Intentionen Erdmanns und der von ihm praktizierten Methode semantischer Analyse im Kern gerecht zu werden.

2.2. Objektiver Begriffsumfang

Erdmann beginnt bei den alltagssprachlichen Wörtern und fragt, was sie bezeichnen; d.h. er versucht, ihre Extension zu bestimmen. Dabei stützt er sich zitierend auf manifeste Äußerungen, in denen die jeweiligen Wörter vorgekommen sind, oder er vergegenwärtigt sich mögliche Redekontexte; im großen ganzen entscheidet er über die Extension intuitiv auf der Grundlage seines eigenen Sprachgebrauchs. Im Falle von <u>Säugling</u>, <u>Wickelkind</u>, <u>Neugeborenes</u> ergibt eine solche Analyse[11], daß sich die drei Wörter auf die gleichen außersprachlichen Erscheinungen beziehen: sie haben, zumindest annäherungsweise, die gleiche Extension, die mit "Menge der Kinder bis zum Alter X" angegeben werden kann. Die genaue Bestimmung dieses "Alters X" ist schwierig, ja unmöglich, da es - orientiert man sich am alltagssprachlichen Wortgebrauch und verzichtet auf eine Festsetzung - kein verläßliches Kriterium für die Entscheidung gibt, wann ein Neugeborenes aufhört, ein <u>Neugeborenes</u> zu sein. Die extensionale Unbestimmtheit sprachlicher Ausdrücke erkennt Erdmann als generelle Eigenart alltagssprachlicher Begriffe ("Popularbegriffe") im Gegensatz zu den eigentlichen, den logischen Begriffen. Die Probleme, die deshalb bei der extensionalen Bestimmung auftreten, behandelt Erdmann vor allem in den ersten drei Kapiteln. Als Lösungsvorschlag bietet er die Unterscheidung zwischen "Kern" und "Grenzgebiet" an. Sie erlaubt es, dem Wort "<u>Neugeborenes</u> (entsprechend den anderen) einen Kern zuzusprechen, in den alle einwöchigen Kinder fallen mögen, darüberhinaus aber ein nicht genau angebbares Grenzgebiet, in das die Anzahl der Kinder fällt, bei denen fraglich ist, ob man sie noch als <u>Neugeborene</u> bezeichnen kann oder nicht. Die Unterscheidung zwischen Kern und Grenzgebiet hat, es sei noch einmal betont, eine Funktion innerhalb der Analyse des objektiven Begriffsumfangs; mit ihr wird nicht etwa ein objektiver Kern von einem subjektiven Grenzgebiet geschieden. Das Problem selbst ist auch objektiv bedingt, weil es Resultat der Tatsache ist, daß Kinder in ihrer Entwicklung keine Sprünge machen.

---

11 Erdmann behandelt diese Wörter auf S. 109, kommentiert sie jedoch nicht durch alle Phasen seiner Analyse. Ich beanspruche aber, sie hier und weiter unten in seinem Sinne zu interpretieren. (Die Tatsache, daß die drei Ausdrücke, zumindest in meinem Wortverständnis, schon in ihrer extensionalen Reichweite differieren, ist ein Schönheitsfehler, der aber die Hauptlinie der Argumentation nicht stört.)

2.3. Objektiver Begriffsinhalt

Wie kommt Erdmann nun zum objektiven Begriffsinhalt, d.h. also zur intensionalen Bestimmung der Popularbegriffe? Da er sich zu dem Verfahren nicht explizit äußert und insgesamt die Probleme der extensionalen Bestimmung im Vordergrund stehen, ist diese Frage nicht leicht zu beantworten, und auch der Status des Ergebnisses, der in der Analyse gewonnene objektive Begriffsinhalt eines Wortes, bleibt unklar. Sicher ist nur, daß der objektive Begriffsinhalt außereinzelsprachlicher Natur ist und nicht als (intensionale) Bestimmung der Bedeutung des Wortes in der deutschen Sprache gelten kann. Erdmann läßt bei der Bestimmung des objektiven Begriffsinhalts die alltagssprachlichen Ausdrücke vorübergehend gänzlich beiseite und konzentriert sich stattdessen auf den in der extensionalen Analyse unsicher ausgegrenzten Bereich des Bezeichneten, um die Merkmale herauszufinden, die den Elementen dieses Bereichs gemeinsam sind. Diese Merkmale machen den objektiven Begriffsinhalt aus, der meist in eine Hauptbedeutung und vielfältige Neben- oder Sonderbedeutungen zerfällt. Letztere dürfen wiederum nicht mit dem Nebensinn verwechselt werden, denn sie sind Teil des objektiven Begriffsinhalts.

Denkbar wäre es, die Beschreibung der gesuchten Merkmale des objektiven Begriffsinhalts an den jeweils gegenwärtigen Wissensstand der Wissenschaften zu binden, in deren Bereich die Phänomene fallen, die von den fraglichen Wörtern bezeichnet werden. Die Beschreibung wäre dann mit Hilfe der wissenschaftlichen Definition des Gegenstands zu leisten, die in den einschlägigen Sachlexika notiert ist . In Erdmanns Buch gibt es jedoch keine greifbaren Hinweise dafür, daß er sich in der Suche nach dem objektiven Begriffsinhalt in systematischer Form an den Wissenschaften orientierte. Dieser Weg ist eigentlich für ihn auch nicht gangbar, weil er die Menge der Gegenstände, Sachverhalte usw., deren begriffliche Merkmale gesucht werden, über die Beobachtung des Gebrauchs der alltagssprachliche Ausdrücke ermittelt hat. Diese Menge ist aber oft nicht -

strenggenommen nie - völlig identisch mit der Extension der entsprechenden fachwissenschaftlichen Ausdrücke.

Vermutlich wird man Erdmann am ehesten gerecht, wenn man sein Verfahren und den Status der resultierenden objektiven Begriffe genauso deutet wie die sonstigen Versuche in der Onomasiologie, mit außereinzelsprachlichen Begriffen zu operieren. BALDINGER (1960, 522 f.) beschreibt den Sachverhalt am Beispiel des Hallig-Wartburgschen Wörterbuches so:

> "Die Bedeutung (d.i. der Nebensinn in meiner Interpretation Erdmanns; W.D.) ist an einen Wortkörper gebunden; der Begriff (d.i. der objektive Begriff Erdmanns) ist eine Abstraktion, die aus der individualistischen Vielfalt der sachlichen Realität (Sache) gewonnen, also eine Vorstellung, die theoretisch nicht an einen Wortkörper gebunden ist, aber praktisch nur mithilfe eines Wortkörpers faßbar wird (faßbar heißt kommunizierbar, d.h. mitteilbar und die Mitteilung ist an die Sprache gebunden). Auf dieser theoretischen Grundlage basiert das Hallig-Wartburgsche Begriffssystem, das Begriffe ordnet und nicht Wörter, d.h. es ordnet Wörter, die als Begriffe verstanden werden wollen (es ist deshalb belanglos, ob im Begriffssystem maison oder Haus, table oder Tisch steht: Gemeint ist die damit verbundene Vorstellung."[12]

---

[12] Wenn man Erdmanns objektive Begriffe mit den Begriffen von Hallig-Wartburg identifiziert, dann gelten für Erdmann natürlich auch die Einwände, die die Onomasiologen sonst wegen ihrer Begriffe auf sich gezogen haben. Dazu gehört nicht zuletzt der Platonismus-Vorwurf. Baldinger hat sich gegen diesen Vorwurf zur Wehr gesetzt, und in der Tat entsprechen Begriffe der von ihm beschriebenen Art nicht den platonischen Ideen, weil letztere keine Abstraktionen über einer Realität darstellen, die - in empiristischer Manier - als aus individuellen Sachen bestehend aufgefaßt wird. Doch liegt der Verdacht nahe, weil man, solange das abstraktive Verfahren im Dunkeln bleibt, auch nicht sagen kann, in welchem Verhältnis die Begriffe zur Realität stehen, auf die sie sich in irgendeiner Weise ja beziehen müssen. So bleibt z.B. Lewandowski (^{2}1976, 485) skeptisch, wenn er meint, Baldinger betone zwar, "daß 'Konzept' nicht platonistisch aufgefaßt werden dürfe; andererseits bleibt unklar, wie diese Konstruktion sonst zu behandeln ist."

2.4. Subjektiver Begriffsinhalt und subjektiver Gefühlswert

Im dritten Schritt, er beginnt mit dem vierten Kapitel, konfrontiert Erdmann das Ergebnis seiner Analyse des objektiven Begriffsinhalts erneut mit den einzelsprachlichen Ausdrücken und stellt mehr oder weniger große Diskrepanzen zwischen dem, was er als objektiven Inhalt erkannt hat, und dem, was die sprachlichen Ausdrücke inhaltlich vermitteln, fest.
Diese Diskrepanz kann darin bestehen, daß die Wörter "einzelne Seiten des bezeichneten (objektiven; W.D.) Begriffs stärker betonen", während andere vernachlässigt werden, oder auch darin, daß sie "Begleitvorstellungen" anregen, "die eigentlich gar nicht in Begriffe liegen" (108). Erst in dieser Phase der Untersuchung geraten die Unterschiede ins Blickfeld, die wortinhaltlich zwischen <u>Wickelkind</u>, <u>Neugeborenes</u> und <u>Säugling</u> bestehen. <u>Wickelkind</u> betont das Merkmal 'gewickelt sein' und vernachlässigt neben vielen anderen, die kleinen Kindern zukommen, die Merkmale 'neugeboren sein' und 'an der Mutterbrust saugen'. Die Beispielwörter illustrieren die Tatsache, daß "man auch ein und derselben Sache von verschiedenem Standpunkt aus und in verschiedener Stimmung gegenübertreten" kann (110). In der Analyse wird ein einzelsprachunabhängiger Begriff, der an den Erscheinungen der außersprachlichen Welt ("ein und derselben Sache") gewonnen wurde, mit der Art und Weise konfrontiert, wie die außersprachlichen Erscheinungen von einem bestimmten Individuum in einer bestimmten Äußerung erfahren und versprachlicht werden ("Philosoph von Stagira" oder "Lehrer Alexanders") oder wie im Lexikon einer Sprache die Welt interpretiert wird (<u>Wickelkind</u>, <u>Säugling</u>, <u>Neugeborenes</u>). Soweit die Unterschiede auf "verschiedenem Standpunkt" beruhen, werden sie als Unterschiede des Nebensinns beschrieben, handelt es sich um verschiedene Stimmungen oder gefühlsmäßige Bewertungen, werden sie als Gefühlswerte gefaßt. Beide gelten als subjektive Zutaten, und zwar gleichgültig, ob sie als Eigentümlichkeit einer bestimmten Äußerung, eines bestimmten Individuums, einer bestimmten Sprechergruppe auftreten oder

im Lexikon einer Sprache konventionalisiert und für die
gesamte Sprachgemeinschaft verbindlich sind.

2.5. Im Grenzgebiet von Sprachpsychologie und Logik

Wenn man dieser Deutung des Erdmannschen Vorgehens zu
folgen bereit ist, dann kommt man zu dem überraschenden Schluß,
daß die zahlreichen Linguisten, die den Nebensinn der Wörter
(zusammen mit dem Gefühlswert) als für die linguistische Semantik
irrelevant oder unwichtig aus ihren Untersuchungen ausschlossen,
gerade das eliminierten, was - richtig verstanden - ihrem
eigenen Selbstverständnis nach ihr Hauptgegenstand ist: die
einzelsprachspezifischen Bedeutungen der Wörter und die
einzelsprachspezifische Gliederung der Welt durch das Lexikon
einer Sprache. Sie meinten irrtümlich, Erdmann untersuche
Bedeutung in diesem ihrem Sinne in seiner Analyse des objektiven begrifflichen Inhalts. Kein Wunder, daß für die Analyse
des Nebensinns nichts Vernünftiges mehr übrig blieb und daß
sie ihn den Gefühlen zuschlugen und bzw. oder ihn als Individuelles, Variables, Stilistisches o.ä. dem Bereich der Parole
zuwiesen. Erdmann hat das von ihm Gemeinte in der Tat in vielen
Fällen an Beispielen verdeutlicht, die diese Zuordnung nahelegen. Die Rezeption hat aber die anderen Beispiele, die
sich dieser Zuordnung widersetzen, übersehen und damit auch
übersehen, daß sich die Unterscheidung von begrifflichem
Inhalt und Nebensinn gegenüber der von Langue und Parole
neutral verhält.

Die entscheidende Verwirrrung - und sie geht auf das
Konto Erdmanns - resultierte aber wohl daraus, daß Erdmann seine
Dreiteilung als interne Gliederung <u>der</u> Wortbedeutung präsentierte,
wobei der arglose Leser vermuten muß, daß dem gesamten Modell
ein einheitlicher Bedeutungsbegriff zugrundeliegt. In Wirklichkeit stecken in dem Schema aber zwei verschiedene, ein "logischer" und ein "psychologischer". Er selbst nennt sein Buch
ja im Untertitel "Aufsätze aus dem Grenzgebiet der Sprachpsychologie und Logik". Er gewinnt seine Erkenntnisse über
den begrifflichen Inhalt einerseits, Nebensinn und Gefühls-

wert andererseits in zwei verschiedenen Verfahren, in zwei
Semantiken, die nicht vermengt werden sollten und deren Ergebnisse nicht auf einfache Weise kombinierbar und in einem
Schema addierbar sind. In dem Grenzgebiet, in dem er sich
zu befinden meint, wird ihm bei allem Willen zur begrifflichen
Unterscheidung letztlich doch wieder alles fließend. Und dieses
Fließende lastet er dem Objekt der Untersuchung, der Sprache, an,
jedoch ist der Eindruck des nicht Trennbaren z.T. eher Resultat
methodischer Unschärfen des Autors. Zwischen dem "logischen" und
dem "psychologischen" Bedeutungsbegriff und der "logischen"
und "psychologischen" Semantik Erdmanns gibt es keine Problemlosen Übergänge. Man muß sich zwischen ihnen entscheiden oder
beide in ein umfassenderes Semantikkonzept integrieren.[13]

2.6.   Erdmann als Nachfolger Mills und Freges?

Das von Erdmann auf S. 107 herangezogene Aristoteles-Beispiel ist in der logischen Literatur bekannt und dient,
wie das noch berühmtere von Morgenstern und Abendstern, dazu,
die Millsche Unterscheidung von Denotation und Konnotation
zu illustrieren. Genau das, was für Mill die Konnotation,
für Frege den Sinn ausmacht, nennt Erdmann den Nebensinn.

Man könnte also meinen, daß die Erdmannsche Unterscheidung
zwischen objektivem Begriff und Nebensinn inhaltlich mit der
Millschen zwischen Denotation und Konnotation übereinstimmt,
daß Erdmann in der Analyse der Wortbedeutung nur noch eine
dritte Kategorie, den Gefühlswert oder Stimmungsgehalt, hinzufügt, der den Logikern zwar nicht gänzlich entgangen war,
jedoch außerhalb ihres Interesses lag. Erdmann wäre als
Nachfolger Mills und Freges anzusehen. Obwohl diese Einschätzung an einigen Punkten zu modifizieren sein wird, ist

---

13 Als Beispiel eines "Integrationsversuchs" neueren Datums
    kann Heger 1971 gelten. In dem bekannten Trapezmodell
    vertritt das Semem die einzelsprachliche Wortbedeutung,
    das Noem oder Sem einen intensional, die Klasse einen
    extensional definierten außereinzelsprachlichen Begriff.

sie m.E. im wesentlichen korrekt. Der Traditionszusammenhang
ist von der Erdmann-Rezeption übersehen worden, weil sie
fälschlich annahm, der Ausdruck objektiver Begriff wäre das
terminologische Äquivalent für Mills Konnotation, Freges Sinn
und die begriffliche oder denotative Bedeutung im eigenen
Sprachgebrauch, während Nebensinn + Gefühlswert bei Erdmann
etwas Zusätzliches bezeichneten, was jenseits der bekannten
logischen Unterscheidung liegt.

Es wäre natürlich günstig für meine Interpretation des
Erdmannschen Modells der Wortbedeutung, wenn sich nachweisen
ließe, daß Erdmann sich ausdrücklich auf Mill, Frege oder
andere Autoren dieser Tradition bezieht; doch macht dieser
Nachweis Schwierigkeiten. Der Name Mills taucht einmal in
einem späteren Kapitel von Erdmanns Buch auf, wo der Autor
vom "Doppelcharakter der Aussage" und in diesem Zusammenhang
von den "Wertungen" spricht, die am Wort haften können und mit
ihm vermittelt werden. Er gibt dazu die Anmerkung:

> "Man hat auch von 'Konnotationen' der Wörter
> gesprochen, wobei dieser Ausdruck freilich
> einen etwas andren Sinn hat als bei älteren
> Logikern - und auch noch bei Stuart Mill.
> Man vergleiche Rée, Die Entstehung des
> Gewissens." (149) [14]

Frege wird bei Erdmann an keiner Stelle genannt. Ob er ihn
gekannt hat, ist nur spekulativ beantwortbar, doch gibt es
auffällige Parallelen, die eventuell dafür sprechen[15]. Dazu

---

14 Ein weiteres Mal taucht Mill im Text auf S. 41 f. auf.
    Erdmann kritisiert dort die "wunderliche und künstliche
    Gleichsetzung von weiß und weiße Dinge", die "nur auf
    der ganz irrtümlichen Voraussetzung beruht, daß ist
    immer dieselbe Bedeutung hat und die Unterordnung
    zweier Begriffe anzeigt" (42).

15 Eine persönliche Bekanntschaft des Jenaer Privatdozenten
    und des Dresdner Oberlehrers ist eher unwahrscheinlich,
    doch war Erdmann natürlich die "Zs. f. Philosophie u.
    philosoph. Kritik", in der Frege 1892 seinen Aufsatz über
    "Sinn und Bedeutung" veröffentlichte, zugänglich. Nur
    fehlt eben jeder Hinweis auf diesen Aufsatz oder Frege
    überhaupt. Allerdings ist Erdmann in seinem Buch, mit
    dem er sich bewußt an ein breiteres Publikum wendet,
    generell sparsam mit Verweisen auf die wissenschaftliche
    Literatur.

gehört natürlich das Aristoteles-Beispiel, das Frege (1962, 40) neun Jahre vor Erdmann benutzt. Auch die Wahl des Wortes Nebensinn könnte als Anlehnung an Freges Sinn aufgefaßt werden. Darüberhinaus gibt es auffällige stilistische Ähnlichkeiten, z.B. bezeichnen beide die Differenzen des (Neben-)Sinns als Schwankungen. Unabhängig davon, ob eine direkte oder indirekte Abhängigkeit Erdmanns vorliegt, ist es wichtig festzustellen, daß Frege (1962, 41 f.) ebenfalls, wenn auch etwas anders interpretiert, eine Dreiteilung vorsieht. Er führt neben Bedeutung und Sinn als Drittes die mit dem Zeichen verknüpfte Vorstellung ein als ein Bild, das "aus Erinnerungen von Sinneseindrücken, die ich gehabt habe, und von Tätigkeiten, inneren sowohl wie äußeren, die ich ausgeübt habe" entsteht. Von diesen Vorstellungen sagt Frege, sie seien im Gegensatz zum Sinn "oft mit Gefühlen getränkt", Bestandteil der "Einzelseele" und daher "subjektiv" und könnten sogar bei demselben Menschen schwanken. Um dem Einwand zu begegnen, daß doch mehrere Menschen die gleiche Vorstellung haben können, behauptet er: "Wenn zwei sich dasselbe vorstellen, so hat jeder doch seine eigene Vorstellung", und stützt die These mit einem methodischen Argument: Eine genaue Vergleichung der Vorstellungen sei nicht möglich, "weil wir diese Vorstellungen nicht in demselben Bewußtsein zusammen haben können." (42). Diese Beschreibung trifft, überträgt man sie auf Erdmanns Buch, auf einen Teil der Beispiele zu, die Erdmann zur Illustration des Gefühlswertes/ Stimmungsgehalts anführt; doch würde Erdmann dem Gefühlswert nicht prinzipiell nur individuelle Geltung zusprechen. Daß der Nebensinn nicht im Sinne der Fregeschen Vorstellung gedeutet werden kann, macht das "Gleichnis" deutlich, das Frege abschließend verwendet:

> "Jemand betrachtet den Mond durch ein Fernrohr. Ich
> vergleiche den Mond selbst mit der Bedeutung;
> er ist der Gegenstand der Beobachtung, die vermittelt wird durch das reelle Bild, welches
> vom Objektivglase im Inneren des Fernrohrs entworfen wird, und durch das Netzhautbild des
> Betrachtenden. Jenes vergleiche ich mit dem
> Sinn, dieses mit der Vorstellung oder Anschauung.
> Das Bild im Fernrohr ist zwar nur einseitig; es

> ist abhängig vom Standort; aber es ist doch
> objektiv, insofern es mehreren Beobachtern
> dienen kann... Von den Netzhautbildern aber würde
> jeder doch sein eigenes haben" (43)

Wenn Erdmann sich auf den hinkenden Vergleich einlassen würde, so würde er den Nebensinn mit dem Bild auf dem Objektglase vergleichen; denn es ist gerade die standortgebundene Sehweise, die den Nebensinn charakterisiert. Von der Tatsache, daß Frege den Sinn __objektiv__ nennt, Erdmann den Nebensinn aber __subjektiv__, darf man sich nicht irreführen lassen. Beide sind sich sachlich einig, verwenden nur die Ausdrücke __objektiv__ und __subjektiv__ verschieden. Für Erdmann liegt das Subjektive gerade in der Standortgebundenheit; für Freges Unterscheidung zwischen __objektiv__ (mehrere Beobachter) - __subjektiv__ (jeder sein eigenes) verwendet er die Ausdrücke __interindividuell__ - __individuell__.

Zusammengefaßt: Erdmanns __Gefühlswert__ hat ein gewisses Analogon in Freges __Vorstellung__; nur schätzen beide die Wichtigkeit dessen, was die Ausdrücke bezeichnen, verschieden ein. Bei Frege werden die Vorstellungen, nachdem ihre Natur, abgegrenzt vom Sinn, geklärt ist, von der weiteren Betrachtung ausgeschlossen, weil sie für die Logik ohne Relevanz sind. Bei Erdmann wird der Gefühlswert ausführlich behandelt, weil er in der alltäglichen Sprachpraxis eine große Rolle spielt und übrigens nach Meinung Erdmanns auch nicht nur individueller Natur ist.

Wie verhalten sich aber nun die Unterscheidungen zwischen __Denotation/Konnotation__ (Mill), __Bedeutung/Sinn__ (Frege) und __Begriff/Nebensinn__ (Erdmann) zueinander? Ersetzt man die Ausdrücke Mills und Freges durch die moderneren __Extension__ und __Intension__, dann erkennt man, daß sie der Erdmannschen Unterscheidung nicht direkt zugeordnet werden können, weil Erdmann jener Unterscheidung schon __innerhalb__ der Analyse des objektiven Begriffs gerecht wird. Seine Semantik des objektiven Begriffs enthält ja sowohl eine Analyse des Begriffsumfangs als auch eine Analyse des Begriffsinhalts. Ergebnis ist ein intensional bestimmter außereinzelsprachlicher Begriff, gewonnen an der "Sache". Daneben tritt eine zweite intensionale Analyse, die zu Aussagen über den Nebensinn führt. Mit ihm wird, soweit es sich um Allgemeinbegriffe handelt, die einzelsprachspezifische Bedeutung der Wörter bestimmt.

3. Zum gegenwärtigen Gebrauch des Ausdrucks "Konnotationen"

Das Motiv für die erneute Beschäftigung mit dem Buch von Erdmann war, wie eingangs gesagt, die Beobachtung, daß die Unterscheidungen, die Erdmann vorgenommen hat, von der Rezeption meist falsch oder verzerrt wiedergegeben worden sind. Der Nachweis, daß das so ist, bringt allerdings die "Konnotationsforschung" noch nicht weiter, es sei denn, man wäre der Auffassung, der "authentische Erdmann" wäre auch heute noch der geeignete Ausgangspunkt für eine semantische oder auch nicht-semantische Behandlung der Konnotationen. Das scheint mir zwar ohne erhebliche Modifizierungen und Präzisierungen nicht der Fall zu sein; doch meine ich, daß Erdmann trotz aller Unklarheiten und Fragwürdigkeiten - verglichen mit dem, was gegenwärtig in der linguistischen Literatur zu den Konnotationen gesagt wird - als ein Muster an Einsicht und Scharfsinn gelten kann. Der gegenwärtige Diskussionsstand ist schlicht chaotisch. In den verbleibenden Abschnitten möchte ich deshalb die Flurbereinigung noch ein Stück weiterverfolgen, indem ich zunächst das Chaos illustriere (3.1.), eine Erklärung für das Chaos vorschlage (3.2.) und schließlich versuche, den mit dem Ausdruck Konnotationen bezeichneten Gegenstandsbereich partiell zu ordnen (3.3.).

3.1. Gebrauchsweisen des Wortes Konnotation in linguistischen Wörterbüchern und Einführungen

Das Wort Konnotation dient in der linguistischen, psychologischen und logischen Literatur zur Bezeichnung verschiedener Phänomene. Solch semantische Überlastung fachsprachlicher

Ausdrücke kommt zwar - mit der resultierenden Verwirrung - in der Linguistik wie auch in anderen Wissenschaften häufiger vor, doch ist die Lage im Falle der Konnotationen besonders hoffnungslos. Die Erscheinungen, die mit diesem Wort bezeichnet werden, sind so verschiedenartig, daß für sie zusammengenommen auch kein vernünftiger Begriff gebildet werden kann.

Zur Illustration dieser These zitiere und kommentiere ich im ersten Schritt einige Beispiele aus der linguistischen Literatur, und zwar entnehme ich sie vorzugsweise linguistischen Einführungen und Wörterbüchern, weil man von dieser Art Veröffentlichungen am ehesten erwarten kann, daß sie in ihren Begriffserklärungen den Konsens der Wissenschaft, soweit ein solcher überhaupt vorhanden, wiedergeben oder den Dissens erkennbar machen.

Beispiel 1: Ulrich (1972)

Das Wörterbuch verzeichnet das Substantiv Konnotat und das Adjektiv konnotativ. Zu Konnotat findet man einen Hinweis auf die Herkunft des Wortes ("lat. connotare" = mit bezeichnen), eine Art Definition und eine Illustration am Beispiel. Der Definition zufolge ist Konnotat der "Wortinhalt neben dem begrifflichen Inhalt". Das, was zu dem begrifflichen Inhalt, genannt Denotat, hinzukommt, wird als "Komplex z.B. emotionaler Begleitvorstellungen, die ein Wort hervorruft" beschrieben. - Das Gemeinte illustriert Ulrich am Beispiel des Wortes Krebs, das als "medizinischer Terminus für eine Krankheit mit objektiv und nüchtern feststellbaren Symptomen" steht, "für viele Menschen" aber "Schreckenswort" sei, "von dessen Komponenten ‹plötzlich und überraschend auftretend›, ‹meist unheilbar›, ‹sehr schmerzhaft›, ‹häufige Todesursache› Bedrohung ausgeht". Im Artikel konnotativ zieht Ulrich mit Ehemann und Gemahl einen Fall heran, bei dem die Sprache zwei verschiedene Wortformen zur Verfügung stellt, um bei gleichem begrifflichen Inhalt (‹Ehepartner + männlich›) unterschiedliche emotionale Begleitvorstellungen ausdrückbar zu machen: Ehemann sei "nüchterne Sachbezeichnung", Gemahl aber gehöre "gehobener Sprache mit feierlichem Ton an", "drücke Verehrung für die (sozial hochgestellte) gemeinte Person aus".

Bei der Kommentierung beschränke ich mich hier und bei den folgenden Beispielen auf ausgewählte Punkte und lasse manche Fragwürdigkeiten und Ungereimtheiten im Detail auf sich beruhen. <u>Denotat</u> und <u>Konnotat</u> werden bei Ulrich über die Merkmale begrifflich/nicht begrifflich unterschieden. Als Konnotat des Wortes <u>Krebs</u> außerhalb des medizinischen Gebrauchs wäre wohl "Gefühl der Bedrohung", als Konnotat des Wortes <u>Gemahl</u> "Gefühle der Verehrung" zu notieren. Ein solcher Konnotationsbegriff impliziert also eine allgemeine Typologie von Emotionen und die Zuordnung der Wörter zu den einzelnen Emotionen, was die Angabe wortspezifischer Konnotate ausschließen dürfte, gibt es doch sicher zahlreiche Wörter, die in diesem Sinne - möglicherweise in verschiedenen Intensitätsgraden - ein Gefühl der Bedrohung hervorrufen. Aus den Ausführungen ist zu erschließen, daß nicht alle Wörter einer Sprache ein Konnotat haben (<u>Ehemann</u> ist "nüchterne Sachbezeichnung"), und daß diejenigen, die ein Konnotat haben, dies nicht notwendig in allen Verwendungsbereichen haben (z.B. <u>Krebs</u> nicht als "medizinischer Terminus"). Im Lichte der sonstigen Diskussion ist darauf aufmerksam zu machen, daß Ulrich das Konnotat als Teil des Wortinhalts begreift, gleichzeitig aber meint, es sei etwas, was das Wort "hervorruft". Der damit implizierte Bezug auf die Sprecher bzw. Hörer wird oft gerade als Argument verwendet, um dem "Komplex emotionaler Begleitvorstellungen" den Status einer Komponente des Wortinhalts abzusprechen. Ferner ist strittig, ob man sagen kann, das Wort rufe das Gefühl hervor, oder ob es nicht vielmehr die außersprachliche Sache ist, auf die die Sprecher bzw. Hörer emotional reagieren.

Beispiel 2: Bünting (1971)

In Büntings "Einführung" werden Konnotationen nur im Zusammenhang mit dem Problem der Synonymie behandelt. Es heißt dort S. 166:

"Von Synonymie spricht man, wenn eine Bedeutung in mehreren Sprachkörpern erscheint, wie z.B. <u>Apfelsine</u> - <u>Orange</u>, <u>verstecken</u> - <u>verbergen</u> oder <u>Holzbein</u> - <u>Prothese</u>. Es ist ein alter Streit, ob es echte Synonyme gibt, oder ob sich nicht jedes Wort in Nuancen von andren unterscheidet. So differenziert man z.B. zwischen der <u>Denotation</u> und der <u>Konnotation</u> von Wörtern; mit Denotation ist eine kognitive, intellektuelle Bedeutung eines Wortes gemeint und mit Konnotationen emotionale Nebenbedeutungen, die man teilweise auch als stilistische Varianten o.ä. bezeichnet. Bei einem Synonymenpaar wie <u>Frauenarzt</u> - <u>Gynäkologe</u> wäre gleiche Denotation aber unterschiedliche Konnotation gegeben; ebenso bei <u>Vernunft</u> - <u>Verstand</u>, wenn sie nicht als definierte philosophische Begriffe sondern als umgangssprachliche Wörter genommen werden. Die letzte Bemerkung deutet darauf hin, daß Denotation und Konnotation wohl nur unter Berücksichtigung des sprachlichen und situativen Kontextes bestimmt werden können. Durch Substitution in verschiedenen Kontexten würde man auch Unterschiede in der Bedeutung synonymer Paare entdecken. Man kann z.B. Ostereier <u>verstecken</u> aber nicht <u>verbergen</u>, aber <u>man</u> <u>hat</u> <u>etwas</u> <u>zu</u> <u>verbergen</u> und nicht <u>zu</u> <u>verstecken</u>."

Das was wir in diesem Abschnitt über die Konnotationen erfahren, ist in den ersten referierenden Teilen mit den Wörterbucheinträgen Ulrichs vereinbar: primäres Unterscheidungsmerkmal ist die Merkmalsopposition begrifflich/emotional. Obwohl die Reserve gegenüber dem, was "man" differenziert hat, deutlich ist, scheint Bünting an der Unterscheidung im referierten Sinne doch festhalten zu wollen, wenn bei der Bestimmung von Denotation und Konnotation der sprachliche und situative Kontext berücksichtigt wird. Der sich spätestens in den beiden letzten Sätzen des Zitats deutlicher abzeichnende Weg, die Unterschiede zwischen den "Synonymenpaaren" als kontextbedingte Gebrauchsrestriktionen zu beschreiben und zu erklären, führt aber auch zu einem anderen Konnotationsbegriff. Die Gebrauchsrestriktionen scheiden mit Sicherheit nicht nur "Emotionales" von "Begrifflichem". Emotionalität würde als konstitutives Merkmal des Begriffs Konnotation entfallen.

Beispiel 3: Heupel (1973)

Heupel bestimmt als _denotativ_ im gleichnamigen Artikel "die Bedeutung, die für alle Kontexte und Situationen konventionell festgelegt ist"; die connotative Komponente der Bedeutung, so im Artikel _connotativ_, "ist der Teil der Bedeutung, der konventionell festgelegt ist, nicht aber für alle Situationen und Kontexte gültig." Zusätzlich enthält das Wörterbuch einen Artikel _assoziative_ Bedeutung, in dem eine Dreiteilung entwickelt wird:

> "Während die denotative Bedeutung für eine ganze Sprachgemeinschaft, die konnotative für eine Gruppe oder Generation verbindlich ist, sind assoziative Bedeutungen auf einzelne Individuen beschränkt. Sie setzen gewisse, oft sehr spezifische soziokulturelle und individuelle Assoziationsmöglichkeiten voraus. Dichterische Texte enthalten viele potentielle assoziative Bedeutungen."

Als Unterscheidungskriterium dienen Heupel also die Merkmale konventionell/eingeschränkt konventionell/individuell, wobei er die konnotative Bedeutung nicht wie sonst häufig mit dem Individuum verknüpft, sondern mit Sprechergruppen innerhalb der Sprachgemeinschaft. Im Artikel _connotativ_ behauptet er allerdings (s.o.) eingeschränkte Konventionalität nicht mit Bezug auf Personengruppen, sondern mit Bezug auf (Typen von) Situationen und Kontexten und gelangt in die Nähe der Gebrauchsrestriktionen Büntings. Da es beide Arten eingeschränkter Konventionalität auch im Bereich des begrifflichen Inhalts gibt, schließt Heupels Entscheidung für das Merkmalspaar konventionell/eingeschränkt konventionell die gleichzeitige Anwendung der Merkmale begrifflich/emotional aus. Heupel bringt die Emotionen im zweiten Schritt aber doch wieder ins Spiel. Nachdem er im Artikel _connotativ_ festgestellt hat, die konnotative Bedeutung bestehe nicht aus generellen, aber auch nicht nur individuellen Informationen, fährt er fort: "Daher umfaßt das Konnotat mehr die emotionalen Komponenten der Nachricht." Die Folgerung bleibt jedoch ohne Begründung, und auch das illustrierend gemeinte Beispiel weckt eher neue Fragen als daß es zur Klärung beiträgt:

"Cuba: denotativ: Insel im Karibischen Meer. connotativ: die
Insel Castros." Offenbar ist Heupel der Auffassung, daß die
emotionalen Komponenten in der Regel innerhalb der Sprachgemeinschaft stärker variieren als die begrifflichen und deshalb
vorzugsweise im Konnotat (als individuelle in den Assoziationen),
selten oder nie aber im Denotat auftreten. Ob diese Einschätzung zutrifft, hat die empirische Analyse zu klären.
Die Beantwortung der Frage hat so gesehen keine Konsequenzen
für die Definition des Begriffs Konnotation.

Beispiel 4: Schwarze (1977)

Schwarze nennt die denotative Bedeutung die "begriffliche
Bedeutung, aufgrund derer Referenz ... hergestellt wird" und
unterscheidet von ihr die Konnotationen als

> "Assoziationen ..., die nicht zur begrifflichen
> Bedeutung gehören, sondern Teil des 'Wissens'
> über die unter die Bedeutung fallenden Referents
> oder über bestimmte Verwendungsfälle des be-
> treffenden Symbols sind. Wenn solche Assozia-
> tionen für einen Sprecher konstant an ein Symbol
> gebunden sind, so nennt man sie Konnotationen;
> wenn man von der 'Konnotation eines Symbols'
> spricht, so meint man damit, daß ein oder
> mehrere Sprecher dem betreffenden Symbol eine
> Konnotation zuordnen." (50f.)

Als mögliche Konnotationen verschiedener Sprecher nennt
er am Beispiel der Suppe Schwarzsauer: "Heimat, schlichtes
Leben, Gesundheit" oder "sehr unappetitlich" oder "keine
Konnotation". Die Konnotationen können auf der persönlichen
Erfahrung individueller Sprecher beruhen, aber auch auf
"kollektiven, oft ideologischen Wertvorstellungen". (51)

Sie haben "eine deutliche emotionale Komponente"; Wertungen
seien für sie typisch, obwohl letztere auch in begrifflichen
Bedeutungen vorkommen können.

Für Schwarze sind Konnotationen also an einzelne Personen
oder eine Mehrzahl einzelner Personen gebunden; sind in
diesem Rahmen aber invariant gegenüber den verschiedenen
Verwendungskontexten. Entscheidend ist aber, verglichen mit

den bisherigen Beispieltexten, die Tatsache, daß er den Konnotationen abspricht, ein Teil der Wortbedeutung zu sein. Er vermeidet deshalb den Ausdruck konnotative Bedeutung und spricht von individual- oder sozialpsychologisch zu erklärenden Assoziationen, die die bezeichneten "Sachen" hervorrufen bzw. auf dem Wissen über den Gebrauch der Wörter beruhen[16]. Nun könnte man meinen, daß beispielsweise die Bestimmungen von Ulrich und Schwarze gar nicht in Konflikt geraten, weil sie über verschiedene Erscheinungen reden, nur leider den gleichen Ausdruck wählen, um die jeweiligen zu bezeichnen. Doch geht der Dissens tiefer. Schwarze würde nämlich gegen Ulrich das Beispiel Krebs vermutlich analog Schwarzsauer interpretieren. - Das Merkmalspaar begrifflich/ emotional spielt bei Schwarze, dem oberflächlichen Anschein zuwider, keine begriffskonstituierende Rolle. Das zeigt die Wortgeschichte von Gaul, an der Schwarze zu zeigen versucht, daß eine (negativ wertende) Konnotation so verallgemeinert werden kann, "daß sie schließlich Teil der Bedeutung"(52) wird. Auch das Kriterium individuell vs. verallgemeinert ist nicht ohne weiteres anwendbar. Einerseits können die Konnotationen selbst ja schon "sozialpsychologisch" verallgemeinert sein; andererseits bleiben Reaktionen auf bestimmte "Sachen", auch wenn sie, was zumindest theoretisch denkbar ist, bei (fast) allen vergleichbar sind, immer noch Reaktionen auf die "Sachen". Entscheidend kann also nicht die pure Verbreitung sein, sondern in einem zu klärenden Sinne die zeichengebundene Intersubjektivität.

---

16 Das Argument, die Konnotationen beruhten auf der Kenntnis der "Sachen" und nicht der "Wörter" und seien deshalb kein Problem der Wortbedeutung, ist in der modernen Semantik weit verbreitet und bedarf einer ernsthaften Überlegung. Es überrascht aber bei einem Autor, der einen Bedeutungsbegriff präsentiert, nach dem auch die begriffliche (= denotative) Bedeutung als "Ausschnitt aus dem Wissen über die Referents" (Schwarze, 46) aufgefaßt wird?!

Beispiel 5: Herrlitz (1973)

Für Herrlitz bezeichnet denotative Bedeutung wieder die "rein begriffliche Bedeutung", konnotative Bedeutung "das, was zusätzlich mit bezeichnet wird". Zur Klärung, was dieses Mitbezeichnete ist, wählt er im ersten Schritt den Satz "Katja, Sie sehen heute wieder ganz bezaubernd aus" in drei verschiedenen möglichen Verwendungsweisen: als "ehrlich gemeintes Kompliment", als "Floskel zum Zwecke der Kontaktaufnahme" und als "ironische Spitze". Die denotative Bedeutung sei in allen drei Äußerungen dieselbe und bestehe in der Feststellung, daß Katja wieder ganz bezaubernd aussieht. Die konnotative Bedeutung sei verschieden und mache den dreifach verschiedenen Sinn der Äußerungen aus. Die Unterscheidung entspricht dem, was andernorts als Unterscheidung zwischen Proposition und pragmatischem Verwendungssinn bekannt ist. Die folgende verallgemeinerte Aussage, Konnotationen könnten, aber müßten nicht zur denotativen Bedeutung hinzutreten, ist, Herrlitz' Verständnis der Begriffe vorausgesetzt, falsch. Auch reine Feststellungen, an die Herrlitz wohl denkt, haben einen pragmatischen Verwendungssinn, eben den des Feststellens. Äußerungen ohne pragmatischen Verwendungssinn gibt es nicht, es sei denn als Konstruktionen des Linguisten, genannt Sätze. - Im weiteren geht Herrlitz, offenbar ohne Probleme zu sehen, zu Wortbeispielen über:

> "Für den einen Hörer klingt das Wort 'Manipulation'
> völlig wertneutral, für den anderen hat es
> einen ausgesprochen negativen Beigeschmack;
> für den einen ist 'Opa' freundlich familiäre
> Anrede, für den anderen eine Anspielung auf
> seine Senilität. 'Atom' kann als wissenschaftlicher Terminus verstanden werden,
> aber auch als Schreckenswort, das moderne
> Methoden der Massenvernichtung bezeichnet."

Die Konnotationen bestehen offenbar wie bei Ulrich in einem "Komplex z.B. emotionaler Begleitvorstellungen" bei gleichbleibender denotativer Bedeutung. Außerdem betont die Beschreibung stark ihre Individualität mit Bezug auf Personen (für den einen/für den anderen). Dem widerspricht allerdings, daß Herrlitz einige Sätze später unmißverständlich feststellt, "daß die konnotativen Werte genau wie die denotativen Bedeutungen durch Konvention festgelegt sind." Der Widerspruch würde auflösbar und die Deutung der Beispiele zugleich sachlich richtiger, wenn man statt "für den einen - für den anderen" einsetzte "in der einen - in der anderen Situation bzw. Typ von Situation", wenn man also für eingeschränkte Konventionalität mit Bezug auf Situationstypen votierte. Doch bleibt für Konventionalität, in welchem Sinne auch immer, kaum Raum, wenn zutrifft, was Herrlitz auch schreibt:

> "Sie (die Konnotationen) sind weitgehend abhängig vom sprachlichen Kontext und von den speziellen sozialen und psychischen Bedingungen ihrer Entstehung, also von der äußeren Situation, den sozialen Rollen und der Gruppenzugehörigkeit der Gesprächspartner, von ihren Stimmungen, emotionalen Beziehungen usw." (Alle Zitate S.42f.)

Beispiel 6: Oksaar 1967

Oksaar gibt in ihrem Aufsatz keine allgemeinen Bestimmungen, sondern beschreibt die von ihr angenommenen beiden Seiten der Bedeutung nur anhand von Beispielen. Das erste ist das Wort <u>Richter</u>, zu dem sie ausführt:

> "In einer konkreten Situation kann die Denotation für den Sender und den Empfänger im wesentlichen gleich sein, die Konnotationen aber verschieden, da sie ja einer verschiedenen Erfahrungswelt entspringen. Das Wort <u>Richter</u> weckt z.B. ganz andere Assoziationen bei einem Rechtsanwalt als bei einem mit dem Justizwesen nicht vertrauten Bürger." (116)

Das Beispiel scheint ganz in der Linie der Bestimmungen von Ulrich zu liegen. Es liegt nahe, bei den "Assoziationen" auf Seiten des Bürgers an Gefühle der Unsicherheit, Angst, Einschüchterung zu denken und die Konnotationen einer Typologie von Emotionen zuzuordnen. Oksaar deutet mit dem Verweis auf die verschiedenen Erfahrungswelten auch an, wie die verschiedenen Konnotationen entstehen. Deshalb ist es auch richtig, daß sie vom Rechtsanwalt sagt, er habe andere und nicht keine Assoziationen, denn natürlich hat auch der Rechtsanwalt Erfahrungen mit Richtern, nur eben andere. Dennoch führt die Auffassung, die Konnotationen seien abhängig von der Er-

fahrungswelt der Sprecher, die Denotation aber nicht, in ein
grundsätzliches Problem; denn wenn man überhaupt einen Bedeutungsbegriff akzeptiert, den man sinnvoll auf so etwas
wie die Erfahrungswelt der Sprecher beziehen kann, so ist
nicht einzusehen, warum die Wirkungen verschiedener Erfahrungswelten sich auf den Bereich emotionaler und wertender
Einstellungen beschränken und die begriffliche Verarbeitung
der Wirklichkeit nicht betreffen sollen. Der begriffliche
Inhalt fällt ja nicht vom Himmel! Man kann also Denotation
und Konnotation nicht gleichzeitig über die Merkmale 'begrifflich'/'emotional' und 'von Erfahrungswelt unabhängig'/'abhängig' unterscheiden wollen.

Deutlicher wird das Problem bei den folgenden Wortreihen,
deren einzelnen Wörtern Oksaar auch nur konnotative Unter-
schiede bei gleicher Denotation zubilligt: Kapitalist,
Industrieller, Unternehmer, Manager, Fabrikant; Professor,
Hochschullehrer, Ordinarius, Forscher, Wissenschaftler,
Gelehrter; Diktator, Staatsoberhaupt. Ihre Kommentierung:

> "Es gibt konnotationsbeladene Bezeichnungen
> wie Kapitalist oder Diktator. Dieselben
> Personen können aber auch mit Arbeitgeber
> oder Staatsoberhaupt - die von diesen
> Konnotationen freier sind - bezeichnet
> werden..." (123)

läßt vermuten, daß sie mit dem Ausdruck Konnotationen Gefühls-
oder Wertkomponenten bezeichnet, was wieder in die Nähe
des Ulrichschen Konnotationsbegriffs führt. Unter denotativer Bedeutung wäre dann die begriffliche Bedeutung zu verstehen. Doch sieht man sich die Wörter der Wortreihen genauer
an, so stellt man fest, daß sie sich, unabhängig davon,
ob sie in den emotionalen Begleitvorstellungen differieren,
vor allem und primär in ihren begrifflichen Bedeutungen
unterscheiden. Am Beispiel der Bezeichnungen für Professoren:
Die verschiedenen Ausdrücke betonen perspektivisch und selektiv verschiedene Merkmale, Tätigkeiten, Eigenschaften des
besagten Personenkreises, was zweifellos in der semantischen
Beschreibung der begrifflichen Bedeutung zum Ausdruck kommen
muß und mit der Kategorie emotionaler Begleitvorstellungen

o.ä. nicht erfaßt werden kann. Die Ausdrücke sind also sowohl
hinsichtlich der begrifflichen als auch der emotionalen Komponenten der Bedeutung verschieden; gleich ist ihnen nur, daß
sie sich auf denselben Personenkreis beziehen und daß man
- auch das nur mit Einschränkungen - sagen kann, sie hätten
die gleiche Extension bei verschiedener Intension. Diese
in der Logik und Linguistik bekannte Unterscheidung hat mit
der zwischen begrifflich und emotional und auch mit der
zwischen konventionell - eingeschränkt konventionell - individuell nichts zu tun, ist aber in Tradition J. St. Mills
bekanntermaßen auch mit den Ausdrücken <u>Denotation</u> - <u>Konnotation</u>
bezeichnet worden, was in der Behandlung der Konnotationen zusätzliche Verwirrung geschaffen hat. Wendet man sie auf die
Beispielwörter an, dann kann der oben zitierte Satz Oksaars
folgendermaßen ergänzt werden:

> "In einer konkreten Situation kann die Denotation, d.h. die Menge der außersprachlichen
> Erscheinungen, die das Wort bezeichnet, für
> den Sender und Empfänger im wesentlichen
> gleich sein, die Konnotationen aber, d.h.
> die Bedeutung, bestehend aus begrifflicher
> Bedeutung und emotionalen Nebenvorstellungen,
> verschieden, da sie ja einer verschiedenen
> Erfahrungswelt entspringen."

Im Mill'schen Verständnis der Unterscheidung von Denotation
und Konnotation wird die Bedeutung in Beziehung gesetzt zu
einer Menge außersprachlicher Erscheinungen, während die
andere, in den bisherigen Beispielen vorherrschende Unterscheidung von Denotation und Konnotation auf eine Differenzierung innerhalb der Bedeutung abzielt.

Ich begnüge mich mit diesen Beispielen, weil sie das
grundsätzliche Problem der vielfältigen Gebrauchsweisen des
Ausdrucks <u>Konnotation</u> in der linguistischen Literatur sichtbar gemacht haben dürften, auch wenn sie nicht die ganze
Bandbreite dokumentierter Konnotationsbegriffe abdecken.
Schlimmer jedoch als die Tatsache, daß der Ausdruck <u>Konnotation</u> in der Linguistik verschiedene Verwendungsweisen hat,
ist, daß dieser Sachverhalt in den einzelnen Wörterbucheinträgen

bzw. Einführungspassagen nicht erkennbar gemacht wird. Unter
dem - letztlich allerdings selbst auferlegten - Zwang, eine
kurze Definition zu produzieren, wählt der eine Autor aus
nicht feststellbaren Gründen die eine Gebrauchsvariante, der
andere eine andere. Der Benutzer der Wörterbücher bleibt
dabei der Dumme. Die Lektüre der Artikel in dem dreibändigen
Wörterbuch von Lewandowski (^{2}1976), in dem verschiedene
Gebrauchsweisen aufgelistet werden, wird den Leser zwar auch
"frustrieren"; aber er geht doch mindestens mit der Erkenntnis von dannen, daß den Ausdrücken nicht zu trauen ist.

3.2. Die Entstehung einer linguistischen Rumpelkammer

Es erhebt sich angesichts der vielfältigen Verwendungsweisen des Wortes <u>Konnotation</u> natürlich die Frage, wie es zu
diesem mißlichen Zustand gekommen ist und warum er nicht
längst beseitigt worden ist. Der Grund liegt m.E. in der
Funktion, die der Ausdruck in der linguistischen Semantik
erfüllt hat und zum Teil noch heute erfüllt. Sie kann grob
in folgender Weise beschrieben werden: <u>Konnotation</u> wurde
als handliche Bezeichnung für alle die Phänomene verwendet,
die in irgendeiner Weise mit der Bedeutung etwas zu tun
haben, jedoch nach Auffassung des jeweiligen Sprachwissenschaftlers bzw. der jeweiligen sprachwissenschaftlichen
Schule nicht oder nur am Rande zum Gegenstandsbereich der
lexikalischen Semantik oder gar der Linguistik gehören. Da
über die Gegenstände der lexikalischen Semantik und der
Linguistik unterschiedliche Auffassungen herrschen, kann
nicht verwundern, daß die Menge der Phänomene, die auf
diese Weise ausgegliedert wird, je nach Ansatz differiert.
<u>Konnotation</u> bezeichnet also in verschiedenen sprachwissenschaftlichen Schulen Verschiedenes. Die Verwirrung wird
verstärkt dadurch, daß das Wort auch innerhalb einer sprachwissenschaftlichen Schule, ja oft bei ein und demselben
Sprachwissenschaftler Verschiedenes und Verschiedenartiges
bezeichnet. Auch das ist eine Konsequenz der gleichen
Funktion. Wenn das Wort nämlich primär dazu dient, Mißlie-

biges auszugliedern, dann brauchen die Erscheinungen, auf
die es angewendet wird, keine anderen gemeinsamen Merkmale
zu besitzen als eben das eine, 'nicht oder nur am Rande zum
Gegenstandsbereich der lexikalischen Semantik gehörig' zu
sein. Die intensionale Leere des Ausdrucks gewährleistet eine
große Freiheit in der Anwendung des Wortes auf ein Sammelsurium von Erscheinungen, die zwar alle gemeinsam aber aus
verschiedenen Gründen nicht oder vermeintlich nicht zur
lexikalischen Semantik bzw. zur Linguistik gehören. Geht man
z.B. davon aus, daß Gegenstand der lexikalischen Semantik nur
das sei, was hinsichtlich der begrifflichen Bedeutung eines
Wortes für alle Sprecher einer natürlichen Sprache, d.h. für
die gesamte Sprachgemeinschaft, in allen Vorkommen des Wortes,
d.h. kontext- und situationsunabhängig, invariant ist,
so gehört zu den Konnotationen alles, was einer der Bestimmungen nicht genügt, also (a) alles, was "nicht-begrifflich"
ist (was immer der Begriff begrifflich beinhaltet), (b)
alles, was nicht "für alle Sprecher gilt" (gleichgültig
ob individuell oder gruppenspezifisch), (c) alles, was
nicht "in allen Vorkommen" invariant bleibt (gleichgültig,
ob auf einzelne Situationen oder auf Typen von Situationen
beschränkt).

Auf diese Weise wird eine linguistische Rumpelkammer
eingerichtet, in der man alles das zusammenwirft, was man
nicht verwenden kann, aber auch nicht geradezu der Müll-
abfuhr überantworten will. Diese Vorsichtsmaßnahme ist ja
oft geraten, weil man das Gerümpel später vielleicht noch
einmal gebrauchen kann, und seien es auch erst die Kinder
oder Enkel, die an ihm erneut Gefallen finden. Die Entstehung dieser Rumpelkammer hat Lyons (^{3}1973, 459 f.) ohne
die Metaphorik und beschränkt auf die Dimension 'begrifflich/
nicht begrifflich' im Blick auf das Problem der Synonymie
richtig beschrieben:

> "Die verschiedenen Autoren vollziehen die
> Trennung zwischen 'kognitiver' und 'nicht-
> kognitiver' Synonymie auf verschiedene Weise.
> Jedesmal wird aber 'kognitive' Synonymie zuerst
> definiert. Niemand spricht davon, daß Wörter

> 'emotiv', aber nicht 'kognitiv' synonym sind.
> Dieser Umstand allein würde den Verdacht
> rechtfertigen, daß 'emotiv' oder 'affektiv' als
> Formeln gebraucht werden, mit denen man sich
> auf recht unterschiedliche Faktoren bezieht,
> welche die Auswahl bestimmter Synonyme in
> bestimmten Situationen oder in bestimmten
> Kontexten beeinflussen können. Was nötig
> ist, ist eine Beschreibung dieser Faktoren
> in einer ihnen angemessenen Form. Nichts
> wird dadurch erreicht, daß man die zweifel-
> los wesentliche Kategorie der 'emotiven'
> (oder 'affektiven') Konnotationen auf alles
> anwendet, was nicht im Rahmen der 'kogni-
> tiven' Bedeutung liegt."[17]

Die gleiche Erfahrung faßt Stevenson (1974, 76 f.) in das Bild des "wastebasket", wenn er zum Gebrauch des Ausdrucks emotiv, der ja häufig als Alternativbezeichnung für konnotativ auftaucht und auch bei Lyons genannt wird, feststellt:

> "In particular, the term 'emotive' is sometimes
> used in an extremely rough way, until it
> labels a wastebasket for the many aspects of
> linguistic usage that are detrimental or
> irrelevant to the purposes of science. Under
> 'emotive' utterances come to be included not
> only those which are hypostatic, anthropo-
> morphic, ambiguous, vague, misleading,
> incoherent, or in any way confused ... the
> usage is not at all fortunate when it leads
> me to suppose, as it readily does, that
> any expression classifiable as 'emotive' is
> thereby perfectly put in its place, requiring
> no further attention."

Die Tatsache, daß emotive bei Stevenson "Äußerungen" und nicht "Wörter", "Bedeutungen", "Bedeutungsinhalte" klassifiziert, lasse ich an dieser Stelle auf sich beruhen. Wichtig sind die Funktionsbestimmung, die der Papierkorb hat, und die Konsequenzen für die begriffliche Bestimmung seines Inhalts. Im Papierkorb versammelt sich all das, was in der jeweiligen Auffassung des Wissenschaftlers für die linguistische Semantik, die Linguistik oder gar für die Wissenschaft überhaupt kein Interesse hat. Kein Wunder, daß man über den Inhalt auch keine weitergehenden Aussagen machen kann als eben die, daß alle Einzelstücke als 'nicht zum Gegenstandsbereich der linguistischen Semantik/Linguistik/Wissenschaft gehörig'

gelten können. Leert man die Einzelpapierkörbe und macht
daraus eine gesamtlinguistische Müllkippe, so ergibt sich ein
chaotisches Durcheinander, demgegenüber schon der Versuch,
über die dort lagernden Gegenstände allgemeingültige
Aussagen machen zu wollen, fehlgeleitet ist.

3.3.   Versuch einer Entrümpelung und erste Sichtung

  Der folgende Versuch einer wenigstens partiellen Ordnung
der Gegenstände, die sich in der Rumpelkammer der Konnotationen angesammelt haben, dient, die Beobachtungen in
3.1. systematisierend, der Klärung des <u>Gegenstandsbereichs</u>
einer möglichen Konnotationsforschung und stellt die Frage
nach den <u>Methoden der Untersuchung</u> weiterhin zurück. Das
mag als bedauerlich empfunden werden, zumal in der neueren
Literatur das Problem der Konnotationsforschung meist als
ein Problem mangelnder Untersuchungsmethoden charakterisiert wird. Doch scheint mir die Klärung des Gegenstands-
bereichs die vorgeordnete Aufgabe, weil ich die Frage nach
der Untersuchungsmethode sinnvoll nur stellen kann, wenn
ich einen überschaubaren und in sich halbwegs homogenen
Bereich von Gegenständen vor mir habe, die ich untersuchen
will. Für das Sammelsurium von Erscheinungen, die bisher
unter dem Ausdruck <u>Konnotation</u> zusammengefaßt wird, läßt sich
eine Methode nicht entwickeln.[18]

---

17 Der Hinweis auf die Wichtigkeit der Konnotationen ist
    fast ein Topos in der linguistischen Literatur; doch ist
    er in der Regel kein Anlaß, sich mit ihnen genauer
    zu beschäftigen. Es stellt sich meist - und auch bei
    Lyons - schnell heraus, daß die "ihnen angemessene
    Form" der Beschreibung keiner der linguistischen
    Semantik ist.

18 Das Verhältnis von Gegenstand und Methode kann ich als
    allgemeines Problem hier nicht behandeln und möchte daher
    die Behauptung, die Klärung des Gegenstandsbereichs
    sei der Entwicklung der Untersuchungsmethode vorge-
    ordnet, nicht als generelle Aussage verstanden wissen,
    sondern nur mit Bezug auf den gegenwärtigen Stand der
    "Konnotationsforschung". Es dürfte unstrittig sein, daß
    das Sammelsurium verschiedenartiger Erscheinungen, das
    bisher unter dem Ausdruck <u>Konnotationen</u> zusammengefaßt

Es lassen sich mindestens die folgenden Gegenstände/
Probleme unterscheiden.

3.3.1. Extension und Intension

Mit dieser Unterscheidung wird eine außersprachliche _Sache_
bzw. eine Menge außersprachlicher _Sachen_ , die ein sprachlicher Ausdruck oder eine Folge sprachlicher Ausdrücke bezeichnen kann, unterschieden von der _Bedeutung_ der Ausdrücke
als Komplex von Merkmalen, die dem Bezeichneten zukommen[19].
Unabhängig von allen Problemen, die mit dieser Unterscheidung
im einzelnen verbunden sind, ist die Notwendigkeit, sie bei
der semantischen Analyse sprachlicher Ausdrücke zu berücksichtigen, in der Logik und der Linguistik grundsätzlich nicht
bestritten. Da sie mit der Unterscheidung zwischen _begrifflich_
und _emotional_ als einer Unterscheidung zweier Komponenten

---

worden ist, _einer_ Methode nicht zugänglich ist. Man
muß daher zunächst angeben, worüber man zu reden beabsichtigt, bevor man sich sinnvoll mit den Untersuchungsmethoden beschäftigen kann.

19 Vgl. dazu Ryle (1962, 153 f.): "So to ask for the
function of an expression is, on Mill's showing, to ask
a double question. It is to ask Which person or persons,
thing or things the expression denotes? ... but it is
also to ask What are the properties or characteristics
by which the thing or person is described? ... As a
thing or person can be described in various ways, the
various descriptions given will differ in connotation,
while still being identical in denotation. They characterize
in different ways, even though their denotation is
identical. They carry different bits of information or
misinformation about the same thing, person or event."
- Frege (1962, 39): "Es liegt nun nahe, mit einem Zeichen
(Namen, Wortverbindung, Schriftzeichen) außer dem
Bezeichneten, was die Bedeutung des Zeichens heißen möge,
noch das verbunden zu denken, was ich den Sinn des
Zeichens nennen möchte, worin die Art des Gegebenseins
enthalten ist. Es würde danach in unserem Beispiele
zwar die Bedeutung der Ausdrücke 'der Schnittpunkt von a
und b' und 'der Schnittpunkt von b und c' dieselbe
sein, aber nicht ihr Sinn. Es würde die Bedeutung von
'Abendstern' und 'Morgenstern' dieselbe sein, aber
nicht der Sinn." - Mill ist nicht der Schöpfer dieser
Unterscheidung, doch geht die logische Diskussion meist nur
bis zu ihm zurück. Zu Mill und zur Vorgeschichte in der
Scholastik des Mittelalters s. u.a. Bühler 1978, 225 ff.

der Bedeutung nichts zu tun hat, sollte man die Probleme auch terminologisch auseinanderhalten[20]. Weil der Ausdruck Konnotation als terminologisches Äquivalent für Bedeutung in der linguistischen Literatur vor allem in der Bundesrepublik kaum noch verwendet wird, bleibt nur die Anregung, auf ihn gänzlich zu verzichten. Nicht überflüssig ist aber die Aufforderung, die Probleme sachlich nicht zu vermischen. Manche Ungereimtheiten in der Behandlung der Konnotationen im Sinne der Erdmann-Rezeption haben m.E. darin ihren Grund, daß ein Konnotationsbegriff präsentiert wird, nach dem Konnotationen als emotionale Begleitvorstellungen, emotive Bedeutungsgehalte o.ä. zu gelten haben, daß aber die Beispiele, die diese Erscheinung illustrieren sollen, in Wirk-

---

20 In dem für die Konnotationsforschung einflußreichen Buch von Ogden u. Richards (1946) gilt für die Millsche Unterscheidung die Millsche Terminologie. Für die emotionalen Komponenten sprachlicher Ausdrücke verwenden sie den Ausdruck emotive. Diese Lösung des Terminologieproblems ist in der nicht-linguistischen Literatur besonders im angelsächsischen Sprachraum weit verbreitet; doch gibt es auch andere Varianten. So behält Alston (1964) für beide Unterscheidungen die gleichen Ausdrücke bei, differenziert aber nach "logician's sense" und "literary use":

> "Note that this use (bei Mill und den Logikern, W.D.)of 'denotation' and 'connotation' (some logician's use 'extension' and 'intension' instead) is very different from the literary use, in which denotation is something like the standard meaning of a word, whereas connotation comprises the associations, which may well vary somewhat from person to person, to which this meaning gives rise" (17,Anm).

Die linguistische Semantik insbesondere in Deutschland ist, um die Ausdrücke Konnotation, Konnotat, konnotativ semantisch zu entlasten, überwiegend den anderen Weg gegangen: Der Ausdruck Konnotation bezeichnet das, was die Erdmann-Rezeption unter Nebensinn und/oder Gefühlswert verstanden hat, der Millsche Begriff wird durch Bedeutung, Inhalt, Sinn, Intension o.ä. sprachlich repräsentiert. Das gilt für den Zwillingsbruder nicht in gleicher Weise: Denotation bzw. Denotat werden wesentlich häufiger im Millschen Sinne verwendet als Konnotation bzw. Konnotat. Es ist deshalb nicht Willkür des Verfassers, wenn Ulrich (1972) nur eine Bedeutung für Konnotation, jedoch zwei für Denotation registriert.

lichkeit das Extension-Intension-Problem betreffen. Das ist z.B. immer dann der Fall, wenn Beispiele herangezogen werden, die Erdmann für den Nebensinn anführt. Im Rückblick auf die oben zitierten Wörterbucheinträge und Einführungskapitel scheint mir, daß sowohl die Beispiele Oksaars als auch das Cuba-Beispiel Heupels vor dem Hintergrund der Extension-Intension-Unterscheidung interpretiert werden müssen und nicht oder nur im zweiten Schritt als Beispiele für den Konnotationsbegriff, für den sie jeweils herangezogen werden.

Daß die Vermischung unverändert praktiziert wird, zeigt die letzte einschlägige Untersuchung von Bering (1978). Der Autor stellt sein theoretisches und methodisches Rüstzeug zur Untersuchung des Schimpfwortes <u>Intellektueller</u> in 1.4. (16 ff.) in Form von Thesen bereit. Ich zitiere (die erste gekürzt) die Thesen 1, 5 und 8:

1. "Den <u>Begriff</u> (= <u>denotative</u> Bedeutung) 'Intellektueller' umgibt ein Kranz <u>standardisierter Assoziationen</u> (= <u>konnotative</u> Bedeutung)."

5. "Der althergebrachte Unterschied zwischen 'Nebensinn' und 'Gefühlswert' wird nicht beachtet. Was schon öfter betont wurde, zeigt sich bei 'Intellektueller' besonders deutlich: Eine Grenze läßt sich nicht ziehen, denn beides geht Hand in Hand."

8. "Das Wort 'Intellektueller' bekommt so mehrere ideologietypische Bedeutungen. Solche '<u>ideologische Polysemie</u>' kann in zwei verschiedenen Weisen auftreten: Das eine Mal ist man sich einig, welche Personen 'Intellektuelle' sind, hat aber verschiedene Vorstellungen von ihren typischen Eigenschaften (= konnotative ideologische Polysemie); das andere Mal ist man sich nicht einig und meint mit dem Wort auch vollkommen verschiedene Personen (= denotative ideologische Polysemie)."

Der ersten These liegt der Konnotationsbegriff der Erdmann-Rezeption zugrunde, der achten These der Konnotationsbegriff Mills. Konsequenz der Vermischung ist, daß das, was Erdmann mit <u>Nebensinn</u> bezeichnet, der Aufmerksamkeit entgeht. "Standortbedingte" intensionale Differenzen fallen mit den Gefühlswerten zusammen und werden als solche gedeutet.

Die Vermischung ist in den Analysen zur politischen

Sprache bei der Behandlung ideologisch motivierter Bezeichnungsvarianten bei Identität des Bezeichneten sehr verbreitet. Die Bedeutungsunterschiede zwischen <u>Verteidigungsminister</u> und <u>Kriegsminister</u>, <u>Heimatvertriebener</u> und <u>Neubürger</u>[21], <u>Atommülldeponie</u> und <u>Entsorgungspark</u> etc. sind - den Konnotationsbegriff der Erdmann-Rezeption vorausgesetzt - als konnotative nicht zureichend beschrieben. Sie haben die gleiche Extension, unterscheiden sich aber nicht nur im Gefühlswert, sondern auch in ihrer begrifflichen Merkmalsstruktur. Sie sind deshalb analog der Differenz von <u>Morgenstern</u> und <u>Abendstern</u> zu behandeln.

Da viele Linguisten die Auffassung vertreten, daß die Gefühlswerte kein Teil der Bedeutung sind, sondern Reaktionen der Sprecher auf das Bezeichnete, sei nur angemerkt, daß die Gefühlswerte auch als Reaktionen auf das Bezeichnete natürlich nicht mit dem Bezeichneten identisch sind. Das Problem der Gefühlswerte erscheint in dieser Auffassung in einem anderen Licht, bleibt aber ein eigenständiges und ist von der Extension-Intension-Unterscheidung zu trennen.

3.3.2. Lexikalische Bedeutung - Kontextbedeutung

Eine andere in der Semantik wichtige und bekannte Unterscheidung ist die zwischen der Bedeutung sprachlicher Ausdrücke als Einheiten des Lexikons und der Bedeutung der sprachlichen Ausdrücke in einzelnen Redekontexten (<u>langue-Bedeutung</u> / <u>parole-Bedeutung</u>, <u>Bedeutung</u> / <u>Meinung</u>, <u>potentielle Bedeutung</u> / <u>aktuelle Bedeutung</u>, <u>lexikalische Bedeutung</u> / Kon-

---

[21] Vgl. z.B. Marx-Nordin 1974, 217 (Anm.): "Das von Thea Shippan angeführte Beispiel, in dem zwei verschiedene Wörter (Neubürger - Heimatvertriebener) zwar dasselbe denotieren (beide Wörter bezeichnen einen Umsiedler aus den ehemals zum Deutschen Reich gehörenden Ostgebieten) belegt trefflich die Wichtigkeit in den Wörtern mitgemeinten emotionalen Faktors." Wieder geht in der Kombination von <u>Denotation</u> im Sinne Mills und <u>Konnotation</u> im Sinne der Erdmann-Rezeption ("emotionaler Faktor") das verloren, was Mill mit <u>Konnotation,</u> Erdmann mit <u>Nebensinn</u> bezeichnet hat.

textbedeutung o.ä.). Die Unterscheidung wird der Tatsache
gerecht, daß die Bedeutung, die ein sprachlicher Ausdruck in
einer manifesten Äußerung hat, von dem Redekontext, in dem
er steht, beeinflußt wird, daß die sprachlichen Ausdrücke
andererseits aber auch nicht alles bedeuten können, sondern
gewisse Bedeutungsgehalte in den Redekontext einbringen,
die es gestatten und rechtfertigen, von der Bedeutung sprachlicher Ausdrücke als Einheiten des Lexikons (Sprachbesitzes)
eines Sprechers, einer Sprechergruppe oder der gesamten
Sprachgemeinschaft zu sprechen.

Auch diese Unterscheidung liegt in einer anderen Dimension
als der zwischen begrifflich und emotional, weil sie sowohl
die begrifflichen als auch die emotionalen Inhalte betrifft.
Weder kann man sagen, daß die begrifflichen Bedeutungsmerkmale dem determinierenden, modifizierenden Einfluß des Rede-
kontextes nicht unterworfen seien, noch kann man sagen,
daß alle Gefühlswerte, die mit den Wörtern verbunden sind,
im gemeinten Sinne kontextbedingt seien. Die zweite Behauptung wird zwar häufig bestritten; es genügt aber, Konsens über die erste herzustellen, um zum Ergebnis zu kommen,
daß die Unterscheidung zwischen lexikalischer Bedeutung
und Kontextbedeutung von der zwischen Begrifflichem und
Emotionalem zu trennen ist. Wer - wie z.B. Simon (1971, 102 f.
einen <u>Kern</u> der Bedeutung von situationsabhängigen <u>Bedeutungs-
nuancen</u> unterscheidet und letztere als <u>Konnotationen</u> bezeichnet, trennt nicht Begriffliches von Emotionalem.

3.3.3. Individuelle und interindividuelle Bedeutungsinhalte

Es gibt aus der jeweiligen Biographie zu erklärende individuelle Bedeutungsinhalte sprachlicher Ausdrücke als Einheiten des Sprachbesitzes von Individuen. Unabhängig von
der Frage, ob und von wem sie zu untersuchen sind, gilt das
eben verwendete Argument analog: Die Unterscheidung zwischen
individuell und interindividuell steht quer zu der zwischen
begrifflich und emotional. Weder kann man sagen, die begrifflichen Bedeutungsmerkmale im Sprachbesitz verschiedener Indi-

viduen seien völlig deckungsgleich und in toto interindividuell, noch kann man sagen, Gefühlswerte seien ausschließlich individuell. Und auch der, der den nicht-individuellen Gefühlswerten ihren Zeichencharakter abstreitet und sie statt der Semantik der Sozialpsychologie zuweist, wird nicht leugnen,
 daß es auch individuelle Komponenten in der begrifflichen Bedeutung gibt, von denen der Semantiker erst abstrahieren muß, wenn er interindividuell gültige Bedeutungen beschreiben will. Es genügt also auch hier, sich über die Existenz individueller Bedeutungsinhalte im begrifflichen Bereich zu verständigen, um zum Ergebnis zu kommen, daß die beiden Unterscheidungen nicht zusammenfallen.

3.3.4. Sprache und Sprachvarianten

Es hat ganz entscheidend zur Verwirrung der Begriffe beigetragen, daß neben vielen anderen Erscheinungen (intensionale Differenz bei gleicher Extension, individuelle Bedeutungsgehalte etc.) auch die variantenspezifischen Bedeutungsgehalte zusammen mit den emotionalen im großen Konnotationstopf verschwanden. Und nichts illustriert besser die Funktion, die der Ausdruck <u>Konnotation</u> in der Linguistik hatte bzw. hat, und die unliebsamen Konsequenzen, die aus der Praxis folgten, alle Bedeutungsunterschiede, von denen der linguistische Semantiker unter dem Einfluß der Homogenitätsthese abstrahieren mußte, um zu den Bedeutungsmerkmalen zu gelangen, die für alle Sprecher der gesamten Sprachgemeinschaft als invariant gelten sollten, als <u>Konnotationen</u> zu bezeichnen. Es kommt hinzu, daß das Resultat des Verfahrens oft in Wahrheit nicht einmal - wie beansprucht - die Beschreibung der innerhalb der Sprachgemeinschaft invarianten Bedeutungsmerkmale war, sondern die Beschreibung der invarianten oder vermeintlich invarianten Bedeutungsmerkmale innerhalb eines - sozial ausgezeichneten - Soziolekts (Hochsprache, Standardsprache, überregionale Verkehrssprache der gebildeten Sprecher im öffentlichen Gebrauch o.ä.).

Es wäre deshalb ein entscheidender Fortschritt, wenn der Konnotationsbegriff von dem Problem der Variation in der Sprache entlastet würde und dieses Problem konsequent in einer "Varietätensemantik" behandelt wird, die der vieldimensionalen Differenzierung (geographisch, sozial, funktional, stilistisch) gerecht wird. Wenn man die Gefühlswerte als Gegenstand in die Semantik integriert, werden sie auch innerhalb der 'Varietätensemantik' zu berücksichtigen sein; doch ist wiederum zu sagen, daß die Unterscheidungen zwischen Sprache und Sprachvarianten einerseits, begrifflich und emotional andererseits voneinander unabhängig sind.

3.3.5. Kernbedeutung und Randbedeutung

Sehr verbreitet ist auch ein Verständnis der Denotations-Konnotationsunterscheidung im Sinne der Unterscheidung von Kernbedeutung und Randbedeutung. Hinsichtlich dieser Unterscheidung ist nicht wie in den bisherigen Punkten zu argumentieren, daß sie von der Unterscheidung zwischen begrifflich und emotional zu trennen ist, sondern daß sie selbst unbrauchbar ist, solange nicht genauer geklärt ist, was sie beinhalten soll. Der Ausdruck Randbedeutung erfüllt in der linguistischen Literatur nämlich weithin die gleiche Funktion wie der Ausdruck Konnotation. Er ist im wesentlichen ein anderes Etikett für die gleiche Rumpelkammer, in der ununterschieden das versammelt wird, was dem jeweiligen Autor oder der Forschungsrichtung vor dem Hintergrund des jeweiligen Erkenntnisinteresses und der bedeutungstheoretischen und methodologischen Prämissen als marginal, zusätzlich, unwichtig erscheint[22], eine Wertung, die bei Kern- und Randbedeutung schon an den Ausdrücken ablesbar ist und im Falle von Konnotation mit reflektierendem Verweis auf die Bedeutung des Präfixes kon- immer wieder wachgehalten wird.

---

22 Marx-Nordin (1974, 47) unterscheidet die Hauptbedeutung von der Nebenbedeutung und verwendet für die zweite auch den Ausdruck Nebensinn. Der Nebensinn ist für sie die Bedeutungsvariante polysemer Ausdrücke, die seltener vorkommt, im Falle des Wortes Grün die Bedeutung 'unreif'

3.3.5. Bezeichnungen für Emotionales

Es ist in der Linguistik und Logik weithin akzeptiert, daß das Problem des Gefühlswertes in keinem systematischen Zusammenhang zum Problem der Bezeichnungen für Emotionales steht. Ich will deshalb diese Auffassung in diesem Punkt nur bestätigen. Weder sind Gefühlswerte auf Bezeichnungen für Emotionales beschränkt, noch kann den Bezeichnungen für Emotionales ein Gefühlswert nur deshalb zugesprochen werden, weil sie Emotionales bezeichnen. Am Beispiel des Ausdrucks Gefühl selbst: Die Äußerung "Es wäre zu bedenken, ob nicht die dichotomische Unterscheidung zwischen Gefühl und Verstand der Korrektur bedarf" enthält das Wort Gefühl, drückt jedoch nichts Emotionales aus. Zwar kann man dieser Äußerung durch entsprechende Realisierung auf suprasegmentaler Ebene eine Gefühlskomponente zufügen; doch dürfte ein Einverständnis darüber zu sichern sein, daß sie dann auf den Suprasegmentalia beruht und nicht auf dem Wort Gefühl. Die Äußerung "Es ist völlig unsinnig und ärgerlich, mit dieser platten Unterscheidung von Verstand und Gefühl zu operieren" vermittelt eine emphatische Bewertung, doch bleibt sie die gleiche, wenn man das Wort Gefühl durch das Wort Vernunft ersetzt. Und auch in der Äußerung "Ich hatte damals ziemlichen Ärger" trägt das Wort Ärger keinen kontextunabhängigen Gefühlswert. Mit der Äußerung wird, wenn nicht andere Mittel einen Gefühlswert hervorrufen, nicht Ärger ausgedrückt, sondern der

---

im Gegensatz zur Hauptbedeutung 'grün als Farbwort'. Obwohl sie damit den Ausdruck Nebensinn in unnötiger Weise belastet, kommt sie folgerichtig zu einer deutlichen Trennung von Nebensinn und Gefühlswert. Grün im Sinne von 'unreif' stellt eine Nebenbedeutung (Nebensinn) dar, enthält aber als lexikalische Bedeutungsvariante keinen Gefühlswert. Erst in der Wendung grüner Junge gehört der Gefühlswert, so Marx-Nordin, als "integrierender Bestandteil zum Worte selbst". Sie ist im übrigen der Meinung, "daß der emotive Gehalt den Status gewinnen kann, zur Zentralbedeutung selber zu werden" (48 f.); d.h. daß sie selbst die Unterscheidung von Hauptbedeutung und Nebenbedeutung einerseits, begrifflich und emotional andererseits als voneinander unabhängig begreift.

Sachverhalt gehabten Ärgers (referierend, erklärend, entschuldigend) beschrieben.

3.3.6. Der Gefühlswert

Innerhalb des Bereichs von Erscheinungen, die nach der bisherigen "Entrümpelung" noch übrig bleiben und mit Grund, wenn auch höchst vage, unter dem Stichwort "Gefühlswert" zusammengefaßt werden können, können im ersten Schritt zwei Gruppen gebildet werden, die Schwarze anspricht, wenn er <u>Konnotationen</u> definiert als "Assoziationen ..., die nicht zur begrifflichen Bedeutung gehören, sondern Teil des "Wissens" über die unter die Bedeutung fallenden Referents oder über bestimmte Verwendungsfälle des betreffendem Symbols sind." Der Auffassung, daß der erste Typ von "Assoziationen" Teil des Wissens über die bezeichneten Sachverhalte ist, möchte ich mich zumindest in dieser Ausschließlichkeit und Entschiedenheit nicht anschließen, doch bleibt in jedem Fall der zweite Typ von Assoziationen ein deutlich unterschiedenes Phänomen. Die Assoziationen, die Teil des Wissens über "bestimmte Verwendungsfälle des Symbols" sind, beruhen nämlich auf dem Wissen über die <u>soziale Geltung</u> der Wörter, nicht auf dem Wissen über die <u>Bedeutung</u> der Wörter oder über die <u>Sachverhalte</u>, die mit den Wörtern bezeichnet werden. Die Bedeutung eines Wortes kennen oder den Sachverhalt kennen, den es bezeichnet, ist - abgesehen davon, daß auch diese beiden Kenntnisse nicht zusammenfallen - etwas anderes, als den Verwendungsbereich kennen, in dem das Wort gebräuchlich ist. Auf diese Unterscheidung legt auch Ullmann (1967, 92) wert, wenn er, Charles Bally referierend, feststellt, daß es bei der "gefühlsmäßigen Bedeutung" auf zweierlei Faktoren ankomme:

> "1. auf innere ('caractères affectifs naturels'), womit die Ausdrucksmöglichkeiten des Wortes selbst, und zwar des Namens wie die des Sinns gemeint sind; 2. auf äußere ('effets par evocation'), womit die den Fremdwörtern, Archaismen,

Fachausdrücken, dem Slang und der Sondersprache
etc. eigene Färbung gemeint ist."

(a) Der assoziierte Verwendungszusammenhang der Wörter

Die vielen Wörtern "eigene Färbung" hat Bally und viele
andere, die den Blick auf die "Evokationskonnotationen"
gerichtet haben, besonders unter stilistischen Gesichtspunkten
interessiert, weil sich mit ihr stilistische Wirkungen erzielen lassen. Doch ist der Sachverhalt, der die stilistischen
Wirkungen ermöglicht, selbst nicht stilistischer Natur,
sondern eine Konsequenz der "Heterogenität der Sprache" im
Sinne von 3.3.4. Die stilistischen Wirkungen beruhen auf dem Wissen
der Sprachbenutzer von dieser Heterogenität und den
Geltungsbereichen der Wörter in den verschiedenen Dimensionen der Variabilität (geographisch, sozial, funktional
etc.). Einen neueren Versuch, diesen besonderen Gegenstandsbereich systematisch zu ordnen und der genaueren
Untersuchung zugänglich zu machen, unternimmt Rossipal
(1973). Ausgehend von der Eigenschaft der Sprachmittel, u.a.
auch der Lexeme, "daß sie auch abgesehen von ihrer seman-
tisch-referentiellen Funktion nicht in allen Situations-
kontexten verwendet werden können", daß es also Restrik-
tionen im Gebrauch gibt, die die Sprachmittel als zu
gewissen Sprachbereichen gehörig charakterisieren, versucht der Autor, "eine einheitliche Sehweise zu schaffen,
nach der alle Gebräuchlichkeitsrestriktionen als Konnotationen oder besser <u>Konnotationswerte</u> betrachtet werden,
die als Markierungen der Sprachelemente oder der Texte für
gewisse Konnotationsbereiche beschrieben werden können."
Angewendet auf das Lexikon wäre für jedes Lexem anzugeben,
in welchen Dimensionen der Variabilität es Gebrauchsrestriktionen unterliegt, d.h. markiert ist (z.B. + regional,
+ sozial, + stilistisch) und in welchen es unmarkiert ist
(- regional, - sozial, - stilistisch). Natürlich kann man
auch, wie in den Sprachlexika seit langem praktiziert,
den speziellen Geltungsbereich angeben (z.B. + regional:

süddeutsch oder + sozial: chemisch-fachsprachlich).

Soweit erhalten die Wörter in der Beschreibung also eine Markierung, die den Gebrauchsbereich und die Gebrauchsrestriktionen kennzeichnet; Gefühlswerte o.ä. sind allerdings noch nicht sichtbar geworden. Sie kommen erst dann ins Blickfeld, wenn man berücksichtigt, daß die Sprecher nicht nur ein Wissen über die Zugehörigkeit bestimmter Sprachmittel zu bestimmten Kommunikationsbereichen haben, sondern diese Kommunikationsbereiche bzw. die Sprechergruppen auch bewerten. Auf diesen Sachverhalt hat u.a. Bloomfield (1933, 151 ff.) in relativer Ausführlichkeit als einen Grund für die relative Instabilität der Wortbedeutung aufmerksam gemacht. Es geht ihm um die "supplementary values which we call connotations" als einer Erscheinung neben dem Bedeutungskern ("central meaning"). Auch für ihn ist der Ausgangspunkt die bereichsspezifische Markierung der Wörter. Die Konnotationen allerdings bestehen für ihn nicht in der bloßen Evozierung des gewohnten Kommunikationsbereichs, sondern in den inhaltlich spezifizierbaren Einstellungen derer, die die Konnotationen haben, gegenüber dem Kommunikationsbereich, in dem das Wort gebräuchlich ist bzw. gegenüber den Personen und Personengruppen, die das Wort üblicherweise gebrauchen. Die Fremdwörter evozieren nicht nur das Wissen, daß das Wort aus einer fremden Sprache stammt, ja nicht einmal nur das Gefühl der Fremdheit, sondern rufen Konnotationen hervor, "which reflect our attitude toward foreign peoples". (153). Ähnlich hängen die Konnotationen der Fachwörter (technical forms), ab "from the standing of the trade or craft from which they are taken" (152): "sea-terms sound ready, honest, and devil-may-care"...; legal terms precise and a bit tricky" (152), und auch die Konnotationen schichtspezifischer Wörter werden bestimmt "from the social standing of the speakers who use a form" (152).

Die Einschätzungen, auf denen die Konnotationen beruhen, sind meist nicht bei allen Gesellschaftsmitgliedern identisch, sind aber - das belegen die sozialpsychologischen Untersuchungen - sicher nicht individuell, sondern zumindest

gruppenspezifisch und ein sozialpsychologisches Problem.
Deshalb erscheint mir die Skepsis Bloomfields in seiner
Zusammenfassung auch etwas übertrieben:

> "The varieties of connotation are countless and
> indefinable and, as a whole, cannot be clearly
> distinguished from denotative meaning. In the
> last analysis, every speech form has its own
> connotative flavor for the entire speech commu-
> nity and this, in turn, is modified or even
> offset, in the case of each speaker, by the
> connotation which the form has acquired for
> him through his special experience." (155)[23]

Da die Passage wiederum vorzüglich geeignet ist, diesen
Typ von Konnotationen als unerforschbar aus dem Bereich wissenschaftlicher Gegenstände zu entfernen, sei daran erinnert,
daß Bloomfield die Möglichkeit einer wissenschaftlich be-
triebenen Semantik ja insgesamt sehr skeptisch beurteilte.
Im übrigen könnte man den Ausdruck <u>connotative</u> <u>flavor</u> im
zweiten und letzten Satz auch durch <u>denotative</u> <u>meaning</u> ersetzen, ohne daß die Aussage wesentlich an Plausibilität
gewinnt oder verliert. Die Tatsache, daß jedes Wort auch
seine eigene begriffliche Bedeutung besitzt und in der
konkreten Kommunikation ideolektal und redekontextbedingt
variiert, hat die linguistische Semantik nicht daran ge-
hindert, die begrifflichen Bedeutungen zum Gegenstand der
Analyse zu machen.

Ohne den Anspruch zu erheben, daß Problem der Konnotationen im Sinne dieses Abschnitts lösen zu wollen, schließe
ich einige Bemerkungen an, die zur Klärung beitragen
können:
(a) Die hier gemeinten Konnotationen haben, wie schon festgestellt, vor allem das Interesse der Stilistik erregt,
was sich auch in ihrer Behandlung bei Ullmann (1967) nieder-
schlägt. Er beschreibt das Phänomen in folgender Weise:

---

23 Bloomfield behandelt anschließend "two more types of
   connotation which stand out with at least relative
   clearness" (155): "improper speech forms" and "in-
   tensity".

> "Es geht um alle Fälle, wo ein Wort seiner
> Herkunft nach irgendwie aus der Stilschicht des
> Kontextes herausfällt ... Die gefühlsmäßige
> Wirkung dieser Elemente beruht auf ihrem
> Evokationsvermögen: Sie erinnern uns an die
> Umgebung bzw. an die Stilschicht, in die sie
> normalerweise hineingehören. Bally spricht hier
> von "effets par évocation d'un milieu" ...
> Für die stilistische Nuancierung der Barbaris-
> men, Provinzialismen, Vulgarismen, Archais-
> men und Fachausdrücke ist die Semantik nicht
> zuständig; vieles gehört offensichtlich der
> 'parole' und nicht der 'langue' an."

Die Zuordnung der "gefühlsmäßigen Wirkungen" zur 'parole'
bzw. zur Stilistik als in Frage kommender Disziplin leuchtet
ein, wenn das Interesse den stilistischen Nuancierungen
gilt, die mit den Wörtern in konkreten Äußerungen erreicht
werden. Verwendet man für diese Nuancen den Ausdruck
Konnotation, dann sind natürlich auch die Konnotationen
Stilphänomene. Verwendet man den Ausdruck Konnotation indes
für die Markiertheit der sprachlichen Mittel im System
der Sprache, aufgefaßt als ein Gebilde mit strukturierter
Heterogenität (Rossipal) oder für die Bewertung der Kommu-
nikationsbereiche/Sprechergruppen, in denen das Wort gebräuchlich ist (Bloomfield), dann spricht man nicht über
Stilphänomene, sondern über Eigenschaften der sprachlichen
Mittel, auf denen die stilistischen Wirkungen beruhen, nicht
über die Evokationen, die die Wörter in konkreten Äußerungen
hervorrufen, sondern über das Evokationsvermögen (s. Ull-
mann-Zitat), das sie besitzen.
(b) Verwendet man den Konnotationsbegriff auf dieser Ebene,
dann ist es auch nicht mehr sinnvoll zu sagen, die Konnotationen träten nur dann auf, wenn das Wort außerhalb des
üblichen "Milieus" verwendet wird, denn damit macht man wieder
eine Aussage über eine Erscheinung auf parole-Ebene. Die
Markiertheit bzw. die Bewertung ist latent generell mit dem
Wort verbunden.-Im übrigen scheint mir auch das Problem der
stilistischen Wirkung nicht voll erfaßt, wenn man den Wörtern
nur dann stilistische Effekte zuschreibt, wenn sie außerhalb
des gewohnten Kommunikationsbereichs verwendet werden. Die
Bewertungen, die die Sprechweise des ortsfremden Wahlkämpfers,

und die Bewertungen, die der einheimische Dialekt des anderen evozieren, sind zwei Seiten der gleichen Medaille.
(c) Die Frage, ob man in der Beschreibung neben den in dieser oder jener Dimension markierten Wörtern auch die Möglichkeit vorsehen soll, Wörter als nicht-markiert zu kennzeichnen, oder ob nicht vielmehr anzunehmen ist, daß alle Wörter in irgendeiner Weise markiert sind, möchte ich an dieser Stelle offen lassen. Jedoch ist die Methode, mit der das Problem in vielen Sprachwörterbüchern gelöst wird, für die wissenschaftliche Beschreibung problematisch, weil und wenn sie eine Option für eine bestimmte Sprachvariante voraussetzt. Für den "Großen Duden" z.B. ist der Bezugspunkt die Sprache des erwachsenen gebildeten Sprechers im öffentlichen Bereich, also eine - wenn auch sozial ausgezeichnete - Variante des Deutschen. Markiert werden nur die sprachlichen Mittel, die normalerweise in diesem Kommunikationsbereich nicht vorkommen. Aber natürlich sind sie selbst auch markiert, was sich schnell offenbart, wenn man sie außerhalb ihres normalen "Milieus" gebraucht.
(d) Wenn ich in (a) darauf hingewiesen habe, daß es sich bei dem hier behandelten Typ von Konnotationen nicht um ein Stil$_p$hänomen handelt, so bedeutet das nicht, daß es notwendigerweise ein Problem der Semantik ist. Die Entscheidung in dieser Frage hängt wesentlich davon ab, wie man seine Semantik konzipiert. Das gleiche gilt für die noch grundsätzlichere Frage, ob der Gegenstand überhaupt im Horizont der Linguistik liegt. Eine Linguistik, die als Gegenstand nur das akzeptiert, was einzelsprachspezifisch oder universal ist, wird mit den Konnotationen im Sinne dieses Abschnitts Schwierigkeiten haben. Die Tatsache, daß die Konnotationen nicht innerhalb der gesamten Sprachgemeinschaft gleich sind, sondern mindestens gruppenspezifisch variieren, ist das geringere Problem, weil die Heterogenität natürlicher Sprachen eine universale Tatsache ist und die spezifische Ausprägung der Markiertheit im Sinne Rossipals als einzelsprachspezifisch gelten kann. Versteht man aber die Konnotationen als inhaltlich bestimmbare Bewertungen im

Sinne Bloomfields, so stellt sich das Problem, ob man
sie überhaupt auf eine natürliche Sprache oder eine Variante
einer natürlichen Sprache bzw. deren personale Korrelate,
die Sprachgemeinschaft bzw. die Gruppe der Sprecher einer
Sprachvariante, beziehen kann. Die Einstellungen, die Bloomfield beschreibt, sind Einstellungen gegenüber sozialen
Gruppen, wie sie in der Sozialpsychologie untersucht werden.
Die Sprache spielt nur insofern eine Rolle, als die Gruppe
an ihren sprachlichen Eigenheiten erkannt wird. Bewertet
wird aber die Gruppe und nicht die Sprache. Es sind soziale
und nicht sprachliche Konnotationen, die einerseits bei
Sprechern der gleichen Sprache verschieden, andererseits
bei Sprechern verschiedener Sprachen gleich sein können, was
ihren übereinzelsprachlichen Charakter erweist. Es sind Konnotationen sozialer und nicht sprachlich definierter Gemeinschaften.

b) "Gefühlswerte" als Bedeutungskomponenten

Die Konnotationen, die Ullmann im Anschluß an Bally _intern_
begründet nennt, beschreibt er als "gefühlsmäßige Bedeutungen",
die auf den "Ausdrucksmöglichkeiten des Wortes selbst, und
zwar die des Namens wie die des Sinns" (1976, 92) beruhen
können. In Erdmanns Terminologie ausgedrückt, handelt es
sich nicht um den Nebensinn und um die Gefühlswerte nur
insoweit, als sie nicht extern begründet sind und also mit
der sozialen Geltung der Wörter erklärt werden müssen. Fernerhin sind aus dem Gesamtbereich der intern begründeten
Konnotationen nach der bisherigen Sichtung alle gefühlsmäßigen
Ausdrucksinhalte ausgeschieden, die erst in speziellen Redekontexten aufgebaut werden, und alle, die - wiewohl kontextunabhängig - nur im Sprachbesitz einzelner Sprecher existieren.

---

24 Die Unterscheidung zwischen externen und internen
Konnotationen scheint auch Erdmann nicht entgangen zu
sein. Sie steckt andeutungsweise hinter den Ausdrücken
Stimmungsgehalt und _Gefühlswert_ (im engeren Sinne).
Doch habe ich die Erdmannschen Wortbeispiele daraufhin nicht systematisch untersucht.

Die Gefühlswerte im Sinne dieses Abschnitts müssen also in zu
klärender Weise mit den lexikalischen Wörtern "zu tun haben",
und sie müssen als "soziale" wenn nicht der gesamten Sprachgemeinschaft, so doch mindestens soziologisch definierten
Sprechergruppen zuordenbar sein.

Bevor für sie ein Forschungsprogramm und geeignete Methoden entwickelt werden können, muß man sich vor allem mit
den folgenden kritischen Einwänden auseinandersetzen:

- "Gefühlswerte der beschriebenen Art gibt es nicht. Nach
den bisherigen Ausgrenzungen in Kap. 3.3. bleibt nichts übrig,
was als Gegenstand für die Untersuchung in Frage kommen
könnte." - Umgekehrt formuliert: Alles, was neben der in der
linguistischen Semantik untersuchten begrifflichen/deskriptiven/
denotativen o.ä. Bedeutung an Wörtern sonst noch beobachtbar ist,
ist redekontextbedingt und/oder mehr oder weniger individuell
variabel[25].

- "Die Gefühlswerte gehören nicht zur Sprache, sondern zu
den Sprechern": Mit diesem Argument wird die Existenz sozialer
und kontextunabhängiger Gefühlswerte nicht geleugnet. Es wird
ihnen aber Bedeutungsstatus abgesprochen, und sie werden als
Gegenstand aus der Semantik in eine andere linguistische Disziplin[26] oder auch eine andere wissenschaftliche Disziplin
verwiesen.

- "Bewertet werden nicht die Wörter, sondern die außersprachlichen Sachverhalte, die von den Wörtern bezeichnet werden":

---

25 Beispiele für diese Position sind im Verlauf des
    Artikels zitiert worden.

26 Vgl. z.B. Good (1975, 159): "Werte zu kommunizieren
    gehört ebenso zur Funktion der Sprache wie die Kommunikation begrifflicher Inhalte; in größerem oder kleinerem Maße haftet jedem Wort einer Sprache ein Wert an.
    Jedoch, indem man diese Eigenschaft den Wörtern einer
    Sprache zuschreibt, läuft man Gefahr, einen wichtigen
    Gesichtspunkt zu übersehen, nämlich, daß ein Wert nur
    als Resultat einer Wertung verstanden werden kann, und
    daß man ferner von Wertung nur sinnvoll in bezug auf
    den bewertenden Menschen sprechen kann. So gesehen
    wäre eine Lehre der Wortwerte letztlich ein wichtiges
    Teilgebiet der 'Soziolinguistik'." (159)

Das Argument, die Konnotationen im Sinne von mit den Wörtern vermittelten Gefühlswerten wären nicht Teil der Bedeutung und ihr auch nicht beigefügt, weil die Sprecher sich mit ihnen auf das außersprachlich Bezeichnete bezögen, bzw. das außersprachlich Bezeichnete die Gefühlswerte in den Sprechern hervorriefe, impliziert den Bezug auf die Sprecher, stützt sich aber nicht kritisch auf diese Tatsache, sondern darauf, daß die Gefühle sich auf die Gegenstände richten und deshalb außerhalb des Raums der Sprache anzusiedeln seien.[27]

- "Gefühlswerte sind sozialpsychologische und keine einzelsprachspezifischen Erscheinungen": Dem Argument, die Gefühlswerte seien, wenn nicht individualpsychologische, dann kollektiv- oder sozialpsychologische Erscheinungen, hätten aber nichts mit der Sprache im speziellen Sinne einer natürlichen Einzelsprache zu tun[28], sind wir schon bei der Behandlung der extern begründeten Gefühlswerte begegnet. Dort wurde auch schon die Konsequenz angedeutet, die sich für viele Linguisten aus der Argumentation ergibt: Als nicht-einzelsprachspezifische Erscheinungen liegen sie außerhalb des linguistischen Interesses.

- "Die Unterscheidung von begrifflicher Bedeutung und gefühlsmäßiger Bedeutung o.ä. ist psychologisch unausgewiesen bzw.

---

27 Ich erinnere an Schwarze (1977), der von den Konnotationen sagt, sie seien "Teil des 'Wissens' über die unter die Bedeutung fallenden Referents" (50). Entschieden gefordert und begründet wird die Unterscheidung von "Kenntnis der Wörter und Kenntnis der Sachen", auch in Hinblick auf die Konnotationen, von Coseriu (1970, 14 ff.)

28 Die hier separat aufgelisteten Argumente stehen z.T. miteinander in Zusammenhang und werden auch verbunden vorgebracht. Vgl. z.B. die Verknüpfung von (3) und (4) bei Coseriu (1970) am Beispiel von boeuf: "sie (die Gedanken der Kraft, der Ausdauer usw.; W.D.) werden von dem Objekt 'boeuf' (oder seinem Bild) und nicht von dem Wort boeuf hervorgerufen; es ruft sie in der französischen Sprachgemeinschaft hervor, und nicht auf Französisch. Diese meist traditionellen Gedanken und Meinungen betreffen tatsächlich die Sachen und nicht die Sprache als solche: sie sind eine Form der nichtsprachlichen Kultur im Spiegel der Sprache. Im übrigen fallen ihre Grenzen nur selten mit denen der Sprachgemeinschaften zusammen" (15)

beruht auf einer überholten psychologischen Theorie"[29]: Auch dieses Argument ist in der Literatur verbreitet und trifft zweifellos eine wunde Stelle der Konnotationsforschung. Die einfache Gegenüberstellung von affektiv/emotional/gefühlsmäßig und kognitiv/rational ist in der Tat höchst problematisch, der Ausdruck Gefühlswert trifft zudem nur einen Teilbereich dessen, wovon die Rede ist, und die bisher präsentierten Alternativen sind bestenfalls Verlegenheitslösungen[30] (wie auch meine eigene, die Gefühlswerte/gefühlsmäßigen Bedeutungen mit oder ohne Anführungszeichen durch diesen Artikel zu schleppen).

Ich beschränke mich in diesem Aufsatz darauf, diese Argumente zu benennen, will jedoch - die Auseinandersetzung überspringend - abschließend perspektivisch angeben, welche Konsequenzen sich aus den z.T. begründeten, z.T. nur vordergründig einleuchtenden Einwänden der Kritiker ergeben:
1. Die "Gefühlswerte" können als ein Problem der linguistischen Semantik behandelt werden. Dies ist aber nur inner-

---

[29] Hartung (1970) kennzeichnet sie kritisch als "die in der klassischen Psychologie übliche mechanistische Trennung von Gedanken, Gefühlen und Strebungen", die in der Konnotationsforschung und anderswo (Hartung nennt Trubetzkoy, Bühler und Morris) "auf die Sprache projiziert wird, so daß in in der Sprache entsprechende Funktionen und Mittel zu unterscheiden sind" (65).

[30] Dazu gehören a) der Verzicht auf eine positive Benennung zugunsten der negativen Umschreibung des Gemeinten als "nicht begrifflich"/"nicht kognitiv" (vgl. Ullmann 1967, 90); b) die Dreiteilung in "wertende, emotionale und voluntative Elemente" in der Sprachwirkungsforschung der DDR (z.B. Pfeifer 1974), die gegenüber der globalen Bezeichnung Gefühlswerte gewisse empirisch-praktische Vorteile besitzt, die m.E. notwendige Orientierung am Erkenntnisstand der gegenwärtigen Psychologie jedoch auch nicht leistet; c) die Ersetzung des Gefühls durch einen anderen Oberbegriff, insbesondere durch den Begriff Einstellung/einstellungsbedingte Komponenten o.ä. Der letzte Ausweg ist zumindest solange eine Verlegenheitslösung, als nicht in einer schärferen Bestimmung dieses Begriffs berücksichtigt wird, daß auch die "begriffliche Bedeutung" der Wörter die Wirklichkeit nicht objektiv beschreibt, sondern "standortbedingt" interpretiert.

halb einer Semantik möglich, die einen mentalistischen Bedeutungsbegriff akzeptiert und Bedeutung realpsychologisch als Produkt gemeinsamer lebenspraktischer Erfahrung der Sprecher begreift. In Abwandlung des Buchtitels von H. Bayer (1975) kann man von "Bedeutung als praktisches Bewußtsein" sprechen. Bei Sprachwissenschaftlern wie Bayer oder auch den Vertretern der "Sprachwirkungsforschung" in der DDR, die diese grundlegenden Bestimmungen vornehmen, bekommen die Gefühlswerte, wie unzulänglich die Behandlung im einzelnen auch noch sein mag, fast natürlich ihren Platz in der Semantik[31].

Das "praktische Bewußtsein", die "traditionellen Gedanken und Meinungen", die nach Coseriu (s. Anm. 28 oben) "eine Form der nicht-sprachlichen Kultur im Spiegel der Sprache" sind und "in der französischen Sprachgemeinschaft", nicht "auf Französisch" gelten, sind natürlich nichts "Sprachliches" und schon gar nichts "Einzelsprachliches". Doch ist das kein Grund, sich mit ihnen nicht zu beschäftigen. Es ist eine

---

31 Vgl. z.B. Bayer (1975, 49 f.): "Die Semasiologie (z.B. 'Gefühlswert' bzw. 'reaktive Gefühle und Stimmungen' in K. O. Erdmann's Bedeutungsbegriff) hat schon früh erkannt, daß mit den gegenständlichen Inhalten unseres Bewußtseins stets auch sprachlich fixierte emotionale Einstellungen verbunden sind ...
Die affektiven Invarianten, die solcherart der Sprache immanent sind, lassen sich am besten als das Ergebnis einer <u>emotionalen Verallgemeinerung</u> erklären, d.h. sie beinhalten die von einem bestimmten Objekt wiederholt ausgelösten und in den gesellschaftlichen Prozessen generalisierten und verfestigten situativen Erlebnisse. Diese sozio-kulturell bedingte sprachliche Fixierung emotionaler Beziehungen ist insofern von vitaler Bedeutung, als sie eine Hauptfunktion der Sprache impliziert: die Anregung zum praktischen Handeln. Die begrifflich verallgemeinerte Emotionalität zeigt nämlich an, inwieweit die Gegenstände und Erscheinungen des Wirklichen den Bedürfnissen und Anforderungen der Gesellschaft entsprechen. Sie ist eng mit der gesamten Lebenspraxis verknüpft und signalisiert in dieser Hinsicht Erfolge und Mißerfolge. Da der Mensch sich in seinem Handeln und Verhalten stets von emotionalen Erlebnissen leiten läßt, spielen die sprachlich fixierten affektiven Bezüge zum Wirklichen als Größen der Orientierung und Verhaltenssteuerung eine wesentliche Rolle".

Aufgabe <u>innerhalb</u> der Semantik zu klären, <u>wie</u> sich die
nicht-sprachliche Kultur in der Sprache spiegelt, inwieweit die
gesellschaftlichen Erfahrungsinhalte lexikalisiert werden
(als begriffliche oder affektive gleichermaßen und in ihrem
Zusammenhang), ob sie für die gesamte Sprachgemeinschaft oder
nur für bestimmte Sprechergruppen gelten und inwieweit eine
Sprache als Produkt vergangener gesellschaftlicher Erfahrung
auch die gegenwärtige lebenspraktische Erfahrung mitbeeinflußt.

2. Der psychologische Bedeutungsbegriff verpflichtet dazu,
sich in der Revision der traditionellen Unterscheidung von
begrifflicher und gefühlsmäßiger Bedeutung am Erkenntnisstand
der Psychologie des Bewußtseins zu orientieren. Es wird sich
dabei schnell herausstellen, daß das Problem weitreichender ist,
als einen Alternativbegriff für "Gefühl" zu finden oder den
Bereich des "Gefühlsmäßigen" in verschiedene Teilbereiche zu
gliedern. In der Revision steht die gesamte Unterscheidung
und <u>beide</u> bisherigen Komponenten zur Diskussion. Die Kritiker der Konnotationsforschung, die ihr wie Hartung die
"mechanistische Trennung von Gedanken, Gefühlen und Strebungen"
vorwerfen, übersehen mit konstanter Schieläugigkeit, daß
auch das Konzept der Semantik als Analyse isoliert zu behandelnder begrifflicher Bedeutungen auf dieser mechanistischen
Trennung beruht und außerdem den Konnotationsforscher erst zum
Verwalter einer Rumpelkammer gemacht hat.

5.   Literaturverzeichnis

ALSTON, W. P. (1964): Philosophy of Language. Englewood
      Cliffs, N.J.

BALDINGER, K. (1960): Alphabetisches oder begrifflich gegliedertes Wörterbuch?, in: Zs. f. Roman.
      Philologie 76 (1960), 521-536

BAYER, H. (1975): Sprache als praktisches Bewußtsein. Grundlegung einer dialektischen Sprachwissenschaft.
      Düsseldorf

BERING, D. (1978): Die Intellektuellen. Geschichte eines Schimpfwortes. Stuttgart

BLOOMFIELD, L. (1933): Language. New York

BÜHLER, K. (1978): Sprachtheorie. Neudruck, Frankfurt

BÜNTING, K.-D. (1971): Einführung in die Linguistik. Frankfurt

COSERIU, E. (1970): Einführung in die strukturelle Betrachtung des Wortschatzes. Tübingen

DIECKMANN, W. (^{2}1975): Sprache in der Politik. Heidelberg

ERDMANN, K. O. (1898): Alltägliches und Neues. Gesammelte Essays. Leipzig

ERDMANN, K. O. (^{4}1966): Die Bedeutung des Wortes. Aufsätze aus dem Grenzgebiet der Sprachpsychologie und Logik. Nachdruck der 4. Aufl. Darmstadt

ERDMANN, K. O. (^{8}1979): Die Kunst recht zu behalten. Methoden und Kunstgriffe des Streitens. Frankfurt

FREGE, G. (1962): Sinn und Bedeutung, in: Ders., Funktion, Begriff, Bedeutung. Hg. u. eingel. v. G. Patzig. Göttingen, 38-63

GECKELER, H. (1971): Strukturelle Semantik und Wortfeldtheorie. München

GOOD, C. H. (1975): Die deutsche Sprache und die kommunistische Ideologie. Bern u. Frankfurt

HARTUNG, W. 1970: Marxistische Sprachpragmatik als Hintergrund für die Erklärung stilistischer Phänomene, in: Wiss. Zs. d. Päd. Hochschule Erfurt -Mühlhausen. Gesellsch.- u. sprachwiss. Reihe 7 (1970), H. 2, 63 ff.

HEGER, K. (1971): Monem, Wort und Satz. Tübingen

HERRLITZ, W. (1973): Denotative Bedeutung - konnotative Bedeutung, in: Funk-Kolleg Sprache. Frankfurt Bd. I, 41-43

HEUPEL, C. (1973): Taschenwörterbuch der Linguistik. München

HOPPENKAMPS, H. (1977): Information oder Manipulation? Tübingen

LEISI, E. (^{3}1967): Der Wortinhalt. Seine Struktur im Deutschen und Englischen. Heidelberg

LEWANDOWSKI, Th. (^{2}1976): Linguistisches Wörterbuch. 3 Bde. Heidelberg

LYONS, J. (^{3}1973): Einführung in die moderne Linguistik. München

MARX-NORDIN, S. (1974): Untersuchungen zur Methode und Praxis der Analyse aktueller Wortverwendungen. Tübingen

MILL, J. St. (1862/63): System der deduktiven und induktiven Logik. 2 Bde. Braunschweig

NIDA, E.A. (^{2}1967): Morphology. The Descriptive Analysis of Words. Ann Arbor

OGDEN, C. K. u. J. A. RICHARDS (1946): The Meaning of Meaning. 8. Aufl. New York

OKSAAR, E. (1967): Sprache als Problem und Werkzeug des Juristen, in: Arch. f. Rechts- u. Sozialphilosophie 53 (1967), H. 1, 91-132

PFEIFER, W. (1974): Merkmalsanalyse klassengebundenen Wortschatzes, in: Linguistische Studien. Reihe A. Arbeitsberichte 12. Berlin, 1-24

QUASTHOFF, U. (1973): Soziales Vorurteil und Kommunikation - Eine sprachwissenschaftliche Analyse des Stereotyps. Frankfurt

ROSSIPAL, H. (1973): Konnotationsbereiche, Stiloppositionen und die sogenannten "Sprachen" in der Sprache. Germanistische Linguistik, H. 4/1973

RYLE, G. (1962): The Theory of Meaning. in: The Importance of Language. Hg. v. M. Black. Englewood Cliffs, N. J., 147-169

SCHWARZE, Ch. (^{2}1977): Einführung in die Sprachwissenschaft. Kronberg

SIEBECK, H. (1912): Rez.: K. O. Erdmann, Die Bedeutung des Wortes. 2. Aufl. Leipzig 1910, in: Literaturblatt f. Germ. u. Rom. Philologie 33 (1912), Sp. 193-197

SIMON, J. (1971): Philosophie und linguistische Theorie. Berlin

STEVENSON, Ch. L. (1974): Ethics and Language. New Haven

ULLMANN, St. (1967): Grundzüge der Semantik. Berlin

ULRICH, W. (1972): Linguistische Grundbegriffe. Kiel

POLITISCHE SPRACHE. MASSSTÄBE IHRER BEWERTUNG[+]

1.

Die Kennzeichnung "politische Sprache" eröffnet, je nachdem, wie man die mehrdeutigen Ausdrücke "politisch" und "Sprache" bestimmt, einen unterschiedlich weiten Horizont. Aber welche Varianten des Begriffs des Politischen und des Begriffs Sprache man auch wählt, der resultierende Gegenstandsbereich wäre zu groß und in sich zu verschiedenartig, um insgesamt behandelt werden zu können. Die Debatte im Parlament, die internationale Verhandlung, die Neujahrsrede des Bundespräsidenten, der Text des Grundgesetzes, die Zahlungsaufforderung des Finanzamtes usw. stehen unter jeweils verschiedenen institutionellen und situativen Bedingungen, haben jeweils verschiedene Funktionen im Gesamtbereich politischen Handelns und realisieren jeweils verschiedene Kommunikations- und Sprachformen. Verbunden sind sie über den Begriff des Politischen nur auf einer sehr hohen Ebene der Verallgemeinerung und das, obwohl die erwähnten Sprech- und Schreibprodukte sich gemeinsam einem schon stark eingeschränkten Begriff des Politischen als staatlichen Handelns unterordnen lassen. Der Gegenstandsbereich ist deshalb in der erläuternden Beschreibung im Tagungsprogramm auf "öffentliches politisches sprachliches Handeln" mit einer Betonung mündlicher Kommunikationsformen eingegrenzt worden.

Ein wesentliches Merkmal des öffentlichen politischen Sprechens ist, daß die Bürger oder Teile der Bürgerschaft in

---

[+] Der Text diente als Einführungsreferat für die gleichnamige Tagung der Evangelischen Akademie Loccum vom 9.-11. Nov. 1979 und wurde in den "Loccumer Protokollen" 20/1979, 1-23 einer begrenzten Öffentlichkeit zugänglich gemacht. Der Text wurde für diesen Band geringfügig verändert; einige Bezüge auf Verlauf und Arbeit der Tagung wurden gestrichen, einige Abschnitte wurden ergänzt. Insgesamt blieb der Charakter einer "Einführung in das Tagungsthema" in der Form des Vortrags erhalten.

der kommunikativen Beziehung präsent sind. Dieser Teilbereich politischen Sprechens gehört zur Außenkommunikation im Gegensatz zur politischen Binnenkommunikation, in der die politisch Handelnden in den Institutionen sprechend und schreibend intern kommunizieren, um ihre je spezifischen Aufgaben im Gesamtspektrum politischen Handelns zu erfüllen. Allerdings umfaßt auch politische Außenkommunikation mehr als das, was im Sinne der Tagung öffentlich-politisches Sprechen, Sprache der politischen Auseinandersetzung ist. Begnügt man sich nicht mit der Präsenz des Bürgers in der kommunikativen Beziehung, sondern nimmt die Art dieser Beziehung in Augenschein, dann lassen sich vor allem zwei Bereiche innerhalb der politischen Außenkommunikation vom öffentlich-politischen Sprechen unterscheiden. Es sind zum einen die sprachlichen Akte der Exekutivbehörden, z.B. der Strafbefehl des Polizisten, die Zahlungsaufforderung des Finanzamtes und der Einspruch des Bauamtes, die sich zwar potentiell an jeden Bürger, aber an jeden als einzelnen richten, zum anderen die Erlasse, Verordnungen, Gesetze, die ja - sogar gesetzlich gefordert - "veröffentlicht" werden. In beiden Fällen verfügt die sprechende oder schreibende Person bzw. Institution über eine wie auch immer legitimierte Autorität und setzt den Bürger in die Rolle dessen, der eine Aufforderung (Anordnung, Verfügung, Erlaß, Verordnung, Gesetz) zu befolgen hat. Diese kommunikative Beziehung, charakteristisch für den Gesetzgeber und, jeweils anders legitimiert, für die verordnenden und verfügenden Exekutivbehörden und den urteilssprechenden Richter, unterscheidet sich von der, in die der Bürger in der öffentlich-politischen Auseinandersetzung eintritt. Der Politiker kann dem Bürger nicht befehlen; Funktion des öffentlich-politischen Sprechens ist es vielmehr, beim Adressaten, den Bürgern oder Teilgruppen der Bürger, Zustimmung für politische Ziele, Programme, Maßnahmen zu erlangen - für eine zukünftige Politik, die planend vorgeschlagen oder gefordert wird, oder für eine vollzogene Politik, die nachträglich erklärt, begründet, gerechtfertigt, verteidigt wird. Komprimiert man diese Beschreibung, so kann man sagen: öffentlich-politisches Sprechen ist Sprechen in persuasiver Funktion. Die Formen, in denen dieses Sprechen vollzogen wird - als Rede des Politikers auf einer Wahlversammlung, als Flugblatt der Gewerkschaft oder des Arbeitgeberverbandes vor den Toren eines bestreikten Betriebs, als Parlamentdebatte, als Fernsehinterview eines Parteivorsitzenden, als Pressemitteilung des Verteidigungsministeriums -, sind immer noch sehr verschieden, wie auch die institutionellen und situativen Bedingungen, in die sie eingebettet sind. Doch läßt sich ihnen eine gemeinsame Funktionsbestimmung zuordnen, an der sich die Analyse der verschiedenen Formen und der konkret-einzelnen Kommunikationsereignisse orientieren kann.

Um Mißverständnisse zu vermeiden, möchte ich die Funktionsbestimmung und insbesondere den Ausdruck "persuasiv" erläutern:

(a) Der Ausdruck "persuasiv" ist in diesem Zusammenhang wertneutral verwendet. Ob man das Sprechen des politisch Handelnden im Einzelfall mit Ausdrücken für positiv bewertete Verhaltensweisen wie informieren, erklären, begründen, argumentieren, überzeugen belegt oder mit Ausdrücken für negativ bewertete Verhaltensweisen wie manipulieren, konditionieren, lügen, täuschen, überreden, ist Ergebnis der einzelnen Analyse. Mit der Kennzeichnung eines Sprechens als Sprechen in persuasiver Funktion oder kürzer: als persuasives Sprechen wird nur ausgesagt, daß es die Funktion hat, Zustimmung beim Bürger zu erlangen, nichts darüber, auf welche Art und Weise, mit welchen positiv oder negativ bewerteten Mitteln der politisch Handelnde die Zustimmung zu erlangen sucht.

(b) Die Tatsache, daß ich der Persuasion soeben so verschiedene sprachliche Handlungen wie argumentieren, informieren, erklären etc. untergeordnet habe, zeigt, daß die Zielbestimmung "persuasive Funktion" als Rahmenbestimmung gemeint ist. Es darf also in der Anwendung auf öffentlich-politisches Sprechen nicht ein Gegensatz zwischen Persuasion und z.B. Information konstruiert werden. Es gibt informierendes Sprechen ohne persuasive Zielsetzung - Wissenschaftler nehmen meist in Anspruch, so zu sprechen -, doch gibt es, so

meine ich, keine Persuasion ohne informierende Elemente.
Die Frage, wie stark oder wie schwach die informierende
Komponente ausgeprägt ist, ist wie die Fragen, ob die gegebenen Informationen wahr oder falsch sind, wiederum Sache
der empirischen Analyse.
(c) Sprechen in persuasiver Funktion ist nicht der Politik
eigentümlich. Sie ist auch auf die kommerzielle Werbung,
den gesamten Bereich der "Public Relations" innerhalb und
außerhalb der Politik anwendbar; und auch im alltäglich-
privaten Sprechen kommt Persuasion dauernd vor. Es handelt
sich also um eine allgemeine Funktion des Sprechens. Die
genauere Bestimmung "Zustimmung erlangen für eine zukünftige
oder vollzogene Politik" gilt natürlich nur für die Politik
und muß bereichsspezifisch umformuliert werden.
(d) Die funktionale Bestimmung des öffentlich-politischen
Sprechens als persuasives Sprechen darf auch nicht so verstanden werden, als gäbe es in den ausgegrenzten Bereichen
der politischen Binnenkommunikation, der bürokratischen Anweisungen und der Gesetze kein persuasives Sprechen; doch
ist es in keinem der drei Bereiche dominant oder als Rahmenbestimmung geeignet. Das liegt bei allen Aufforderungstexten
natürlich an der spezifisch strukturierten sozialen Beziehung,
in der sich wegen des Autoritätsgefälles Persuasion sozusagen erübrigt. Wenn der Polizist als "Freund und Helfer" oder
andere Exekutivbehörden im Zeichen einer bürgernahen und
bürgerfreundlichen Verwaltung es sich gelegentlich zur Aufgabe machen, den Bürger persuasiv dazu zu bewegen, den Aufforderungen nachzukommen, dann bezieht diese Persuasion ihre
eigentliche Überzeugungskraft aus der latenten Drohung, bei
Nichtbefolgung zu schärferen Maßnahmen greifen zu müssen.
Die Aufforderung bleibt Aufforderung; die Persuasion zielt
nur auf die Zustimmung des Bürgers, die Aufforderung auch zu
befolgen.

2.

Blickt man zurück auf die bisherige Beschäftigung mit der politischen Sprache, an der Vertreter verschiedener wissenschaftlicher Disziplinen - Sprachwissenschaftler, Politologen, Soziologen, Publizisten, Sozialpsychologen -, darüber hinaus die publizistische Sprachkritik in den öffentlichen Medien, die Didaktik des Deutschunterrichts, nicht zu vergessen auch politische Akademien und andere Institutionen der Erwachsenenbildung beteiligt sind, dann stellt man fest, daß die öffentliche politische Sprache in persuasiver Funktion neben der Sprache der Exekutive, dem "Bürokratendeutsch", schon immer das Hauptinteresse erregt hat. Der Teilbereich politischen Sprechens, der Gegenstand dieser Tagung ist, ist zur Gänze oder in Teilen gemeint, wenn in der Literatur von __politischer Meinungssprache__, __politischer Rhetorik__, __Propagandasprache__, __öffentlicher politischer Diskussion__ o.ä. die Rede ist.

Das besondere Interesse an dieser Sprache ist nicht zufällig, denn die kommunikativ erlangte Zustimmung des Bürgers ist ein wesentliches Merkmal demokratisch verfaßter Gesellschaften. Ich würde es zwar vorziehen, den Anspruch stärker und allgemeiner zu formulieren und statt von "Zustimmung des Bürgers zu ..." von "Beteiligung des Bürgers an" den politischen Willensbildungs- und Entscheidungsprozessen zu sprechen und die im Medium der öffentlich-politischen Diskussion erlangte Zustimmung als eine reduzierte Form dieser Beteiligung aufzufassen. Doch ist klar, daß letztere gerade in repräsentativ organisierten Staatsformen, in denen zumindest die Entscheidungen temporär delegiert werden, einen besonderen Stellenwert gewinnt. Diese Tendenz hat sich im übrigen auch innerhalb der Repräsentativdemokratien zur Gegenwart hin verstärkt, weil die immense Ausweitung der staatlichen Regelungsfunktionen und die Komplexität der Regelungsinstrumente auch im politischen Bereich eine hochgradige arbeitsteilige Spezialisierung mit sich brachten, die andere Möglichkeiten der Beteiligung des Bürgers weiter einschränkte. Inzwischen ist es ja so, daß die Delegierten, also z.B. die Abgeordneten des Bundestages, aber auch die Delegierten auf Partei- oder Gewerkschaftskongressen, die ihnen übertragenen Aufgaben selbst wiederum an Spezialisten und kleinere Gremien delegieren und außerhalb ihres eigenen Spezialgebietes ebenfalls nur zustimmend an den politischen Entscheidungsprozessen beteiligt sind. Da der demokratische Anspruch sich also vor allem in der Zustimmung des Bürgers verwirklicht, ist die Frage , ob denn diese Zustimmung überall dort, wo sie vom Anspruch her gefordert ist, auch eingeholt wird, und die Frage nach der Art und Weise, in der sie eingeholt wird, für die demokratische Legitimation des politischen Handelns in der bundesrepublikanischen Gesellschaft zentral. Da die Zustimmung auf sprachlich-kommunikativen Prozessen beruht, haben diese Fragen auch eine sprachwissenschaftliche und sprachkritische Seite; doch sind die Probleme insgesamt nicht nur und nicht einmal in erster Linie Sprachprobleme, sondern im weiteren Sinne institutionelle,auch bildungspolitische und medienpolitische. Ein der Sprachwissenschaft und der Sprachkritik zugängliches Problem ist es z.B., wenn die Berufspolitiker oder die Medien die Bürger unterhalb ihrer Möglichkeiten ansprechen oder sie sogar "verdummen" oder "manipulieren". Der Verdacht, daß solche Vorwürfe berechtigt sind, zieht sich durch die gesamte Beschäftigung mit der öffentlich-politischen Sprache und gibt ihr potentiell eine kritische Dimension.

Die Analyse politischer Sprache in kritischer Absicht hat sich in der Bundesrepublik nach 1945 und in den fünfziger Jahren zunächst auf die politische Sprache zur Zeit des Faschismus zwischen 1933 und 1945 und die wirklichen oder vermeintlichen Nachwirkungen dieser Sprache, außerdem auf die Sprache in der DDR konzentriert. Diese Gegenstände waren für die Entwicklung einer Theorie der Bewertung politischer Sprache nicht eben günstig. In beiden Fällen betraf die Analyse das Sprechen in politischen Systemen, über deren negative Bewertung unter den Kritikern und in der öffentlichen Meinung ohnehin im wesentlichen Konsens bestand. Daß auch die Sprachanalyse nichts Gutes zutageförderte, schien nur natürlich, setzte niemand in Verwunderung und brachte keinen auf die Barrikaden, da gegen das Resultat der Analyse, die Verurteilung der Sprache des Faschismus und der Sprache in der DDR, kaum jemand etwas einzuwenden hatte. Obwohl die Prinzipien und Bewertungskriterien dieser Sprachkritik genauer besehen fragwürdig waren, wurden sie mangels Kläger nicht wirklich zum Problem. Die Kritiker, die beteiligten Wissenschaftler eingeschlossen, konnten sich bei diesem Thema einen Standard leisten, den sie in anderen Untersuchungszusammenhängen kaum als akzeptabel angesehen hätten.

Das änderte sich um die Mitte der 60er Jahre und resultierte in dem bekannten "Streit über die Sprachkritik" zwischen einigen Sprachwissenschaftlern (v. Polenz, Betz, Kolb) und einigen sprachkritisch engagierten Publizisten, insbesondere Karl Korn und den Verfassern des Wörterbuchs des Unmenschen. Zeugnisse dieses Streits sind leicht zugänglich in den späteren Auflagen des Wörterbuchs des Unmenschen (Sternberger u.a. 1970) als Anhang abgedruckt. Sachlich ging es in diesem Streit vor allem um die Nachwirkungen der "unmenschlichen" Sprache des Faschismus und - stark überlappend - um die "Sprache in der verwalteten Welt". Vergleichbare Auseinandersetzungen gab es etwas später aber auch über die Analyse und Bewertung der politischen Sprache in der DDR (u.a. Dieckmann 1967). Die Sprachwissenschaftler hatten, so meine ich, in ihrer Kritik an den Bewertungspraktiken der Sprachkritiker im Einzelfall meist recht; doch stellten sie der kritisierten Sprachkritik keine bessere entgegen, sondern zogen sich im wesentlichen auf die Deskription zurück. Die Möglichkeit, das Problem der Bewertung politischer Sprache gemeinsam zu lösen und der Sprachkritik ein solideres Fundament zu geben, wurde nicht genutzt. Der Streit wurde eher abgebrochen. Die Sprachkritiker, die eine sprachwissenschaftlich abgestützte Sprachkritik wohl begrüßt hätten, konnten das, was sie aus den Entgegnungen der Sprachwissenschaftler heraushörten - die These, daß es an der Sprache gar nichts zu kritisieren gäbe, und die Zumutung, das kritische Geschäft überhaupt aufzugeben -, nicht akzeptieren. So blieb der

Streit ziemlich folgenlos. Die Sprachwissenschaft hat sich auch nach dem Streit mit dem Problem der Sprachbewertung nicht intensiver befaßt, und die Prinzipien der Sprachkritiker blieben im wesentlichen die gleichen. Ich vermag zumindest in den zahlreichen sprachkritisch motivierten Veröffentlichungen der letzten Jahre keine großen Veränderungen zu entdecken. Auch bei den unmittelbar am Streit Beteiligten hat sich kaum etwas verändert. D. Sternberger (1979) nimmt sich im Leitartikel der Frankfurter Allgemeinen Zeitung vom 15. März 1979 auf der ersten Seite noch einmal das Wort <u>betreuen</u> vor, das im Streit über die Sprachkritik eine prominente Rolle gespielt hat. Analyse, Argumentation und Bewertung des Wortes sind die gleichen und haben die gleichen Mängel wie schon vor 33 Jahren, als das Wort zum ersten Mal in der Zeitschrift "Die Wandlung" sprachkritisch beleuchtet wurde.

Die neuere Sprachkritik unterscheidet sich aber wesentlich hinsichtlich der kritisierten Gegenstände, insofern als sie sich zunehmend der politischen Sprache in der Bundesrepublik selbst zugewendet hat. Dabei handelte es sich in der zweiten Hälfte der 60er Jahre - auf dem Wege zur sozialliberalen Koalition - vor allem um linke Kritik an rechter Sprache, wenn man diese grobe Einteilung des politischen Spektrums in der Bundesrepublik einmal akzeptiert, bis die rechte Seite sozusagen zum großen Gegenschlag ausholte, was unter starker Beteiligung der politisch Handelnden selbst, der Parteien und der ihnen jeweils nahestehenden Intellektuellen, zum "semantischen Krieg" um 1972 führte und zwischen 1972 und 1976 eine Fülle sprachkritischer Veröffentlichungen in den Medien hervorrief (s. dazu Behrens u.a. 1979).

In solchen Auseinandersetzungen zwischen den Parteien und politischen Richtungen innerhalb des Bundesrepublik kann der Kritiker natürlich nicht mit der wohlwollenden Nachsicht des Hörers oder Lesers rechnen; denn die Kritik betrifft ja nicht mehr die gemeinsam verurteilte Vergangenheit des Dritten Reiches oder den gemeinsam ungeliebten Staat jenseits der Elbe, sondern wechselseitig den Gegner innerhalb des politischen Spektrums der Bundesrepublik, ja innerhalb des Spektrums der etablierten Parteien. Die Erwartung, daß diese Situation den Sprachkritiker zur Vorsicht und zu einer solideren Fundierung seiner Kritik anregen würde, wird jedoch enttäuscht. Der "semantische Krieg" war und ist ein Krieg (wenn auch einer mit und um Worte), und das Instrumentarium der Sprachkritik wird oft unter dem Gesichtspunkt der möglichst effektiven Bekämpfung des politischen Gegners ausgewählt und nicht unter dem Gesichtspunkt der analytischen Schärfe und der wissenschaftlichen Begründbarkeit. Wenn es im Tagungsprogramm erläuternd heißt: "Die politische Auseinandersetzung ist, unter anderem, ein Sprachstreit, und dies in doppeltem Sinne: 1. ein Streit mit Hilfe von Sprache, 2. ein Streit um Sprache", dann ist zu beachten, daß der "Streit um Sprache" auch sprachkritisch ausgefochten werden kann und häufig ausgefochten wird; d.h. daß die Sprachkritiker, die beanspruchen, den Sprachstreit in seinem zweifachen Sinne zu analysieren, im Medium der Sprachkritik selbst politisch handeln. Sprachkritik wird dann zum Mittel im Sprachstreit, und zwar ein durchaus effektives, weil der metakommunikativ-reflexive Umgang mit Sprache, der sie definiert, ihr eine wissenschaftliche oder pseudowissenschaftliche Autorität verleiht. Der "semantische Krieg" zwischen 1972 und 1976 und die sprachkritischen Veröffentlichungen nach 1976 sind inzwischen in einigen Sammelbänden relativ gut dokumentiert und z.T. analysiert. Siehe dazu Kaltenbrunner 1975, Fetscher/ Richter 1976, Bergsdorf 1979, Greiffenhagen 1980, Heringer demnächst.

3.

Nun gibt es die Auffassung, daß die Sprachkritik notwendigerweise politisch sei und ihre Bewertungen immer parteiisch oder parteilich, weil das Strittige, das den Bereich des Politischen charakterisiert, unausweichlich auf der Ebene der Sprache _und_ auf der Ebene der Sprachkritik durchschlage. Das mag letztlich so sein; doch gibt es zumindest verschiedene Grade der Politisierung. Und von einem Wissenschaftler, der sich der politischen Sprache in Ausübung seines Berufes zuwendet, muß man wenigstens erwarten, daß er sich in der Bewertung nicht unreflektiert seinen politischen Vorurteilen überläßt. Dasselbe kann auch vom publizistischen Sprachkritiker erwartet werden, wenn er beansprucht oder den Anspruch suggeriert, allgemein geltende Kriterien der Bewertung anzuwenden.

Greift man bei der Suche nach Bewertungskriterien nach sprachkritischen Veröffentlichungen, so ist angesichts der schlechten sprachkritischen Praxis Vorsicht ratsam. Man kann die Autoren nicht unbesehen als Autoritäten nehmen, sondern muß sich mit den Bewertungen und den Bewertungsmustern auseinandersetzen und prüfen, ob und inwieweit die praktizierte Sprachkritik nicht selbst Teil des politisch motivierten Sprachstreits ist. Gleiche Vorsicht ist gegenüber den eigenen, zunächst meist unreflektierten Wertungen angebracht, mit denen man auf bestimmte Sprachgebräuche reagiert. Handelt es sich um ein Sprechen, das man beim politischen Kontrahenten beobachtet und kritisieren zu können glaubt, so wäre ein klärender Test schon die Frage, ob man den zugrundeliegenden Wertmaßstab zu verallgemeinern und gegebenenfalls auch gegen sich selbst oder den politisch Gleichgesinnten zu kehren willens ist.

Die Auseinandersetzung mit einigen sprachkritisch gemeinten Äußerungen im vierten Abschnitt dieses Beitrags verfolgt im Anschluß an das bisher Gesagte die folgenden Ziele:
- Es soll die Behauptung belegt werden, daß Sprachkritik häufig politisch motiviert und selbst Teil des Sprachstreites ist.
- Es soll auf Probleme hingewiesen werden, die bei der Anwendung einiger Bewertungskriterien auftreten, die in der Literatur häufig auftauchen (Funktionalität, Wahrheit, Wahrhaftigkeit, Sprachrichtigkeit).
- Es soll (hoffentlich mit Erfolg) in meiner eigenen Argumentation mit dem Leser sichtbar werden, daß es möglich ist, sich über Kriterien der Bewertung und ihre Anwendung auch bei unterschiedlicher politischer Orientierung zu verstän-

digen; zumindest dann, wenn der Diskurszusammenhang nicht direkt politisches Handeln erzwingt.

4.
Text 1:

"Worte sind dazu da, Dinge zu bezeichnen. Sie sollen sagen, was ist; und sofern ihnen das gelingt, sagen sie die Wahrheit. Wenn aber die Dinge der Auffassung entgleiten - und dazu scheinen sie eine fast unüberwindliche Neigung zu haben -, was geschieht dann wohl mit den Worten? Sie zerfallen und verkümmern nicht etwa - das Interesse an ihnen als Mittel der Seelenlenkung hält sie am Leben. Dies, ihr zweites Leben, ist zwar ihrem Wesen entfremdet: der Bezug zur Wahrheit entfällt. Dafür ermöglicht der Entzug der Wahrheit ein gespenstisches Wiedererwachen der Magie: Die Worte werden furchtbar."
(...)
"Aus dem verzweifelten Willen sollen die der Sprache entfallenen Dinge wiederhergestellt werden durch Worte, die nicht wahr, sondern wirksam sein wollen."
(H. Kuhn, Despotie der Wörter. Wie man mit der Sprache die Freiheit überwältigen kann, in: G. K. Kaltenbrunner (Hg.), Sprache und Herrschaft. München 1975, 11 f.)

In dem Zitat macht Kuhn eine Aussage darüber, wozu Worte da sind, wozu sie verwendet werden dürfen, nämlich "Dinge zu bezeichnen", zu "sagen, was ist", und wozu sie nicht da sind, nämlich: um wirksam sein zu können, die Hörer in ihrem Bewußtsein oder ihrem Handeln zu beeinflussen. Diese Funktionsbestimmung ist mit dem Verweis darauf, daß Sprache faktisch tagtäglich zu sehr vielen Zwecken verwendet wird, die mit Kuhns Funktionsangabe nicht vereinbar sind, nicht korrigierbar. Gerade diese Tatsache ist es ja, die Kuhn sprachkritisch beflügelt und gegen die er die zitierte Funktionsbestimmung ins Feld führt. Würde man diese Bestimmung ernst nehmen und akzeptieren, dann wäre das Bewertungsproblem einfach zu lösen; denn die öffentlich-politische Sprache wäre, insofern als sie mit Recht als Sprechen in persuasiver Funktion gekennzeichnet werden kann, ohne weitere Umschweife insgesamt kritisierbar. Doch halte ich Kuhns Funktionsbestimmung der

Sprache wegen ihrer Konsequenzen für unbrauchbar. Die Möglichkeiten, sich ohne Kritik sprechend auszudrücken, würden nicht nur in der Politik, sondern auch im alltäglichen Umgang arg beschränkt. Schwierig wäre es schon, Äußerungen zu rechtfertigen, mit denen ausgesagt wird, was sein wird, würde, könnte, sollte. Schwieriger noch zu rechtfertigen, daß wir Sprache auch verwenden, um eine Bitte auszusprechen, einen Rat zu erfragen, ein Versprechen zu geben, eine Aufforderung auszusprechen. Genaubesehen ist es schon fraglich, ob die beiden von Kuhn geäußerten Sätze sich mit der in ihnen ausgedrückten Funktionsbestimmung vereinbaren lassen.

Komplementär - als anderes Extrem - ist der Standpunkt Schlüters im folgenden Text.

Text 2:

> "'Reden' im Sinne der Rhetorik bedeutet soviel wie 'überreden'. 'Rhetorisch' ist nur die auf praktische Wirkung, d.h. die auf Auslösung einer Handlung gerichtete Rede ... Der Rhetor ist also entweder Agitator, wo er unmittelbar zur Aktion aufruft, oder aber Propagandist, wo er indoktriniert. In beiden Fällen ist er (Ver)Führer des Volks, 'Demagoge'."
> (H. Schlüter, Grundkurs der Rhetorik. München 1974, S. 22.) - Vgl. auch: "... wir müssen ihnen (den Politikern, W.D.) auf die Finger schauen. Und wir müssen unseren eigenen Standpunkt mit gleicher Kraft verteidigen. Das können wir nur, wenn wir die stilistischen und argumentatorischen Techniken beherrschen. Nur dann können wir auch, wenn jemand faule Tricks benützt, ihm nötigenfalls mit gleicher Münze heimzuzahlen" (S. 12).
> "Im Grund lassen sich die Leute überreden. Jedes Publikum hat die Demagogen, die es verdient." (S. 60)

Der Ausdruck "Rhetorik" bezeichnet bei Schlüter nur die negative Ausprägung persuasiven Sprechens, die auch mit weithin negativ besetzten Ausdrücken - "überreden", "Agitator", "Propagandist", "Demagoge" - beschrieben wird. Doch meint Schlüter die Beschreibung gar nicht kritisch; was besonders in den beiden Zusatzzitaten erkennbar ist. Er vertritt hinsichtlich des Bewertungsproblems eine rein effizienzorientierte Position, die meist und auch bei ihm mit Zynismus gekoppelt ist: Erlaubt ist, was (mir) nützt. Faule Tricks sind zwar ein Übel, aber ein notwendiges und daher nicht kritisierbar. Wie bei Kuhn persuasives Sprechen insgesamt der Kritik verfällt, wird bei Schlüter persuasives Sprechen insgesamt gerechtfertigt.

Schwierig wird es erst für den, der sich mit Augustin für einen wertneutralen Begriff des persuasiven Sprechens entscheidet.

Text 3:

"Es ist wahr, daß die Kunst der Rhetorik dazu
verwendet wird, um ebensowohl Wahrheit wie
Falschheit zu empfehlen. Aber wer möchte zu
sagen wagen, daß die Wahrheit in den Händen
ihrer Vorkämpfer schutzlos bleiben sollte."
(Augustinus, zit. bei Schlüter, S. 13)

Leider, so kann man diese Haltung paraphrasieren, genügt es oft nicht, einfach die Wahrheit zu sagen; man muß sie laut und deutlich, immer wieder und wirksam sagen. "Wahrheit sagen" und "Wirksam reden" sind nicht wie bei Kuhn und Schlüter voneinander getrennt, sondern werden in der Aufforderung verbunden, "die Wahrheit wirksam zu sagen". Der Sprachkritiker, der sich diese Formel als Bewertungskriterium zu eigen macht, hat es schwerer, da, so einfach das Kriterium klingt, seine Anwendung Probleme macht. Wahrheit und Wirksamkeit geraten leicht in Konflikt, und die Frage, wie lange die Orientierung am Hörer unter dem Gesichtspunkt der Wirksamkeit mit der Wahrheit verträglich ist und ab wann die Wirksamkeit auf Kosten der Wahrheit geht, ist schwer und nicht ein für allemal beantwortbar. Unabhängig von diesem Problem bedarf das Wahrheitskriterium aber auch schon für sich einer genaueren Klärung.

Der Ausdruck "Wahrheit" kommt im alltagssprachlichen Sprechen vor allem in zwei Bedeutungen vor. Bei der einen Gebrauchsweise des Wortes wird der Inhalt einer Äußerung, die Aussage, in Beziehung gesetzt zu dem Ausschnitt der Wirklichkeit, über den etwas ausgesagt wird, und es wird darüber entschieden, ob die Aussage zutrifft oder nicht. In diesem Sinne ist die Äußerung "Hunde haben vier Beine" wahr/

zutreffend/richtig, die Äußerung "Im Frühling fallen die
Blätter ab" nicht wahr/nicht zutreffend/falsch.

Wahrheit in diesem Sinne ist als Kriterium zur Beurteilung
von Äußerungen politischer Rede (wie auch des Sprechens außerhalb der Politik) nur begrenzt anwendbar. Die eine Einschränkung folgt schon aus dem, was ich kommentierend zum
Kuhn-Zitat gesagt habe. Das Kriterium ist nur anwendbar auf
eine Minderzahl von Äußerungen, die grammatisch als Aussage-
sätze realisiert sind oder mit denen der Sprecher, auch wenn
sie anders realisiert sind, eine Aussage "über die Dinge" zu
machen beabsichtigt. Bei anderen Äußerungstypen - Vorschlä-
gen, Forderungen, Wünschen, Vorwürfen, Ratschlägen, Aufforderungen, Fragen (die Reihe läßt sich fortsetzen) - läuft
die Frage nach der Wahrheit ins Leere, oder sie bekommt eine
andere Qualität, weil nämlich die zweite Gebrauchsweise des
Wortes "Wahrheit" zugrundeliegt. Wenn jemand auf die Äußerung eines Wunsches, eines Versprechens, einer Frage usw.
entgegnet: "Ist das wahr?", dann stellt er nicht die Übereinstimmung des Geäußerten mit einem Ausschnitt der außersprachlichen Realität in Frage, sondern will wissen, ob ich
wirklich meine, was ich sage, bzw. ob ich die Konsequenzen
zu ziehen bereit bin, die aus meiner Äußerung folgen; d.h.
z.B., ob ich das gegebene Versprechen auch zu erfüllen ge-
denke; ob ich an dem, was ich erfrage, auch wirklich interessiert bin; ob ich wirklich meine, daß mein Rat für den, dem
ich ihn gebe, auch gut ist usw. Kurz: befragt wird nicht die
Wahrheit von Aussagen in Bezug auf die außersprachliche
Wirklichkeit, sondern die Wahrhaftigkeit/Ernsthaftigkeit/
Aufrichtigkeit/Verläßlichkeit des Sprechers. Beides sind
sinnvolle Kriterien zur Bewertung sprachlicher Äußerungen,
aber es sind verschiedene und voneinander unabhängige. Man
kann in voller Aufrichtigkeit Falsches sagen - weil man sich
irrt, es nicht besser weiß -, und man kann unaufrichtig
Wahres im Sinne von Richtigem sagen, obwohl das seltener sein
dürfte.

Die zweite Einschränkung betrifft die Menge der Äußerungen,
auf die die Wahrheitsfrage im Prinzip anwendbar ist und er-

gibt sich aus der fast banalen Erfahrung, daß die Wahrheit
von Aussagen über politische und gesellschaftliche Sachverhalte wesentlich schwieriger festzustellen ist als die Wahrheit der Aussage, Hunde seien vierbeinig. Keine grundsätzlichen Probleme ergeben sich bei Äußerungen wie:
"Das Bruttosozialprodukt ist um X% gestiegen"
"Politiker X hat in der gestrigen Sitzung gesagt, daß..."
Es mag zwar empirisch schwierig sein, über die Wahrheit des
Ausgesagten zu befinden, ja der Versuch kann sogar scheitern;
dennoch bekommt das Problem eine zusätzliche Dimension, wenn
man die folgenden Äußerungen betrachtet:
"Die DDR ist ein totalitärer Staat/eine Diktatur"
"Die DDR ist ein demokratischer Staat"
"Die Bundesrepublik ist ein freiheitlich-demokratisches
Gesellschaftswesen"
"Die Bundesrepublik ist ein Hort des Imperialismus"
"In der CSU gibt es starke faschistoide Tendenzen"
"Eine SPD-Regierung gefährdet die Demokratie".
Man kann getrost alle Äußerungen ergänzen, in denen Ausdrücke
wie "Freiheit", "Demokratie", "liberal", "sozialistisch ",
"totalitär", "Gleichheit" etc. vorkommen, deren Inhalt in
einer bestimmten Gesellschaft oder zwischen verschiedenen
Gesellschaften umstritten ist. Solche Äußerungen können im
Einzelfall manchmal auf der Grundlage des Wahrheitskriteriums, häufiger auf der Grundlage des Aufrichtigkeitskriteriums kritisiert werden; doch muß der Sprachkritiker zunächst einmal das fundamentale und im Bereich des Politisch-Strittigen besonders wichtige Faktum zur Kenntnis nehmen,
daß der gleiche Ausschnitt der Wirklichkeit tatsächlich
verschieden aussieht, wenn man ihn von verschiedenen Seiten
betrachtet. Genaugenommen sieht der oben zitierte Hund zwar
auch von verschiedenen Seiten verschieden aus, doch sieht
man die vier Beine von allen Seiten relativ deutlich, und
außerdem wird sich niemand sträuben, im Konfliktfall seinen
Standort zu wechseln, um die einseitige oder getäuschte
Wahrnehmung zu korrigieren. Genau dies jedoch geschieht in
der Politik faktisch nicht und wäre als Forderung sowohl

illusorisch als auch unberechtigt, weil das Politisch-Strittige zum Teil auch ein Ausfluß unterschiedlicher Interessen ist.

Wenn ich auf die Perspektivität der Erfahrung und Beurteilung der gesellschaftlichen Wirklichkeit hinweise, dann nicht in der Absicht, das Bewertungsproblem durch die relativistische These zu ersetzen, daß eben alle gleich recht und gleich unrecht haben, sondern um den Charakter des Konflikts als einen politischen zu kennzeichnen, der sprachkritisch nicht lösbar ist, in der praktizierten Sprachkritik aber oft irrtümlich oder vorgeblich als Sprachproblem behandelt wird. Die pseudo-sprachkritische Verurteilung des Gegners tritt besonders in zwei Varianten auf: als Vorwurf des Realitätsverlusts bzw. der Ideologisierung der Sprache oder als Bezweiflung der Aufrichtigkeit des Sprechers. Im ersten Fall geht der Kritiker von der Annahme aus, daß es für die Erscheinungen der natürlichen und gesellschaftlichen Wirlichkeit objektiv richtige Bezeichnungen gibt, und beansprucht, selbst den objektiven Standpunkt innezuhaben und die Wirklichkeit so zu sehen und zu versprachlichen, wie sie ist. Von diesen Annahmen her gesehen, wird jede abweichende Erfahrung der Wirklichkeit und werden die entsprechenden Versprachlichungen als von den anderen verschuldete "Ideologisierung" und als "Realitätsverlust" kritisierbar. Ich verweise zurück auf das Zitat von Kuhn, das eine solche Auffassung m.E. impliziert; im übrigen auf das Zitat von Dietz:

Text 4:

> "Das rote Sprachkostüm verhüllt die Wirklichkeit, verfremdet den natürlichen Bezug zur Sache und stört das lebendige kommunikative Element."
> (H. Dietz, Rote Semantik, in: G. K. Kaltenbrunner, Sprache und Herrschaft, Zürich 1975, 29)

Die Aussage setzt beim Urteilenden voraus, daß er an einen solchen "natürlichen Bezug" zwischen Wort und Sache glaubt und außerdem auch mit ihm vertraut ist. Wie sonst könnte er die Verfremdung beim anderen entdecken? Als Hilfsargument wird häufig die - wirklich oder vermeintlich - "traditionelle"

Geltung der fraglichen Begriffe bemüht. - Die zweite Variante setzt die Aufrichtigkeit des Sprechers in Zweifel, was im Gegensatz zur ersten gerade voraussetzt, daß beide die Wirklichkeit gleich erfahren, der andere nur ein Interesse daran hat, sie anders erscheinen zu lassen, als sie ist. Als Beispiel den letzten Satz im folgenden Zitat.

Text 5:

> "Liebe Leserin, lieber Leser!
> Die Extremisten von links und rechts sind die Gegner unserer Freiheit. Unterstützt durch Millionenbeträge aus der DDR haben Kommunisten die Hochschulen als ihr wichtigstes Betätigungsfeld ausgesucht. Immer wieder greifen die DKP-Gruppen, Maoisten und Sozialisten an den Hochschulen unsere Freiheit an. Sie fordern Demokratie - meinen aber Diktatur."
> (Brief d. Bundesvereinigung Freundes- und Fördererkreis e.V. RCDS. Okt. 1979)

Abschließend zu zwei Textabschnitten von W. Betz, weil dieser mit dem Kriterium der Sprachrichtigkeit argumentiert, welches natürlich einem Linguisten besonders naheliegt. An den Zitaten kann darüber hinaus das Zusammenwirken der verschiedenen Bewertungskriterien und auch bei einem Sprachwissenschaftler die politische Wirkungsabsicht deutlich gemacht werden.

Text 6:

> "Ein Zeugnis sprachpolitisch sehr geschickter Wortwahl ist der Terminus 'sozialliberal' in der sozialliberalen Koalition. Zunächst ist dazu sprachlich zu bemerken, daß bei Zusammensetzungen im Deutschen das Grundwort den Grundbegriff, das vorherrschende Größere, und das Bestimmungswort die nähere Bestimmung, das hinzugefügte, unterscheidende Kleinere ... In der Koalition von SPD und FDP ist das Hauptelement die sozialistische Partei - was die SPD ja auch nach dem Godesberger Programm gemäß ihrer eigenen Erklärung noch ist. Die SPD-FDP-Koalition müßte also sprachlich richtiger 'liberal-sozialistisch' heißen. Dies freilich wäre nicht die im Parteisinn wirksamere Bezeichnung. Doch die Opposition müßte sich dieses auch sprachlich richtigeren Ausdrucks bedienen."
> (W. Betz, Verändert die Sprache die Welt? Zürich 1977, S. 21f.)

Die linguistischen Äußerungen zu den Zusammensetzungen im Deutschen sind zweifellos korrekt und erlauben die Bewertung, daß die Umkehrung der Wortglieder sprachlich richtiger wäre, wenn man die Zusammensetzung daran mißt, wie üblicherweise solche Zusammensetzungen gebildet werden. Die Abweichung in diesem Fall ist sicher auch kein Zufall und hat mit der Wirksamkeit zu tun. Die Frage ist, ob im Schritt von "liberalsozial" zu "sozialliberal" der Punkt überschritten ist, an dem die Wirksamkeit mit der Wahrheit oder der Wahrhaftigkeit in Konflikt gerät. Ich möchte die so formulierte Frage an dieser Stelle unbeantwortet lassen, weil die Entscheidung eine relative Gewichtung zweier Werte erfordert, über die vielleicht in der Tat ein Konsens zwischen Vertretern unterschiedlicher politischer Positionen nicht mehr möglich ist. Doch kann man m.E. gegen eine Voraussetzung argumentieren, die Betz zu Beginn macht, nämlich daß es sich bei "sozialliberal" um die Zusammensetzung eines Grund- und eines Bestimmungswortes handele. Kann man die Bildung nicht auch auffassen, und wird sie nicht vielleicht auch aufgefaßt als Aufzählung der Komponenten der Koalition, also als Komprimierung der Kennzeichnung "Koalition von Sozialen und von Liberalen"? In diesem Fall nähmen die Sozialen als größere Partei zu Recht die erste Position ein. Es wäre zu prüfen, ob es Bildungen dieser Art nicht auch sonst im gegenwärtigen Deutsch gibt.

Entschiedener möchte ich mich gegen die Kritik an dem Ausdruck "sozial" zugunsten von "sozialistisch" wenden, solange sie als linguistische Kritik formuliert wird. Zunächst ist festzuhalten, daß das Kriterium Sprachrichtigkeit im gesamten Zitat nur ein Bewertungskriterium erster Stufe ist; die eigentliche Bewertung leistet das Aufrichtigkeitskriterium. Die Verknüpfung kann man sich in folgender Weise vorstellen: Die SPD ist eine sozialistische Partei und müßte - sprachlich richtig - auch so genannt werden. Tut man das nicht und sagt stattdessen "sozial", dann täuscht man den Hörer über den sozialistischen Charakter der Partei. Gegen diese Interpretation läßt sich sagen: Jedermann weiß, daß es verschiedene Sozialismen und verschiedene Gebrauchsweisen der Ausdrücke

"Sozialismus", "sozialistisch" gibt. Die SPD spricht deshalb, um ihre eigene Politik zu bezeichnen, spezifizierend vom "demokratischen Sozialismus" und nennt sich selbst "sozialdemokratische" Partei. Man könnte deshalb m.E. mit mehr Recht sagen, die Koalition sollte - sprachlich richtiger - "liberal-sozialdemokratisch" oder "sozialdemokratisch-liberal" heißen. Will man es so genau wissen wie Betz, müßte man allerdings auch noch "liberal" durch "freidemokratisch" ersetzen. Schließlich gibt es auch außerhalb der FDP viele Leute, die für sich in Anspruch nehmen, liberal zu sein. Das Ergebnis ist dann genau, aber so umständlich-aufwendig, daß in der Folge nicht viel mehr als SFK übrig bleiben dürfte.

Begriffliche und sprachliche Differenzierungen des Sozialismus, und damit komme ich zu Betz zurück, sind natürlich für den, dem Sozialistisches in allen seinen Varianten gleichermaßen greulich ist, unnötig. Er braucht nur den Ausdruck "sozialistisch" und kann damit ununterschieden Marx wie Mao Tse Tung, den Stalinismus, Castro, die DDR und die SPD bezeichnen. Nur tut er das zweifellos nicht mehr als Sprachwissenschaftler, sondern als politischer Bürger. Als solcher hat er aber anderen Bürgern nichts voraus und sollte sich nicht durch Berufung auf Sprachrichtigkeit pseudowissenschaftlich Vorteile verschaffen.

Auch im zweiten Text von Betz spielt, so meine ich, die sprachwissenschaftliche Argumentation die geringere Rolle.

Text 7:

"Eine weitere sprachpolitische Taktik könnte
man als sprachlichen Neutralismus bezeichnen,
weil diese Taktik den objektiven Tatbestand in
seinem Wert oder Unwert - meist in seinen
negativen Zügen - durch Vermeidung sprachlicher
Wertung zu neutralisieren, zu verschleiern sucht...
Das gleiche haben wir bei der Baader-Meinhof-Bande
erlebt, wenn sie im größeren Teil der deutschen
publizistischen Medien Baader-Meinhof-"Gruppe"
genannt wurde oder mit dem Ausdruck des Straf-
gesetzbuches 'kriminelle Vereinigung'. Es ist
dabei etwas anderes, ob ich im juristischen
Kontext den Fachterminus wähle oder ob ich die
alltägliche Umgangssprache spreche, in der es
keinen Zweifel gibt, daß Leute, die sich zu
Bankräubereien, Morden, Überfällen zusammen-

schließen, im Deutschen eine Bande genannt
werden."
(W. Betz, Verändert die Sprache die Welt?
Zürich 1977, 26f.)

Es geht um eine sprachpolitische Taktik, die Betz treffend
"sprachlichen Neutralismus" nennt, wobei ich allerdings
allgemein an die Schwierigkeit erinnere, im Bereich des
Politisch-Strittigen den "objektiven Tatbestand" festzustellen, ohne naiv den jeweils eigenen Standpunkt zum objektiven zu erklären.

Zum speziellen Beispiel: Betz kritisiert den Sprachge-
brauch "im größeren Teil der deutschen publizistischen Medien", in dem Terroristen als "Gruppe" bzw. "kriminelle
Vereinigung" und nicht als "Bande" bezeichnet würden. Die
Bewertung läuft wieder über das Kriterium der Sprachrichtigkeit (solche Leute werden üblicherweise im Deutschen eine
"Bande" genannt), beruft sich zusätzlich darauf, daß diese
Bezeichnung auch die objektiv richtige sei, und resultiert im
Vorwurf der Unaufrichtigkeit (neutralisiert wird, um zu verschleiern). Die Begründungen sind fragwürdig und lassen sich
als sprachwissenschaftliche nicht rechtfertigen. These 1 –
ich gehe von unten nach oben – trifft zu: "Leute, die sich
zu Bankräubereien, Morden, Überfällen zusammenschließen,
werden im Deutschen eine Bande genannt." Man kann solche
Leute auch anders nennen, aber in der Alternative zwischen
"Gruppe" und "Bande" ist "Bande" die angemessene Bezeichnung.
– These 2: Es handelt sich bei den gemeinten Personen um
solche, die sich zu Bankräubereien etc. zusammengeschlossen
haben, und deshalb ist das Wort "Bande" das richtige, ist
problematisch. Zumindest war diese Frage zu dem Zeitpunkt, als
das "Gruppe"/"Bande"-Problem virulent war, strittig. Es ist
daran zu erinnern, daß die Frage, ob sich die Terroristen
zusammengeschlossen haben, <u>um</u> Bankräubereien, Morde und Über-
fälle zu begehen, die Gerichte beschäftigt hat, weil auch die
Anwendbarkeit des Ausdrucks "kriminelle Vereinigung" von der
positiven Beantwortung der Frage abhing. Viel später noch hat
ein holländisches Gericht im Auslieferungsverfahren von
Folkerts gemeint, differenzieren zu müssen. Wenn Betz diese

Zweifel überspringt und über den objektiven Tatbestand befindet, so tut er das nicht als Sprachwissenschaftler. Der Fachmann für Sprache hat keine bessere Handhabe zu beurteilen, ob sich jemand zusammenschließt, um Morde zu begehen oder nicht, als irgendjemand sonst. - These 3: "Die publizistischen Medien sollen sich der alltäglichen Umgangssprache bedienen" - nur mit dieser These läßt sich der Ausdruck "kriminelle Vereinigung" kritisieren - läßt mich ratlos. Dies um so mehr, als die Berichterstattung in den Medien ja zu einem großen Teil Berichterstattung über polizeiliche Ermittlungen und Gerichtsprozesse war; d.h. einen juristischen Kontext hatte. - These 4: "Die publizistischen Medien neutralisierten, um zu verschleiern" läßt sich in dieser Allgemeinheit nicht halten, da es verschiedene Gründe dafür geben kann, neutralisierende Ausdrücke zu verwenden. Ich habe den Wortgebrauch im Berliner "Tagesspiegel" genauer nachgeprüft und glaube, daß die Ergebnisse zumindest für den Teil der Medien, der sich selbst dezidiert als liberal und überparteilich versteht, verallgemeinerbar sind. Die Tendenz zu neutralisierenden Ausdrücken ist ausgeprägt - das gilt über den Bereich Terrorismus hinaus für alle Sachverhalte, über die es innerhalb der Bundesrepublik Meinungsunterschiede gibt -, die Absicht ist aber zweifellos nicht Verschleierung, sondern die penible Sorgfalt, nicht in "schwebende Verfahren" einzugreifen. Das läßt sich gut daran belegen, daß der "Tagesspiegel" Terroristen, solange sie noch nicht gefangen waren, nicht selten unvorsichtigerweise "Terroristen" nannte. Nach der Gefangennahme wurden sie aber - im Sinne sprachlicher Neutralisierung - bis zum Abschluß des Prozesses mindestens zu "mutmaßlichen Terroristen" oder Terroristen mit Anführungszeichen befördert.

Ich habe die sprachkritischen Äußerungen von Betz etwas ausführlicher kommentiert und kritisiert, weil ich eine Sprachkritik, die fünf eine grade Zahl sein läßt, besonders schädlich finde, wenn sie von einem Sprachwissenschaftler betrieben wird. Bei den anderen Texten lag mir nicht in erster Linie daran, die Autoren zu kritisieren, sondern anhand der Zitate auf Probleme aufmerksam zu machen, vor denen jeder steht, der politisches Sprechen nicht nur analysieren, sondern auch kritisch beurteilen will.

Literatur

Behrens, M., W. Dieckmann, E. Kehl: Politik als Sprachkampf. Zur konservativen Sprachkritik und Sprachpolitik seit 1972, in: LAB Berlin (West), FB 16/FU Berlin, 13/1979, 61-141. (Auch in: Heringer, demnächst)

Bergsdorf, W. (Hg.): Wörter als Waffen: Sprache als Mittel der Politik. Bonn 1979

Dieckmann, W.: Kritische Bemerkungen zum sprachlichen Ost-West-Problem, in: Zeitschrift für deutsche Sprache 23 (1967), 136-165

Fetscher, I. u. H.E. Richter (Hg.): Worte machen keine Politik. Beiträge zu einem Kampf um politische Begriffe. Reinbek 1976

Greiffenhagen, M. (Hg.): Kampf um Wörter? Politische Begriffe im Meinungsstreit. Bonn 1980, München 1980

Heringer, H.J. (Hg.): Holzfeuer im hölzernen Ofen. Aufsätze zur politischen Sprachkritik. Tübingen (demnächst)

Kaltenbrunner, G. K. (Hg.): Sprache und Herrschaft. Die umfunktionierten Wörter. München 1975

Sternberger, D.: Die Sprache der Verplanung, in: Frankfurter Allgemeine Zeitung v. 15.3.1979

Sternberger/Storz/Süskind: Aus dem Wörterbuch des Unmenschen. Mit Zeugnissen des Streites über die Sprachkritik. München 1970

DISKUSSION UND DEMOKRATIE - ZUM DISKUSSIONSBEGRIFF IN DER SCHULISCHEN GESPRÄCHSERZIEHUNG[+]

Die Diskussion als Art des Unterrichtsgesprächs und Lernziel galt nicht immer als erstrebenswertes Ziel der Deutschdidaktik. Die 50er und frühen 60er Jahre standen ganz im Zeichen des Gesprächs, zumal des echten, tiefen, wesentlichen, und noch in der 7. Auflage der "Methodik" von Erika Essen taucht Diskussion nur als Abart des Gesprächs auf, von dem der Schüler tunlichst fernzuhalten ist[1]. Inzwischen jedoch besteht Konsens darüber, daß Diskussion zu üben und daß Gesprächserziehung eine eminent politische und demokratische Aufgabe sei, wobei die Diskussion in der Schule zugleich beansprucht, im Kleinen abzubilden, was in der großen Politik der Bundesrepublik geschieht. Diskussion gilt als Modell demokratischen Verhaltens, als "Demokratie im Kleinen",

---

[+] Der **Aufsatz** erschien, fotomechanisch vervielfältigt, in den LAB Berlin (West) 8/1977, 57-114. - Ein Teil, im wesentlichen die Abschnitte 1-3, wurde in der Festschrift für H.-M. Heinrichs veröffentlicht: "Sprache in Gegenwart und Geschichte". Hg. v. D. Hartmann u.a., Köln: Böhlau 1978, 236-245.

[1] Für den Gesprächskult der menschlichen Begegnung sei stellvertretend auf A. Goes (Von Mensch zu Mensch. Frankfurt 1953) hingewiesen. Seine Charakterisierung des Gesprächs (S. 32) zieht sich als Zitat wie ein roter Faden bis in die jüngste Zeit durch die Veröffentlichungen zur Gesprächserziehung. Einen Eindruck vermittelt auch das folgende Zitat von Ch. Winkler (Über das Gespräch. In: DU 3, 1951, H. 4/5, S. 37): "In dem Maße aber, als die Partner dem Willen, den anderen zu überzeugen, entsagen und sich ihm in neuer Gemeinschaft verbinden, im selben Maße zerbricht die Beschränkung ihrer Individualität, und ihr Sinnen findet Wege, ihr Mund Worte, die ihnen früher unerreichlich blieben. Das ist die Höhe des Gesprächs, die heute so selten geworden ist und die Goethe erquickender nennt als das Licht." - Bei E. Essen (Methodik des Deutschunterrichts. 7. Aufl. Heidelberg 1968, bes. 280-283) ist die negative Besetzung des Diskussionsbegriffs dagegen eher in der Sorge begründet, die Sache und die Sachlichkeit könne in der Diskussion Schaden nehmen.

"politische Kleinarbeit im Alltag", "Spielform demokratischen Lebens", "Werkzeug der Demokratie". Um die Einlösung dieses Anspruchs überprüfen zu können, ist zu klären, was eine Diskussion im Sinne der Gesprächserziehung ist, und wie sie geübt wird. Auf die erste Frage gibt die Literatur keine einheitliche Antwort, wie überhaupt die gesamte Gesprächstypologie ein terminologisches Chaos ist[2]. Aus einiger Entfernung betrachtet, wird aber doch ein Grundmuster erkennbar, das sich ungefähr folgendermaßen darstellen läßt[3]: Es sind zu unterscheiden - jeweils mit weiteren Untertypen und wechselnden Bezeichnungen: Plauderei/Unterhaltung, Gespräch (im engeren Sinne), Dis-

---

[2] Einen ersten Eindruck vermittel H. Behme, Das Gespräch und seine Formen - unter sprechwissenschaftlichem Aspekt. In: Muttersprache 84. 1974, 291-299. Meine eigene Durchsicht eines Teils der Literatur förderte 79 verschiedene Bezeichnungen für Gesprächsformen zutage.

[3] Da ich die einzelnen Veröffentlichungen im folgenden nur ausnahmsweise nenne, sei an dieser Stelle gesammelt die Literatur genannt, auf der meine verallgemeinernden Aussagen im ersten Teil des Beitrags beruhen: H. Helmers, Didaktik der deutschen Sprache. 5. Aufl. Stuttgart 1970; R. Ulshöfer, Methodik des Deutschunterrichts. Bd. 1 (5. Aufl. 1971), Bd. 2 (8. Aufl. 1970), Bd. 3 (7. Aufl. 1971, 8. Aufl. 1974); L. Rössner, Gespräch, Diskussion und Debatte im Unterricht der Grund- und Hauptschule. 2. Aufl. Frankfurt 1971; M. Kelber, Fibel der Gesprächsführung. 10. Aufl. Opladen 1972; W.-D. Jägel, Sprachliche Mitteilungsformen im Alltag. Paderborn 1972; U. Wernicke, Sprachwissen. Lehr- und Arbeitsbuch Deutsch. Sekundarstufe II. 4. Aufl. Hamburg 1973; H. Geißner, Rhetorik und politische Bildung. Saarbrücken 1973 (= Dokumente und Schriften der Europ. Akademie Otzenhausen e.V., 18); Ders. (Hg.), Rhetorik. München 1973 (= bsv Studienmaterial); Bremer Kollektiv, Grundriß einer Didaktik und Methodik des Deutschunterrichts in der Sekundarstufe I und II. Stuttgart 1974; Der Deutschunterricht 27. 1975, H.2: Logik, Rhetorik, Argumentationstheorie I (mit Beiträgen von Th. Pelster, R. Ulshöfer, J. Kopperschmidt, A. Veraart, G. Fritz, F. Hundsnurscher, W. Vollmar. - Zusätzlich habe ich in Auswahl die Rahmenpläne für den Deutschunterricht, einschlägige Kursprogramme der reformierten Oberstufe und eine Reihe unveröffentlichter Ausarbeitungen von Unterrichtseinheiten zur Übung von Gespräch/Diskussion/Debatte/Argumentation eingesehen.

kussion und Debatte. Jenseits der Debatte sind Entartungsformen des Gesprächs anzusiedeln wie Kampfgespräch, Gezänk und die negativ bewertete Agitation. Plauderei/Unterhaltung und z.T. das freie Gespräch werden oft als nicht-formalisierbare und deshalb nicht-lehrbare Personengespräche ausgeschieden oder treten in den Hintergrund. Es bleibt der Abschnitt auf der Gesprächsskala zwischen Gespräch und Debatte, in der Regel noch reduziert auf eine Zweiteilung mit den Varianten Diskussion/Klärungsgespräch/Meinungsaustausch/Rundgespräch - Debatte/Streitgespräch. Das Bild kompliziert sich nur noch durch eine zweite Unterscheidung zwischen Gesprächstypen im engeren Sinne und Organisationsformen, in denen jene verlaufen können. Das Wort Diskussion nun dient dem einen zur Bezeichnung des gesamten so gewonnenen Abschnitts auf der Gesprächsskala (Debatte ist dann ein Untertyp), dem anderen zur Bezeichnung eines Teilabschnitts (Debatte ist dann als eigener Gesprächstyp nebengeordnet). Diskussion kann ferner auch die Organisationsform eines dann anders benannten Gesprächstyps bezeichnen. Entsprechendes gilt für Debatte. Ich lasse diese Differenzen auf sich beruhen und halte mich daran, daß sich in Diskussion und Debatte, die terminologischen Varianten mitgedacht, die Demokratie entfalten soll. Und offenbar auch nur in diesen; denn andere manifest dialogische Problemlösungsverfahren[4],

---

[4] Wenn ich hier und im folgenden von Diskussion als einem Problemlösungsverfahren oder auch verkürzt als einem kommunikativen Verfahren spreche, so nicht im Sinne eines definierten Begriffes, sondern eher als Andeutung der Richtung, in der eine Theorie der Texttypen entwickelt werden sollte. Das Wort Verfahren deutet ein prozeßhaftes Verständnis an, wobei ich in Kauf nehme, daß es wieder etwas Formales, Technisches, Instrumentelles anklingen läßt, was an der Gesprächserziehung ja gerade kritisiert wird. Das zu Kritisierende scheint mir aber weniger die Auffassung, daß Diskussion, Verhandlung, Interview usw. Mittel sind, sondern daß die Zwecke aus dem Blickfeld geraten sind und sich die Verfahrensregeln in einem sehr engen Sinne verselbständigt haben. Der Bezug auf die Zwecke wird angedeutet durch den Begriff der Problemlösung, wobei davon auszugehen ist, daß die verschiedenen Verfahren spezifischen Problemsituationen zuzu-

z.B. die Verhandlung, existieren in der Gesprächserziehung
nicht, oder sie werden, wie die Agitation, ausdrücklich als
undemokratische abgewiesen[5].

Da die Gesprächstypen schon hinsichtlich ihres Grades an
Formalisierbarkeit ausgewählt und unterschieden werden,
überrascht es nicht, daß sie auch primär in ihren Formen,
nämlich als Gesprächs-, Diskussions- und Debattentechnik geübt werden. Ein Kapitel über Diskussion und Debatte oder
eine Unterrichtseinheit dieses Themas beginnt meist mit
einer kurzen Beschreibung von Unterschieden: In der Diskussion kommen Partner zusammen, die ihre Meinungen austauschen
oder gemeinsam einen Sachverhalt klären; ein Konsens ist
nicht erforderlich; die Leitung hat ein Diskussionsleiter.
In der Debatte treffen Gegner aufeinander, die kontroverse
Meinungen vertreten; sie ist noch strenger geregelt; die
Leitung hat ein Vorsitzender; zum Schluß wird abgestimmt.
Dann folgen die "Spielregeln", die die Beteiligten einzuhalten
haben, und die Aufgaben für den Diskussionsleiter bzw. den

Forts. 4

    ordnen sind. Die Verfahren sind folglich nicht über ihre
strukturellen Merkmale, sondern funktional zu unterscheiden. Die Problemsituationen selbst sind wie auch die
Lösungsverfahren historisch-gesellschaftlich geprägt.
Auch wenn ich verkürzt von (kommunikativen) Verfahren
spreche, sind gesellschaftliche Problemlösungsverfahren
gemeint. Die Vagheit des Begriffs ist natürlich mißlich,
doch hat sie gegenüber einer forschen Definition auch
Vorteile: Sie vertuscht nicht, daß über die verhandelte
Sache in Wirklichkeit noch nicht viel bekannt ist.

[5] Th. Pelster z.B. (Argumentation - Rückführung auf die
Bedingtheiten als Einführung in den Problemkreis. In:
DU 27, 1975, H. 2, 5-25) kennt neben der "Diskussion als
Möglichkeit humaner Konfliktlösung" nur noch Kampf,
Gewalt und Betrug. (S. das Schema auf S. 19) - Auch
bei Geißner gibt es, abgesehen von den nicht formalisier-
baren Personengesprächen nur das Klärungsgespräch ("gemeinsam Lösungen suchen") und das Streitgespräch ("argumentieren" und "entscheiden"). Der Rest ist Kampfgespräch,
in dem Feinde agitieren und ohne Sinn und Verstand ihre
vorgefaßte Meinung zu behaupten suchen.

Vorsitzenden und schließlich die Übungen in den Organisationsformen (Stegreifdiskussion, Rundgespräch, Podiumsdiskussion, amerikanische Debatte, englische Debatte, Methode 66 u.a.m.)[7]. Eine schwerpunktmäßige Verschiebung der letzten beiden Jahre besteht darin, daß auf der Grundlage neuerer Entwicklungen in Logik, Rhetorik und Argumentationstheorie zunehmend größeres Gewicht auf die Kunst des (richtigen) Argumentierens gelegt wird[8].

Zwar enthalten die Eingangsdefinitionen in der Regel eine Zielbestimmung und damit ansatzweise auch eine funktionale Charakterisierung; diese bleibt aber selbst wieder so oberflächlich (Meinung des anderen kennenlernen, Klärung eines Sachverhalts, Entscheidungsfindung durch Abstimmung), daß sie an dem Grundcharakter dieser Gesprächstypologie als einer Unterscheidung verschiedener Gesprächstechniken, die als irgendwie Vorhandene vorausgesetzt werden und in einem

---

[6] Neben dem Merkmal zunehmend strenger Regelung gibt es noch einige andere, die der Skalierung der Gespräche von Plauderei bis Debatte zugrundegelegt werden: privat-öffentlich, unverbindlich-verbindlich, Freund-Partner-Gegner, Austausch von Meinungen-Konsensbildung-Entscheidungsfindung. Sie stehen jedoch unvermittelt nebeneinander, ohne in ihrer Beziehung untereinander und zu den "Regeln" betrachtet zu werden.

[7] Getreu dem allgemeinen Grundsatz: "Erziehung ist zuerst Anleitung zum rechten Gebrauch von Spielregeln" (Methodik, Bd. 1, 5. Aufl., S. 29; sinngemäß an vielen Stellen wiederholt), werden die jeweiligen Spielregeln bei Ulshöfer gleich zu Beginn "gemeinsam festgesetzt, als Vertrag vereinbart und streng eingehalten" (S. 29). Wie der Lehrer die Schüler dazu bringt, "gemeinsam" festzusetzen, was schon in Ulshöfers Methodik aufgeführt ist, ist seinem pädagogischen Geschick überlassen.

[8] Vgl. dazu die Beiträge im "Deutschunterricht" (H. 2, 1975). Die Anregungen kommen zum einen aus der "linguistischen Pragmatik", zum anderen aus der Hermeneutik-Diskussion (Gadamer, Habermas, Apel). Eine wichtige Vermittlungsfunktion haben die Veröffentlichungen Geißners (s. Anm. 3) und J. Kopperschmidts (s. bes.: Allgemeine Rhetorik. Einführung in die Theorie der persuasiven Kommunikation. Stuttgart 1973).

sehr weitgesteckten Rahmen beliebig anwendbar und auswechselbar sind, nichts ändert.

So bleiben auch die wesentlichen Fragen unbeantwortet bzw. geraten gar nicht ins Blickfeld:

- Wann kann man sich damit begnügen, Meinungen auszutauschen, und wann ist es notwendig, einen Sachverhalt zu klären oder gar eine Entscheidung zu fällen? (Wozu tauscht man Meinungen aus oder klärt einen Sachverhalt, wenn nicht, um früher oder später etwas entscheiden zu können?[9] Wie kommt es, daß in der Tat in vielen raum-zeitlich abgegrenzten Diskussionsereignissen, u.a. gerade in der Schule, Meinungsaustausch und Sachverhaltsklärung zumindest Selbstzweck zu sein scheinen? Wie kommt es, daß - folgt man der Gesprächserziehung - Freunde immer Sachverhalte klären und offenbar nur Gegner etwas zu entscheiden haben? Warum braucht man zur Klärung einen Diskussionsleiter, zur Entscheidung aber einen Vorsitzenden?)

- Warum organisiert man ein Streitgespräch einmal "amerikanisch", einmal "englisch" und warum einmal nach der Form der Gerichtsverhandlung und einmal nach der Parlamentsdebatte? (Wenn das Ziel des Streitgesprächs die Überzeugung

---

[9] Indem die Gesprächsdidaktik "Meinungsaustausch", "Klärungsgespräch" und "Entscheidungsfindung im Streitgespräch" nicht als Phasen eines eventuell unterbrochenen Gesprächsablaufs deutet, sondern als Gesprächstypen, verlieren die ersten beiden jeden Bezug zum Handeln. Darin spiegelt sich die Realität des Unterrichts, in dem ja in der Tat nicht viel zu entscheiden ist. Der Anspruch, demokratisches Verhalten zu üben, wird deshalb meist auch in erster Linie mit der Debatte (Streitgespräch) verknüpft. (Vgl. Ulshöfer, Methodik, Bd. 3, Neufassung 1974, S. 68: "Die Tatsache der Abstimmung zum Schluß bestätigt das Streitgespräch als politische Form öffentlicher Meinungsbildung"). Rössner (s. Anm. 3) allerdings, der die Relevanz der Debatte im Unterricht gerade deshalb geringer einschätzt, weil es in der Schule in Wirklichkeit nicht viel zu entscheiden gibt, macht aus der Not der Gesprächserziehung eine demokratische Tugend: "Die 'Diskussion' fordert nicht zu Handlungen heraus, in ihr kann sich demokratisches Leben voll entfalten" (S. 61).

des Gegners mittels rationaler Argumentation ist und zugleich die Parlamentsdebatte als Vorbild der schulischen Übung gilt, wie ist es zu erklären, daß in Parlamentsdebatten offensichtlich so gut wie nie ein Abgeordneter seine Meinung ändert?)
- Kann man alle Themen und Probleme diskutieren bzw. debattieren? (Gibt es keine Einschränkungen hinsichtlich der Problemstruktur des Sachverhalts, zumal als Modus des Sprechens im Gesamtspektrum der berücksichtigten Gesprächstypen die rationale Argumentation gefordert wird?[10])
- Kann man mit jedem diskutieren/debattieren? (Wenn ja, wozu gibt es überhaupt Verhandlungen, die ja offensichtlich etwas anderes sind, und hat man die Agitation wirklich erledigt, wenn man sie als Perversion der Diskussion erklärt?)
- Ist es gleichgültig, in welchem institutionellen Rahmen das Gespräch stattfindet? (Was ist eine Zielbestimmung wert, die auf eine Fernsehdiskussion, eine Diskussion im Unterricht und eine Besprechung am Arbeitsplatz gleicherweise anwendbar ist?[11])

---

[10] In diesem Punkt ist schon das common-sense-Verständnis von Diskussion weiter als die Gesprächsdidaktik. Allerdings zeichnet sich auch in der letzteren gegenwärtig unter dem Einfluß von Rhetorik und Argumentationstheorie eine Veränderung ab, die zu gewährleisten verspricht, daß der Schüler auch lernt, welche Probleme sinnvollerweise diskutiert werden können und welche nicht. (Vgl. dazu die Beiträge von Pelster und Kopperschmidt in: Deutschunterricht 1975, H. 2)

[11] Im ersten Fall wird eine kommunikative Beziehung zwischen einem Senderkollektiv, das vordergründig aus den Diskutierenden und dem Moderator besteht, und dem Publikum etabliert. Das Ziel ist die Information und Meinungsbildung des Publikums im Rahmen des gesellschaftlichen Auftrags der Rundfunk- und Fernsehanstalten. (Ich sehe einmal davon ab, daß die Diskussion in Wirklichkeit vielleicht nur der öffentlichen Selbstdarstellung der Gruppen dient, die die Diskussionsteilnehmer vertreten.) Die Situation unterscheidet sich qualitativ sowohl von der Diskussion der Schüler im Unterricht als auch von der Situation, in der zwei oder mehrere Personen sich aus bestimmten Notwendigkeiten eines Arbeitszusammenhangs heraus zusammensetzen, um ein aufgetretenes Problem zu diskutieren und ihr Handeln zu koordinieren.

- Was ist an alledem so demokratisch? Ist das Befolgen von Spielregeln als solches demokratisch, ohne daß man nach dem Inhalt der Regeln und der Art ihres Zustandekommen fragen müßte?
- Genügt es, ein bestimmtes kommunikatives Verhaltens <u>während</u> der Diskussion oder der Debatte einzuhalten, oder ist nicht vielmehr auch zu beachten, was die Teilnehmer nach der Diskussion tun und was mit den Ergebnissen des Gesprächs geschieht?

Die Fragen sind nicht beantwortbar, weil die Gesprächserziehung die Gesprächstypen von vornherein auf einer Ebene behandelt, auf der solche Fragen sich kaum stellen. Es werden Verfahrensregeln unterschieden, die, wie vom Himmel in die Hand des Lehrers gefallen, den Schülern zu Übungszwecken präsentiert werden.

Zaghafte Versuche, die Gesprächserziehung "fortschrittlich" zu reformieren, bleiben den von ihnen bekämpften Konzeptionen oft eng verhaftet, wenn sie z.B. diskutieren nur durch agitieren ersetzen. H.J. Grünwaldt, der für das Kapitel "Kommunikative Übungen (Sprachgebrauch)" in der Didaktik des Bremer Kollektivs verantwortlich ist, räumt dem Agitieren (neben dem Informieren, Kontaktieren und Fragen) den ersten Platz ein und bestimmt das Diskutieren als Organisationsform, in der man agitiert. Diskutieren üben kann dann wieder nur heißen, Diskussionstechniken zu erwerben, diesmal um sie zur Verwirklichung der eigenen agitatorischen Intentionen nutzen zu können und den anderen "dazu zu bewegen, in bestimmter Weise zu handeln oder sich zu verhalten oder etwas Bestimmtes für richtig oder schön oder jemand für nett zu halten."[12] Schlimmer noch aber scheint mir, daß der Wert,

---

[12] Grundriß einer Didaktik. S. 40f. Auch die Hessischen Rahmenrichtlinien von 1972 kommen z.T. über die bloße Umkehrung nicht hinaus. Man ändert aber nicht viel, wenn man statt Wahrheitsfindung Interessenvertretung, statt Einübung rationaler Argumentation Einsatz affektbestimmten Sprechens sagt. Affekte sind nicht von vornherein besser als die Ratio und Interessen nicht unter allen Umständen wichtiger als die Wahrheit.

agitatorisch seine Interessen zu vertreten, nun genauso unspezifiziert vorausgesetzt wird wie anderswo der Wert, argumentativ zum Zwecke der Wahrheitsfindung oder des Meinungsaustausches zu diskutieren. Die Entleerung der Begriffe wird bei Gründwaldt auf die Spitze getrieben, denn die Idee, die Diskussion als formale Technik nun auch noch der Agitation überzustülpeln, zeugt einmal von einer völligen Mißachtung der geschichtlichen Entwicklung der Begriffe, zum anderen versperrt sie die Einsicht, daß die Diskussionsregeln möglicherweise etwas mit einer bestimmt gearteten Problemsituation zu tun haben, die sich unterscheidet von derjenigen, für die Agitation als kommunikatives Problemlösungsverfahren sich entwickelt hat.

II

Nun ist die Beobachtung, daß die Gesprächserziehung sich formalistisch in der Einübung instrumenteller Fertigkeiten erschöpft, nicht gerade erstaunlich, denn die gleiche Tendenz ist in der kritischen Analyse der "Linguistisierung des Deutschunterrichts", neuerdings auch in der Rhetorik-Diskussion, für den gesamten Deutschunterricht[13] und darüber hinaus verschiedentlich als Grundzug der gesamten Bildungsreform festgestellt worden. So sieht das Redaktionskollektiv der Zeitschrift "Alternative" "die Abwendung von den traditionellen Stoffplänen und die Orientierung des Lernens auf Einübungs- bzw. Anwendungsmuster gesellschaftlich funktionalen Verhaltens" als Hauptmerkmal der neuen Curricula-Konzeptionen an[14]. Der Artikel deutet auch den engen Zusammenhang an, der

---

[13] Zur "Linguistisierung" siehe z.B. U. Maas, Argumente für die Emanzipation von Sprachstudium und Sprachunterricht. Frankfurt 1974. Zur "Rhetorik in der Schule" die Einleitung des Herausgebers J. Dyck zu dem gleichnamigen Sammelband (Kronberg/Ts. 1974, 7-31).

[14] Staatliche Bildungspolitik im Zugzwang - oder Von der Notwendigkeit, Lernprozesse (administrativ) zu politisieren. In: Alternative 18, 1975, 106-117; Zitat S. 108

zwischen der Einübung formaler Techniken einerseits und dem Eindringen von Theorien gesellschaftlicher Konflikte andererseits besteht; denn seitdem die Existenz gesellschaftlicher Konflikte nicht mehr tabuisiert werden soll und es auch nicht mehr ausreicht zu lernen, solche Konflikte zu ertragen, seitdem die Schüler vielmehr im Interesse einer flexiblen Anpassung an die sich ändernden gesellschaftlichen Anforderungen lernen sollen, aktiv Strategien zur Konfliktlösung zu entwickeln, wird es umso notwendiger, die Schüler auf bestimmte Verfahren zu verpflichten: "Die 'Konfliktbefähigung des Individuums' soll nicht schlechthin, sondern in bestimmter Form erlernt werden... Die zu erlernenden Konfliktlösungsstrategien sollen bestimmte andere Strategien ausschließen: Plebizitäre politische Atkionen und solche, die den Klassenantagonismus deutlich machen könnten" (106f.). "Bestehendes" kann - im Rahmen der freiheitlich-demokratischen Grundordnung, die in der Schule noch etwas enger ist als anderswo - in Frage gestellt werden, aber unter Wahrung bestimmter Modalitäten. Da die Modalitäten und - übersetzt in die Gesprächserziehung - die kommunikativen Spielregeln selbst als wesentlicher Bestandteil dieser Grundordnung gelten, kann es nicht überraschen, daß sich das Demokratische im Deutschunterricht zu eben jenen Spielregeln verflüchtigt, und ist es nur konsequent, daß sie selbst strikt vorausgesetzt werden und der Diskussion entzogen bleiben.

Dennoch will mir scheinen, daß die Analyse der Zeitschrift auf die gegenwärtigen Konzepte der Gesprächserziehung nur mit Vorbehalten anwendbar ist; denn unter dem Gesichtspunkt der Qualifizierung ist die einseitige oder ausschließlich Betonung der Diskussion kaum zu rechtfertigen, da die Konflikte in der Gesellschaft, auf die hin kommunikative Qualifikationen erworben werden sollen, entgegen dem Anspruch der Gesprächserziehung, im Kleinen die große Politik abzubilden, nicht primär durch Diskussion gelöst werden. Ausgeblendet werden ja nicht nur die "plebiszitären politischen Aktionen", sondern u.a. gerade die Verfahren, auf denen der gesellschaftliche Funktionszusammenhang beruht. Unter diesen scheinen mir in der "großen Politik" neben den kommunikativen Verfahren der Erarbeitung gesellschaftlich relevanten Wissens und des Lernens in Wissenschaft und Ausbildung und denen, mit denen Sachwissen bereitgestellt, abgerufen und in die Entscheidungsprozesse integriert werden kann - dieser Bereich ist in der Schule berücksichtigt -, vor allem die folgenden wichtig:

- kommunikative Verfahren, mit denen im Produktionsbereich im Interesse der reibungslosen Produktion Spannungen verringert und innerhalb der gesellschaftlichen Institutionen im Interesse einer geschlossenen Interessenvertretung Konflikte an der Basis vermieden werden können ("Die Kunst der Menschenführung");
- kommunikative Verfahren, mit denen die Spitzen der Verbands-, Partei- und Ministerialbürokratien im Vorfeld der Gesetzgebung oder in der direkten Auseinandersetzung, z.B. in Tarifverhandlungen, Verteilungskonflikte lösen ("Die Kunst der Verhandlung");
- kommunikative Verfahren, mit denen Parteien und Verbände vor ihren Mitgliedern oder der gesamten Öffentlichkeit, vermittelt über die Massenmedien, werbend ihre Machtbasis zu verstärken bzw. die nicht-öffentlich ausgehandelten Kompromisse zu rechtfertigen suchen ("Die Kunst der geschickten Selbstdarstellung")[15].

---

[15] Die beiden erstgenannten tauchen in der Gesprächsliteratur nicht auf, obwohl J. Dyck beispielsweise (s. Anm. 13) gerade die Notwendigkeit, neue Führungsstile zu entwickeln ("Kunst der Menschenführung"), als Motor des gesellschaftlichen Interesses an Rhetorik identifiziert. Was den dritten Komplex betrifft, könnte eingewendet werden, daß im Deutschunterricht in der Analyse von Parlamentsdebatten und Wahlreden ja gerade nachgewiesen wurde, daß die Abgeordneten "Reden zum Fenster hinaus" halten, statt rational miteinander zu argumentieren; jedoch wird diese Erscheinung in aller Regel als Versagen der Abgeordneten gewertet (über die man sich deshalb auch mit Briefen an das Bundestagspräsidium beschweren kann). Gemessen an der Realanalyse der Funktionen des Parlaments und der Prozesse der Gesetzgebung, ist das eigentlich Erklärungswürdige aber nicht, daß die Abgeordneten von der beratenden Rede abweichen, sondern

Unter dem Gesichtspunkt der Qualifizierung im sozialtechnologischen Sinne dürfte deshalb die schulische Betonung der Diskussion nur bedingt zu rechtfertigen sein. Zumindest die sogenannten Führungskräfte werden weiterhin in den Führungsakademien oder ähnlichen Institutionen einer Spezialausbildung unterzogen werden müssen. Die Gesprächserziehung erfüllt aber eine handfest ideologische Aufgabe: Sie zeichnet das Bild einer diskutierenden Gesellschaft, indem sie - mit Hilfe eines Diskussionsbegriffs, der nur die äußerliche "Technik" zu erfassen imstande ist - nur verstärkt, was ohnehin politische Praxis ist: die scheinhafte Realisierung der Diskussion zur Verdeckung anderer Willensbildungs- und Entscheidungsprozesse[16]. Die Mechanismen

---

Forts. 15
gerade umgekehrt, wie stark die Parlamentsdebatte die Sprach- und Kommunikationsformen dessen bewahrt hat, was in der antiken Rhetorik deliberative Rede und im bürgerlichen Liberalismus eben Diskussion hieß. Die ideologische Funktion der inszenierten Diskussion, mit der der Öffentlichkeit scheinhaft das Bild einer beratenden Versammlung präsentiert wird, um die vorausgegangenen und folgenden nicht-öffentlichen Verhandlungssituationen zu verdecken, bleibt von der Deutschdidaktik unentdeckt.

[16] Die vortäuschende Realisierung der Diskussion hat, wie angedeutet, im Falle der Parlamentsdebatte systematischen Charakter. Es wird aber auch sonst häufig als Gespräch oder Diskussion ausgegeben, was "in Wirklichkeit" Agitation, Verhandlung, "Menschenführung" ist. Genauer sind zwei Varianten zu unterscheiden, je nachdem, ob das Kommunikationsereignis vom Zuschauer beobachtbar ist oder ob es hinter verschlossenen Türen stattfindet. Im ersten Falle muß das Kommunikationsereignis tatsächlich so aussehen wie eine Diskussion, und sie wird, wie bei der Debatte, oberflächlich realisiert. Im zweiten Fall genügt es, wenn die Beteiligten anschließend, z.B. vor dem Presse-Mikrofon, sagen, sie hätten diskutiert (ein Gespräch geführt, beraten o.ä.). Mit den gleichen Methoden können sich auch die Beteiligten selbst gegenseitig zu täuschen versuchen.
Lohnende Gegenstände sind der gesamte Ausbildungsbereich sowie die Massenmedien. Von Interesse in diesem Zusammenhang auch die Untersuchungen von H.W. Eroms (Asymmetrische Kommunikation. Zur Funktion von Abstraktem und Konkretem in politischer Sprache. In: Sprache im techn. Zeitalter 52/1974, 297-318), der die sprachlichen Mittel

dieser Täuschung sollen im folgenden Abschnitt kurz beschrieben werden.

III

Diskussion existiert zweifelsfrei zuerst einmal als das entsprechende Wort der deutschen Sprache, das die Sprecher dieser und anderer Sprachen zur Bezeichnung einer Vielzahl konkreter Kommunikationsereignisse verwenden. Sieht man sich die Kommunikationsereignisse an, die auf diese Weise verallgemeinernd benannt und als Klasse von anderen Klassen unterschieden werden, so gelangt man in die unmittelbare Nähe des Diskussionsbegriffs, der auch der Gesprächserziehung zugrunde liegt: es genügt offenbar, daß mehrere Personen irgendwo zusammensitzen und in mehr oder weniger geregelter Form über ein bestimmtes Thema sprechen. Dieser Diskussionsbegriff ist also zumindest keine pure Erfindung der Didaktiker und Wissenschaftler, sondern kann sich auf die alltagssprachliche Verwendung des Wortes berufen.

In dem sogenannten Alltagswissen existiert aber offenbar noch ein anderer Diskussionsbegriff, der im Vergleich mit der alltagssprachlichen Verwendung des Wortes ein-

---
Forts. 16
    analysiert, mit denen in "politischer Sprache" eine symmetrische Kommunikationsbeziehung zwischen Politiker und adressiertem Publikum vorgetäuscht wird. Das schließlich der Gesamtbereich der "öffentlichen Diskussion" unter dem Begriff der Inszenierung betrachtet werden kann, zeigt der vielfach konstatierte Wandel von der öffentlichen Meinung zur "veröffentlichten Meinung".
- Ein besonderes Problem stellen die Bereiche dar, in denen unter mißbräuchlicher Verwendung der Begriffe Selbstverwaltung, Mitverwaltung, Mitbestimmung Diskussionen zum Dampfablassen gewährt werden, die Entscheidungen aber unabhängig und von anderen getroffen werden. In diesen Fällen diskutieren die Beteiligten wirklich, nur stellen sie nachträglich fest, daß ihre Diskussionen mit dem Anspruch entscheidungsrelevanter Dialoge von falschen Voraussetzungen ausgingen. Sie durften zwar mitreden und mitdenken, aber nicht mitentscheiden, oder genauer: ihre vermeintlichen Entscheidungen haben nichts entschieden.

schränkende Bedingungen enthält. Dieser engere Diskussionsbegriff gibt sich in gesprächskommentierenden Äußerungen zu erkennen wie: "Das war eigentlich gar keine Diskussion, denn..."; "<u>Mit Dir</u> kann man nicht diskutieren, denn..."; "<u>Darüber</u> kann man nicht diskutieren, denn..."; wobei das Wort <u>eigentlich</u> in der ersten Äußerung soviel besagt wie: "Das sieht zwar so aus wie eine Diskussion (einige sitzen zusammen und reden über ein bestimmtes Thema usw.), aber in Wirklichkeit war es doch keine. Was <u>eigentlich</u> oder <u>in Wirklichkeit</u> vor sich geht, wird auf einer Ebene unterhalb der kommunikativ realisierten Oberfläche entschieden, auf der einschränkende Bedingungen sowohl hinsichtlich der Art des behandelten Sachverhaltes als auch hinsichtlich der Beziehung der Gesprächspartner und ihrer Absichten gelten. So mag die Leerstelle in der zweiten Äußerung gefüllt werden mit: "Du machst ja sowieso, was Du willst", "Du kannst ja gar nicht anders", "Du willst Dich ja nicht überzeugen lassen". Im dritten Satz sind vorstellbar: "Das ist doch längst bewiesen", "Dafür gibt es doch gar keine Argumente", "Das können wir doch sowieso nicht ändern". Inwieweit die Vorstellungen über das, was <u>wirklich</u> Diskussion zu heißen verdient, gegenwärtig in der Bundesrepublik oder in bestimmten Gruppen dieser Gesellschaft einheitlich sind, und um welche es sich inhaltlich genau handelt, hätte eine genauere Untersuchung zu klären[17]. Im Vorgriff auf eine solche Ana-

---

[17] Es ist naheliegend, sich für diese Aufgabe Hilfe bei der Sprechakttheorie zu holen, die bei der Analyse der Sprechaktregeln vor einem vergleichbaren Problem steht, doch scheint mir die dort praktizierte Methode, die eigenen Intuitionen oder die beliebiger anderer Einzelpersonen zu befragen, nicht gangbar, weil sie voraussetzt, was zu beweisen ist: die Einheitlichkeit des Normbewußtseins. – Ein Vortest mit ca. 80 Studenten verschiedener Seminare, in dem versucht wurde, mittels eines Fragebogens Zustimmung bzw. Nicht-Zustimmung zu 32 solcher diskussionskommentierenden Äußerungen zu provozieren, erbrachte sogar innerhalb dieser homogenen Gruppe ein recht uneinheitliches Bild. (Das mag allerdings auch auf das Konto verschiedener Schwächen des Tests gehen!) Erfolgversprechender erscheint mir die systematische Analyse solcher

lyse halte ich aber die folgenden Annahmen für plausibel:
- es existieren solche Normvorstellungen überindividueller Art, auch wenn sie gruppenspezifisch unterschiedlich sein mögen;
- sie lassen sich nur widersprüchlich mit der oben gekennzeichneten alltagssrpachlichen Verwendungsweise des Wortes Diskussion vereinbaren, weil dessen Anwendungsbereich weiter reicht, als es das Normbewußtsein, wenn wir die gesprächskommentierenden Äußerungen als dessen Ausdruck akzeptieren, erlaubt;
- sie haben ihren historischen Bezugspunkt in dem Diskussionsbegriff, den das aufsteigende Bürgertum im 18. Jahrhundert zum politischen Kampfbegriff entwickelt hat.

Die zweite Annahme nötigt zu dem Zugeständnis, daß das sogenannte Alltagswissen, auch bezogen auf <u>ein</u> Individuum, kein in sich homogenes Gebilde ist, sondern Disparates widersprüchlich enthalten kann. <u>Lebensgeschichtlich</u> liegt die Erklärung dafür vermutlich in den verschiedenen Ursprüngen der beiden Komponenten. Die Gebrauchsregeln eines Wortes wie Diskussion lernt der Sprecher einer Sprache in den Situationen, in denen das Wort gebraucht wird. Der Lernvorgang resultiert in der Fähigkeit, das Wort zur Bezeichnung solcher Kommunikationsereignisse zu verwenden, <u>auf die er es hat anwenden hören</u>. Das, was sich in den diskussionskommentierenden Äußerungen andeutet, ist dagegen im strengeren Sinne ein Wissen als Ergebnis dessen, <u>was er über die Diskussion hat sagen hören</u>, kurz: der Diskussionsideologie. Historisch besteht zwischen beiden Diskussionsbegriffen ein enger Zusammenhang, der in den gesellschaftlichen und politischen Veränderungen der ersten Hälfte des 19. Jahrhunderts wurzelt und in Deutschland spätestens mit der 48er Revolution deutlich sichtbar wird, als nämlich die Konzeption des

---

Forts. 17
gesprächskommentierenden Äußerungen in einem Corpus von verschriftlichten Kommunikationsereignissen, die alltagssprachlich als Diskussion gelten können.

Bürgertums von der Diskussion als öffentlicher, unbehinderter Konkurrenz der Meinungen bürgerlicher Individuen, in der durch Sammlung aller Vernunftpartikel, die sich in Rede und Gegenrede behauptet haben, die Vernunft erscheint und im Parlament zur Basis der Gesetzgebungstätigkeit gemacht werden kann, an den historischen Realitäten zerbrach. Die intendierte Diskussion versagte als allgemeines gesellschaftlich-politisches Problemlösungsverfahren, als mit dem Aufstieg des Proletariats die Selbstidentifikation der bürgerlichen Klasse mit dem allgemeinen Interesse sich als Illusion erwies und sich herausstellte, daß die Diskussion nicht nur Konsens anzielt, sondern eine grundlegende soziale und ideologische Homogenität und einen grundlegenden Konsens voraussetzt. Da der Diskussionsbegriff jedoch eine wichtige Funktion in der Herrschaftslegitimation des Bürgertums besaß, wurde er nicht aufgegeben, sondern verblaßte zu einem ideologischen Begriff im schlechten Sinne[18]. Wo es um die Sicherung der eigenen Herrschaft ging, bekam er verschleiernde Funktion; das, was sich nicht in den Rahmen bürgerlicher Interessen integrieren ließ und sich außerhalb der "bürgerlichen Öffentlichkeit" artikulierte, wurde als Agitation diskriminiert. Die Folge war eine zunehmende Entleerung des Begriffs, die in dem heutigen alltagssprachlichen Wortgebrauch resultierte. Seine verschleiernde Funktion erfüllt

---

[18] Die hier nur angedeutete Entwicklung vollzieht sich im Rahmen des Funktionswandels der bürgerlichen Öffentlichkeit (s. dazu J. Habermas, Strukturwandel der Öffentlichkeit. 6. Aufl. Neuwied und Berlin 1974) und ist auch in der Parlamentarismustheorie und -kritik häufig nachgezeichnet worden. Die Frage, inwieweit die bürgerliche Öffentlichkeit vor diesem Einschnitt wirklich so funktionierte, wie die liberale Theorie es vorsah, lasse ich hier unentschieden. Auch wenn man sie negativ beantwortet, ändert das nichts daran, daß die Diskrepanz zwischen Idee und Wirklichkeit um die Jahrhundertmitte in Deutschland eine neue Qualität gewinnt. Der Einschnitt liegt in Frankreich früher; in England sind die Verhältnisse gesondert zu untersuchen.

er aber nur, wenn zugleich die Erinnerung an den alten Vollbegriff wach bleibt. Sie geht, schematisiert dargestellt, über die folgenden Stufen:
- Diskussion erhält den Charakter eines positiven Wertbegriffs durch Evozierung der alten Kontextbegriffe Freiheit, Demokratie, Vernunft, Gleichberechtigung, Wahrheit, Argument etc.;
- Diskussion wird definiert und geübt als Diskussionstechnik, und auf die technischen Verfahrensregeln überträgt sich als ein geborgter der positive Wert. In dieser Übertragung aber ändert sich die Qualität der Begriffe: Demokratie ist erreicht, wenn jeder sich zu Wort meldet und keiner den anderen unterbricht; Gleichberechtigung besteht, wenn alle redend sich beteiligen können; Wahrheitsfindung wird sich selbst genug und bedarf des Handelns nicht mehr;
- Rückwirkend können nun alle Kommunikationsereignisse, die diesen Regeln folgen und in denen sich die genannten Kontextbegriffe <u>formal-kommunikativ</u> verwirklichen, Diskussion genannt und als Zeichen der demokratisch verfaßten Gesellschaft angesehen werden.

IV

Will man versuchen, der bisher praktizierten Gesprächserziehung bzw. dem ihr zugrundeliegenden Diskussionsbegriff eine Alternative entgegenzusetzen, so hilft es nicht viel weiter, wenn den in der Literatur vorliegenden Definitionen eilfertig eine weitere hinzugefügt wird; denn ein Problem in der Deutschdidaktik (und der Linguistik) ist gerade der freizügige Umgang mit Sätzen wie "Die Diskussion ist...". Hat man eine Reihe solcher Definitionen gelesen, in denen immer etwas anderes hinter dem <u>ist</u> zu stehen kommt, dann beginnt man sich zu fragen: Woher weiß er das eigentlich? Wie kommt er darauf? Wie würde er seine Entscheidung rechtfertigen, wenn ein anderer sie bezweifelt? Auf welcher Ebene kann man sich überhaupt über solche Definitionen streiten? In der didaktischen Literatur findet man aber selten einen Hinweis darauf, welche Existenzweise der Definierende dem von ihm Definierten über die Tatsache hinaus zuschreibt, daß es in seinem eigenen Kopf existiert. Linguisten sind in dieser Hinsicht etwas gewitzter. Sie berufen sich in der Suche nach den "Textsorten" mangels einer allgemeinen Theorie, aus der sich ein Begriff von Textsorte und einzelne Textsorten ableiten ließen, vorderhand auf die "intuitiv gegebenen" oder "empirisch vorfindlichen". Vergleicht man aber, auf was die Verfasser auf diese Weise gestoßen sind, so erweisen sich Intuitionen wie empirische Wahrnehmung als sehr variabel[19].

Der denkbare Weg, einen nicht-formalistischen Begriff von Diskussion, dessen Existenz oder Möglichkeit bisher schon immer vorausgesetzt wurde, in Anknüpfung an die Alltagssprache zu gewinnen, die ja nicht zufällig dies oder jenes Wort in dieser oder jener Bedeutung enthält, von der man vielmehr annehmen muß, daß sich in ihr gesellschaftliche Erfahrungen niederschlagen, erweist sich in diesem Fall als problematisch, weil sich die gesellschaftlichen Erfahrungen, die sich in der alltagssprachlichen Verwendung des Wortes spiegeln, als ideologisch getrübt erweisen und weil das sogenannte Alltagswissen insgesamt widersprüchliche Elemente enthält. Und natürlich ist es auch nicht angängig, die historische Ausprägung, die der Begriff durch das aufsteigende Bürgertum im 18. Jahrhundert empfangen hat, aus seinen Entstehungsbedingungen zu lösen und mit normativem Anspruch in das 20. Jahrhundert zu übertragen.

Dennoch ist die Rekonstruktion des liberalen Diskussionsbegriffs ein sinnvoller Zwischenschritt, weil von ihm aus der entleerte Begriff von Diskussion in Alltagssprache und Deutschdidaktik einer Kritik unterworfen werden kann. Seine besondere Rechtfertigung erlangt die historische Analyse aus der Tatsache, daß die Gesprächserziehung ihre Begriffe von Diskussion und Demokratie und die behauptete Beziehung

---

[19] Siehe dazu den Sammelband E. Gülich und W. Raible (Hg.), Textsorten. Differenzierungskriterien aus linguistischer Sicht. Frankfurt 1973.

zwischen beiden gerade jenem historischen Konzept entnimmt und aus ihm die hohe Wertschätzung der Diskussion als allgemeinen politischen Problemlösungsverfahrens ableitet.

(1) Die historische Analyse erlaubt es, das Versprechen, das der liberale Begriff enthält, nämlich durch allgemeine öffentliche Diskussion der bürgerlichen Individuen eine tendenziell herrschaftsfreie Rationalität politischen Handelns zu gewährleisten, mit der gegenwärtigen gesellschaftlichen und politischen Wirklichkeit zu konfrontieren. Der Nachweis fällt nicht schwer, daß die Diskussion als politischer und entscheidungsrelevanter Dialog faktisch im gesellschaftlichen Funktionszusammenhang eine wesentlich geringere Rolle spielt, als ihr zugeschrieben wird, und daß das, was mit Diskussion bezeichnet wird, in vielen Fällen als inszenierte Diskussion oder Pseudodiskussion gekennzeichnet werden muß.

(2) Es fällt insbesondere nicht schwer zu zeigen, daß speziell die Schülerdiskussion weder die kommunikativen Prozesse abbildet, in denen die gesellschaftlichen Konflikte außerhalb der Schule gelöst bzw. gemildert oder vermieden werden, noch den Anspruch erheben kann, die liberale Idee zu verwirklichen, die die freie und ungehinderte Diskussion Gleichberechtigter verlangt und für die der Bezug zum Handeln konstitutiv ist. Soziale Gleichberechtigung ist in der nicht-demokratisch organisierten Institution Schule nicht möglich. Die Diskussion ist weder frei noch ungehindert, ja die Schüler stehen im Interesse der Förderung von Lernprozessen von vornherein unter einem äußeren Kommunikationszwang. Hinzu kommt, daß der Lehrer, auch wenn er subjektiv dazu willens ist, die Schüler nicht als Gleichberechtigte akzeptieren kann[20]. Das wird normalerweise deshalb nicht

---

[20] Die freie und ungehinderte Diskussion Gleichberechtigter bedarf einer grundsätzlichen sozialen Gleichberechtigung, und insbesondere müssen die Beteiligten eigenverantwortlich handeln können. Gleichberechtigung kann deshalb nicht durch individuelle Willensakte hergestellt werden. Vgl. dazu die Bemerkung J. Kopperschmidts ('Pro und Contra' im Fernsehen. Ein Antwortversuch auf die Frage nach der Funktion der Rhetorik im Deutschunterricht. In: Der

sichtbar, weil er genügend Möglichkeiten hat, die Diskussion
durch die Themenauswahl, durch Inszenierung von Rollenspielen
und ähnliche Mittel so zu kanalisieren, daß er nicht in die
Situation geraten kann, für die Konsequenzen der Diskussion
verantwortlich gemacht zu werden. Ein übriges tun die Schüler,
die in ihrer anerzogenen Autoritätsfixierung oder aufgrund
besserer Einsicht gar nicht erst auf den Gedanken kommen,
den Lehrer beim Wort zu nehmen[21]. - Was den Handlungsbezug

Forts. 20
Deutschunterricht 27, 1975, H. 2, S. 50), daß die kommunikative Symmetrie "eher Ausdruck einer bereits gelungenen sozialen Gleichberechtigung ist, als daß man sie als Produkt kommunikativer Anstrengungen erwarten dürfte." Siehe auch ebda.: "Nur die soziale Gleichberechtigung bzw. 'Unabhängigkeit' macht überhaupt erst die Mitbestimmung möglich als Einlösung des Selbstbestimmungsanspruchs gesellschaftlich handelnder Subjekte, wie andererseits erst das Prinzip der Mitbestimmung die argumentativ erzielte Übereinstimmung als Voraussetzung kooperativ Handelnder nötig macht." -
Geißner (s. Anm. 3) ist im Grunde der gleichen Meinung, nur stellt sich das Problem für ihn anders dar, weil er Freiheit und Demokratie in der Bundesrepublik als institutionell garantiert ansieht. Ihrer Verwirklichung steht nur die Unmündigkeit der Bürger entgegen, die (noch) nicht gelernt haben, die Freiheit zu gebrauchen. So gesehen hängt dann die weitere Demokratisierung der Gesellschaft in der Tat von der Gesprächserziehung ab. Durch Übungen im Gespräch werden Sozialisationsschäden geheilt und demokratische Haltungen entwickelt, die den schon bestehenden institutionellen Rahmen ausfüllen sollen.

[21] Daß die Lernenden auch von sich aus den Lehrenden nicht ohne weiteres als gleichberechtigten Diskussionspartner akzeptieren können, zeigte sich, in diesem Fall in der Beziehung zwischen Studetnen und Seminarleiter, in einem Seminar, in dem wir (schon bei der Wahl des Personalpronomens beginnt das Problem!) die eigene Seminardiskussion anhand von Tonbandprotokollen analysierten. Dort galt es zu erklären, warum in der Diskussion die Vorschläge oder Deutungen des Seminarleiters schließlich und endlich doch meist sich "durchsetzten". Es stellte sich heraus, daß die Studenten, wenn nicht ihre Meinungen, so doch zumindest ihre Beiträge aufgaben, weil sie entweder der Ansicht waren, der Seminarleiter (also ich) würde letztlich doch durchsetzen, was er wollte, oder meinten, er als Fachmann müsse es ja schließlich besser wissen. Nun ist nicht von der Hand

betrifft, unterliegen die Versuche, die Diskussion nicht mit
dem Klingelzeichen und an der Klassentüre enden zu lassen,
gerade wo politisches Handeln das Ziel sein könnte, extremen
Einschränkungen[22]. Von daher gesehen, wird die besondere Vorliebe der Gesprächserziehung für den sogenannten Meinungsaustausch und das Klärungsgespräch verständlich, denen der
Handlungsbezug schon definitorisch abgesprochen wird.

(3) Meinungsaustausch und Klärungsgespräch stellen jedoch
noch ein weiteres Problem; denn, genauer besehen, wurzeln
diese Diskussionsvarianten in enger Nachbarschaft zum Sonder-
fall der wissenschaftlichen Diskussion historisch in dem
vorpolitischen Diskussionsbegriff der Wissenschaftssprache
und werden in der Schule zu Varianten des Unterrichtsgesprächs.
Zwar ist es kein Zufall, daß das Bürgertum sich zur Bezeichnung der politischen Problemlösungsstrategie ein Wort aus der
Wissenschaftssprache entlieh - der Zusammenhang bliebe genauer zu untersuchen -, jedoch enthielt dieser historisch

---

Forts. 21
   zu weisen, daß diese Einschätzung in beiden Varianten oft
   gerechtfertigt ist, jedoch führte sie in diesem Fall
   dazu, daß auch Aussagen, die als diskussionsbedürftige
   Beiträge gemeint waren, für die Lösung des Problems genommen wurden. Das Dilemma, daß die Sache dabei Schaden
   nimmt, kann dann nur dadurch behoben werden, daß der
   Seminarleiter seine eigenen Äußerungen wieder problematisiert (oder in Kenntnis des Problems didaktische Alternativen entwickelt).

[22] Ein illustratives und gut dokumentiertes Beispiel ist das
   Schicksal des Unterrichtsexperiments, dem Heft 102/103
   der Zeitschrift "Alternative" gewidmet ist. Dort wird
   der Schulleiter zitiert (S. 139), der als äußerste
   Grenze die "Haustür der Schule" angibt. (In Wirklichkeit
   ist diese Grenze nicht fest. Sie verschiebt sich entsprechend dem problematisierten Gegenstand und der Art
   der vorgesehenen Aktivitäten, z.B. Leserbrief gegenüber
   Flugblatt.) Und wie begrenzt die Möglichkeiten innerhalb
   der Schule sind, läßt sich daran ablesen, daß die
   Deutschdidaktik in ihrer Suche nach dem Ernstfall für die
   Debatte stereotyp auf die SMV und die Schulordnung stößt.

schon ältere Begriff noch nicht die politische Dimension.
Und auch heute konstituieren Wissenschaftler oder gar Schüler
keine demokratische Kommunikationsform, nur weil sie in Lernprozessen und in der Erarbeitung von Wissen diskutieren. Daß
auch noch Meinungstausch und Klärungsgespräch in der Schule
mit dem Demokratiebegriff geschmückt werden, obwohl sie
lernpsychologisch zu begründen wären, illustriert erneut die
ideologische Funktion der Gesprächserziehung. Ganz in Übereinstimmung mit dem schon oben (Anm. 9) zitierten Satz Rössners
lernen die Schüler, daß die demokratische Diskussion in sich
selbst Erfüllung findet und folgenlos bleibt.

(4) Eine wichtige Erkenntnis, die im historischen Rückblick exemplarisch an dem liberalen Diskussionsbegriff ferner
gewonnen werden kann, ist, daß die Methode der Gesprächserziehung, Gesprächstypen auf der Ebene kommunikativer Ober-
flächenmerkmale und Verfahrensregeln im technischen Sinne zu
unterscheiden, nicht ausreicht, weil sie die Gesprächstypen
nicht in ihrer gesellschaftlichen Funktion und in ihrem Bezug
auf spezifische Problemsituationen erfassen kann. Die "Regeln",
in denen bestimmte Typen von Kommunikationsereignissen wahrnehmbar ablaufen und die für manche kommunikative Verfahren
in Form von Geschäftsordnungen, Instruktionen kodifiziert
werden, sind in Wirklichkeit nur sekundäre Extrapolate kommunikativer Tätigkeiten, die sich in bestimmten Gesellschaften
zu einem bestimmten Zeitpunkt zur Lösung bestimmter Problemsituationen, die selbst wieder gesellschaftlich-historisch geprägt sind, herausbilden[23]. Das gilt natürlich nicht nur für

---

[23] In der Wissenschaft gibt es nichts zu verhandeln und in
der Tarifverhandlung nichts zu agitieren. - Wo die Medi-
zinmänner das Sagen haben, bedarf es keiner Diskussion,
genausowenig wie in Gesellschaftsformationen, die sich
am Bild des Kasernenhofes orientieren. - Fragwürdig oder
unsinnig sind Diskussionen zwischen Schülern und Lehrer
über die Abschaffung der Noten, zwischen Angeklagtem und
Richter über das Strafmaß und zwischen Publikum und Behördenangestellten über Sinn und Unsinn von Gesetzen und
Verordnungen, wiewohl es sinnvoll sein kann, über deren
Anwendung zu diskutieren. Wohlgemerkt behaupte ich nicht,
daß Diskussionen, die unter falschen Voraussetzungen
stattfinden, keine Diskussionen wären, sondern nur, daß

die Gesprächstypen, sondern für den gesamten Bereich dessen, was in der Linguistik gegenwärtig unter dem Stichwort Textsorte behandelt wird. Zusammengenommen gewährleisten die in einer Gesellschaft gebräuchlichen und akzeptierten "Testsorten" deren kommunikativen Zusammenhang und spiegeln die Autoritätsstruktur der Gesellschaft bzw. ihrer einzelnen Institutionen und die Art und Weise, wie in ihnen Entscheidungen zustande kommen. Sie sind damit auch dem gesellschaftlichen Wandel unterworfen und sind immer wieder daraufhin zu überprüfen, ob sie noch ihre Zwecke erfüllen bzw. ob die Zwecke überhaupt noch gesellschaftlich relevant sind, zu deren Erfüllung sie sich historisch entwickelt hatten.

Aus dieser Erkenntnis sind nicht nur für die Wissenschaft Konsequenzen zu ziehen, die sich dieser Probleme annimmt, sondern sie hat auch unmittelbare Bedeutung für die Gesprächserziehung; denn wenn die Schüler, wie die Lehrpläne verlangen, lernen sollen, Problem- und Konfliktsituationen kommunikativ zu bewältigen und in Einschätzung der Gesamtsituation über die eigenen Aktionsmöglichkeiten zu entscheiden, so gehört dazu vorab, den Konflikt und das Problem in ihrer Eigenart zu erkennen, um das angemessene Lösungsverfahren bestimmten oder erarbeiten zu können. Diese Fähigkeit wird offensichtlich nicht von einer Gesprächserziehung gefördert, deren Begrifflichkeit an diese Dimensionen gar nicht heranreicht und die für den Schüler erst da anfängt, wo über das Verfahren durch Lehrplan und Lehrer schon entschieden ist. Dem Schüler bleibt nur noch das "bewußtlose" Üben von Techniken. Der Bezug auf die Zwecke und den situativen, institutionellen und gesellschaftlichen Rahmen ist deshalb im Unterricht selbst herzustellen, und zwar nicht nur in ideologiekritischer Absicht in einem gesonderten Arbeitsbereich "Reflexion über Sprache" o.ä., sondern im direkten Zusammenhang mit den sprachlichen und

---

Forts. 23
    sie das Problem nicht lösen und also die Wahl der
    Diskussion als Problemlösungsverfahren zu kritisieren
    ist.

kommunikativen Übungen[24].

V

Die Berufung auf den liberalen Diskussionsbegriff des aufsteigenden Bürgertums hat, wie ich in Abschnitt IV zu zeigen versuchte, durchaus einen Sinn in der Kritik der zeitgenössischen Diskussionsideologie. Eine solche Kritik sagt aber noch nichts darüber aus, ob der Begriff auch recht hat in bezug auf die gegenwärtige gesellschaftliche Praxis oder auf den Entwurf einer zukünftigen Gesellschaft - es sei denn, dieser Begriff verkörpere zugleich eine universale Kommunikationsform oder sei doch wenigstens in diesem Sinne zu rechtfertigen, wenn man ihn gewisser zeitbedingter Komponenten entkleidet. Als solche erscheint die Diskussion in der Variante des Diskurses bei Habermas oder auch im Begriff der persuasiven Kommunikation in der Rhetorik Kopperschmidts. Beide Konzepte weisen in ihren Bestimmungsstücken auffällige Gemeinsamkeiten mit dem liberalen Diskussionsbegriff auf und werden doch als universale Möglichkeiten präsentiert; bei Habermas schon durch den Rahmen der Universalpragmatik, innerhalb dessen der Diskursbegriff eingeführt wird, bei Kopperschmidt, weil er seinen Begriff der persuasiven Kommunikation (argumentative Konsensbildung) aus der rhetorischen Tradition gewinnt und ihn letztlich schon bei Aristoteles angelegt sieht. Der Verweis auf die deliberative Rede der antiken Rhetorik ist zugleich auch für Habermas wichtig. Um die Legitimation für die universalistische Erweiterung überprüfen zu können, wäre mindestens zu beantworten, ob nicht

---

[24] "Lernfortschritte des Schülers", so D. Wunderlich in einem vergleichbaren Zusammenhang (Lernziel Kommunikation, in: DD 23/1975, 271), "messen sich an der Einheit von Bewußtseinsbildung und Kommunizierenkönnen. Das Erlernen bestimmter Techniken und Strategien, unabhängig von der Analyse der Anwendungssituationen, ist in diesem Sinne genauso wenig ein Lernfortschritt wie die bloße Fähigkeit, eine Klassifizierung, Benennung oder Zuordnung leisten zu können, oder "das Gelernte" in einem abschließenden Satz (= Lehrbuchsatz) zusammenfassen zu können."

(1) doch unter der Hand zeitbedingte Werthaltungen und Ideologeme der bürgerlichen Ideologie des 18. und 19. Jahrhunderts in die universalistischen Konzepte eingegangen sind (was u.a. bedeuten würde, daß die Berufung auf die antike Rhetorik nicht gerechtfertigt ist); oder ob, wenn diese Berufung zu Recht besteht, (2) zwischen dem antiken Stadtstaat und der gesellschaftlichen Situation um 1800 zwar strukturelle Ähnlichkeiten festzustellen sind, die aber ihrerseits nicht verallgemeinerbar sind[25]; und ob .
(3) nicht speziell die Ähnlichkeiten zwischen dem liberalen Diskussionsbegriff und den gegenwärtigen Diskussionstheorien mit der gesellschaftlichen Funktion der Theoretiker zusammenhängen, die diese Theorien entwickelt haben. Mit dem letzten Punkt wird der schon öfter geäußerte Verdacht wiederholt, im Grunde würde mit der Diskussion als allgemeinem politischen Problemlösungsverfahren zu Unrecht eine spezifische Denk- und Kommunikationsform bürgerlicher Intellektueller verabsolutiert. Der Vorwurf erscheint plausibel, wenn man sich z.B. das, zugegeben Wenige, vor Augen hält, was bisher über Sprache und Kommunikation der Arbeiter bekannt ist, oder sich im Rückblick der plebejischen und proletarischen Traditionen erinnert, ohne sie gleich an den Formen bürgerlicher Öffentlichkeit zu messen und als defizitär abzuweisen. In dieser Hinsicht wären insbesondere die Nähe des liberalen Diskussionsbegriffs zur wissenschaftlichen Diskussion, das Erfordernis der vollen Verbalisierung des Gemeinten, die

---

[25] Eine Ähnlichkeit besteht darin, daß die deliberative Rede der antiken Rhetorik wie der liberale Diskussionsbegriff allgemeine Gültigkeit beanspruchen, in der gesellschaftlichen Wirklichkeit jedoch, soweit überhaupt verwirklicht, auf eine bestimmte soziale Schicht begrenzt waren: auf die Gemeinschaft der Vollbürger des antiken Stadtstaates bzw. auf das Besitz- und Bildungsbürgertum, in beiden Fällen also auf Klassen mit grundsätzlicher Interessenhomogenität. - Als Reflexionshintergrund für den Vergleich zwischen "Polis und Nationalstaat" sei auf die gleichbetitelte Studie von F. Tomberg (Darmstadt und Neuwied 1973) hingewiesen.

Verabsolutierung der Rationalität mit einer latenten oder offenen Diskriminierung der Emotionalität, diese dichotomische Unterscheidung selbst, das Problem des Handlungsbezugs und das Erfordernis des eigenverantwortlichen Individuums (mit dem bürgerlichen Persönlichkeitsbegriff im Hintergrund) zu diskutieren.

Ich will diese Fragen und insbesondere die, ob die in dieser Weise beschriebene Kommunikationsform in einer wirklich demokratischen Gesellschaft - begriffen als ideale Lebensform oder als Richtpunkt, auf den hin politisches Handeln sich zu orientieren habe - <u>allgemein</u> werden könnte, hier nicht weiter verfolgen, weil das Problem der Gesprächserziehung woanders liegt. Denn auch, wenn man die Diskussion und den Grad ihrer Verbreitung innerhalb einer Gesellschaft als Maßstab ihrer demokratischen Verfaßtheit akzeptieren würde, so folgt daraus doch keineswegs, daß die Demokratisierung gerade durch Diskussionen oder gar nur durch Diskussionen gefördert werden könne. Dieser Unterschied ist deshalb zu betonen, weil die Habermasschen "kontrafaktischen Unterstellungen", den Intentionen des Urhebers widersprechend, inzwischen auch in der Gesprächserziehung zu wirken beginnen. Es ist aber unsinnig, eine Aussage wie: <u>Wenn</u> jemand in einen Diskurs eintritt, <u>so</u> unterstellt er in Antizipation einer idealen Redesituation, daß ... - umzuwandeln in eine Aufforderung zum kommunikativen Handeln: Tritt in einen Diskurs ein! Den Schülern ist im Gegenteil nahezubringen, "müßige Diskussionen" zu vermeiden und zu erkennen, daß zu einer sinnvollen Diskussion Vorbedingungen gehören, die Diskussion erst nötig und zugleich möglich machen. Sind die Vorbedingungen nicht erfüllt, so müssen andere kommunikative oder nicht-kommunikative Lösungsmöglichkeiten gesucht werden. Die "diskutierende Gesellschaft" wird nicht durch Diskussionsübungen hergestellt, weil sie kein psychologisches oder sozialpsychologisches Problem ist, sondern durch fortschreitende Demokratisierung der Gesellschaft und ihrer Institutionen. Zwar hat die Gesprächserziehung in dieser fortschreitenden Demokratisierung selbst eine begrenzte Funktion, jedoch

bleiben die Verfahren, die das Ziel zu fördern imstande sind,
noch zu bestimmen. Die Diskussion scheint mir in diesem
Rahmen in dreifacher Hinsicht wichtig:
(1) Sie ist als Klärungsgespräch (o.ä.) sinnvoll in der
Erarbeitung und Vermittlung gesellschaftlich relevanten
Wissens. In dieser Funktion ist sie zwar auch eine Voraussetzung für politisches Handeln, jedoch selbst noch nicht
politisch oder demokratisch.
(2) Sie ist als entscheidungsrelevanter Dialog sinnvoll innerhalb von Gruppen des Lernens, Arbeitens und politischen
Handelns im Sinne einer kooperativen Kommunikationsform, in
der die Beteiligten in gemeinsamer argumentativer Anstrengung
Lösungen zu erarbeiten suchen, auf die sich im Interesse
gemeinsamen Handelns alle verpflichten können. Diese Diskussion kann sich nur auf der Basis einer grundlegenden sozialen und ideologischen Homogenität und d.h. bei Abwesenheit grundlegender Interessenkonflikte entwickeln und wird
dann effektiv, wenn für diese Gruppen ein Entscheidungs- und
Handlungsspielraum institutionell gesichert ist. Sie ist ein
kommunikatives In-group-Verfahren.
(3) Sie ist schließlich sinnvoll im Sinne eines Vorgesprächs
mit der Funktion herauszufinden, ob die Voraussetzungen für
die Diskussion im Sinne von (2) gegeben sind. Da in vielen
Fällen nicht von vornherein klar ist, wie die Problemsituation geartet ist, muß ich ihre Struktur (Problemstruktur des
Sachverhalts, Beziehung der Kommunikationsteilnehmer, institutionelle Rahmenbedingungen) selbst erst kommunikativ zu
ermitteln suchen. Es spricht vieles dafür, auch dieses Vorgespräch als Diskussion zu begreifen. Sie bekommt dadurch
gegenüber allen anderen kommunikativen Verfahren deshalb
eine Sonderstellung, weil in ihr geklärt wird, ob ein Miteinandersprechen überhaupt möglich und welches kommunikative
Verfahren der Problemsituation angemessen ist. Je nachdem
führt dieses Vorgespräch dann zur Diskussion im Sinne von (2),
zur Verhandlung, zur Agitation, zur Petition, zum Vortrag
oder zur Erarbeitung ganz neuer Problemlösungsstrategien, die
der gesellschaftliche Wandel notwendig macht. Die Diskussion

in dieser Funktion und nur diese kann und sollte im Sinne
einer allgemeinen Verpflichtung in den gesellschaftlichen
und politischen Auseinandersetzungen zur Forderung erhoben
werden.

"GOVERNMENT BY DISCUSSION"
KOMMUNIKATIVE VERFAHREN ALS GRUNDLAGE ZUR UNTERSCHEIDUNG
VON STAATSFORMEN BEI SCHMITT UND HABERMAS

1. Das liberale Modell des Parlamentarismus: Diskussion und Öffentlichkeit

Im Jahre 1923 veröffentlichte der deutsche Staats- und Verfassungsrechtler Carl Schmitt eine Studie über "Die geistesgeschichtliche Lage des heutigen Parlamentarismus", die 1926 in 2. Auflage erschien und bis heute bei Freund und Gegner berühmt geblieben ist. In dieser Studie wird der Parlamentarismus als "besonders geartete Staats- und Regierungsform" (10) beschrieben und auf ein Prinzip zurückgeführt: das kommunikative Prinzip der öffentlichen Diskussion. Parlamentarismus ist "government by discussion".

In die idealtypisch konstruierte Idee des Parlamentarismus geht ein spezifischer Begriff von Diskussion ein:

> "Diskussion bedeutet einen Meinungsaustausch, der von dem Zweck beherrscht ist, den Gegner mit rationalen Argumenten von einer Wahrheit und Richtigkeit zu überzeugen oder sich von der Wahrheit und Richtigkeit überzeugen zu lassen. Gentz - hierin noch von dem Liberalen Burke belehrt - formuliert es treffend: das Charakteristische aller Repräsentativverfassungen (er meint das moderne Parlament zum Unterschied von ständischen Vertretungen) ist, daß die Gesetze aus einem Kampf der Meinungen (nicht aus einem Kampf der Interessen) hervorgehen. Zur Diskussion gehören gemeinsame Überzeugungen als Prämissen, Bereitwilligkeit, sich überzeugen zu lassen, Unabhängigkeit von parteimäßiger Bindung, Unbefangenheit von egoistischen Interessen" (9).

Der so charakterisierten Diskussion fehlt noch das ja auch als konstitutiv angesehene Merkmal der Öffentlichkeit. Was Öffentlichkeit in diesem Zusammenhang bedeutet und welche Funktion sie erfüllt, wird im folgenden Zitat deutlich:

> "Der absolut typische Gedankengang findet sich bei dem absolut typischen Repräsentanten des Parlamentarismus, bei Guizot. Ausgehend vom Recht (als dem Gegensatz zur Macht) zählt er als Wesensmerkmale des die Herrschaft des Rechtes garantierenden Systems auf: 1. daß die 'pouvoirs' immer gezwungen

sind, zu diskutieren und dadurch gemeinsam die Wahrheit zu suchen; 2. daß die Öffentlichkeit des ganzen staatlichen Lebens die 'pouvoirs' unter die Kontrolle der Bürger stellt; 3. daß die Preßfreiheit die Bürger veranlaßt, selbst die Wahrheit zu suchen und sie dem 'pouvoir' zu sagen. Das Parlament ist infolgedessen der Platz, an dem die unter den Menschen verstreuten, ungleich verteilten Vernunftpartikeln sich sammeln und zur öffentlichen Herrschaft bringen" (43 f.).

In dieser Idee parlamentarischer Staats- und Regierungsform ist der gesamte Willensbildungsprozeß ein Diskussionsprozeß und nichts als ein Diskussionsprozeß. An ihm nehmen alle Bürger teil, die zusammen das öffentlich diskutierende Publikum bilden. In diesem Publikum sammeln sich "die unter den Menschen verstreuten, ungleich verteilten Vernunftpartikeln", werden im Prozeß deliberierender Rede und Gegenrede stufenweise geläutert und nähern sich so allmählich der Wahrheit und Richtigkeit an. Die Notwendigkeit, daß alle Bürger an dem Diskussionsprozeß teilnehmen, ergibt sich daraus, daß die Sammlung der Vernunftpartikeln nicht vollständig sein kann, wenn auch nur eine Person ausgeschlossen wird, sieht man einmal von der Sorge J. St. Mills (1969, 24 f.) ab, der auch die Möglichkeit nicht ausschließen mag, daß gerade der einzig Ausgeschlossene im Besitz der Wahrheit sein und gegen alle anderen Recht haben könnte. Damit das Ziel - Wahrheit und Richtigkeit - erreicht werde, ist neben der Öffentlichkeit des Prozesses notwendig, daß die Bürger als Individuen, als freie Privatleute am Diskussionsprozeß teilnehmen ("Unabhängigkeit von parteimäßiger Bindung") und daß sie auch als Individuen von ihren Interessen absehen ("Unbefangenheit von egoistischen Interessen").

Das Parlament steht als abschließende Instanz unter den gleichen Forderungen und Bedingungen. Auch die Diskussion im Parlament ist im Sinne dieser Idee öffentliche Auseinandersetzung zwischen Meinungen individueller, nur ihrem Gewissen verantwortlicher Abgeordneter. Das Parlament bringt den Prozeß der allmählichen Vereinfachung, Vereinheitlichung und Läuterung der ursprünglichen Meinungsvielfalt zum Abschluß und fixiert Wahrheit und Richtigkeit im Gesetz. Allerdings relativiert Schmitt diesen Wahrheitsanspruch und folgert daraus auch eine Einschränkung bezüglich der Fragen, die der Diskussion zugänglich sind:

> "Eine durch den Gegensatz der Parteien bewirkte Balancierung der Meinungen kann sich infolgedessen niemals auf absolute Fragen der Weltanschauung erstrecken, sondern nur Dinge betreffen, die ihrer relativen Natur nach für einen derartigen Prozeß geeignet sind. Kontradiktorische Gegensätze heben den Parlamentarismus auf, und seine Diskussion setzt eine gemeinsame, nicht diskutierte Grundlage voraus" (58).

Zu der nicht diskutierten Grundlage gehört nicht zuletzt der Glaube, daß die Diskussion das angestrebte Ziel bewirken könne. Er seinerseits beruht auf dem Glauben an eine prästabilisierte Harmonie, die - die für Diskussion notwendigen Bedingungen vorausgesetzt - in der Wahrheit des Gesetzes in Erscheinung tritt. Diesen Glauben identifiziert Schmitt als das tieferliegende metaphysische Prinzip des Parlamentarismus, das im nicht-staatlichen, speziell im wirtschaftlichen Bereich, seine Entsprechung in dem Glauben hat, daß

> "aus der freien wirtschaftlichen Konkurrenz privater Individuen, aus Vertragsfreiheit, Handelsfreiheit, Gewerbefreiheit die soziale Harmonie der Interessen und der größtmögliche Reichtum sich von selbst ergeben" (45).

In der Idee des Parlamentarismus kommt Herrschaft - Schmitt würde sogar sagen: Politik - nicht vor. Das wird deutlich von Habermas festgehalten, der - u.a. mit Berufung auf Schmitt - das Bild ganz ähnlich zeichnet und mit seiner Studie "Strukturwandel der Öffentlichkeit" (Habermas [5]1971) in der Bundesrepublik eine ähnlich prominente Rolle gespielt hat wie Schmitt in der Zeit der Weimarer Republik[1]:

---

[1] So spricht z.B. Jäger (1973) der Untersuchung von Jürgen Habermas zum "Strukturwandel der Öffentlichkeit" für die Parlamentarismuslehre der Bundesrepublik einen ähnlichen Rang zu wie Carl Schmitts Studie über "Die geistesgeschichtliche Lage des heutigen Parlamentarismus" für die Zeit der Weimarer Republik und stellt eine "weitgehende Identität der von beiden vorgenommenen Diagnose des historischen und des modernen Parlamentarismus" fest (78). Die

"Weil das öffentliche Räsonnement der Privatleute
überzeugend den Charakter einer gewaltlosen Ermitt-
lung des zugleich Richtigen und Rechten behauptet,
kann auch eine, auf die öffentliche Meinung sich
rückbeziehende Gesetzgebung nicht ausdrücklich als
Herrschaft gelten" (Habermas ^{5}1971, 94).

"Die 'Herrschaft' der Öffentlichkeit ist ihrer eigenen
Idee zufolge eine Ordnung, in der sich Herrschaft
überhaupt auflöst, veritas non auctoritas facit
legem... Pouvoir als solche wird durch eine politisch
fungierende Öffentlichkeit zur Debatte gestellt.
Diese soll voluntas in eine ratio überführen, die
sich in der öffentlichen Konkurrenz der privaten
Argumente als der Konsensus über das im allgemeinen Interesse politisch Notwendige herstellt"
(ebda., 95).

"Pouvoir" könnte bestenfalls bei den anderen beiden "Gewal-
ten", der Exekutive oder dem rechtsprechenden Richter,
eine Rolle spielen; doch wird man das Handeln von Personen,
die Gesetze anwenden bzw. die Einhaltung von Gesetzen über-
wachen, deren Wahrheit und Richtigkeit vorausgesetzt werden,
kaum als Ausübung von Herrschaft begreifen können. Außerdem verliert die Exekutive, denkt man die präsentierte Idee
zu Ende, ohnehin tendenziell ihre Funktion. Es ist kaum
denkbar, daß die in der Idee des Parlamentarismus konzipierten Bürger, die in beschriebener Weise diskutierend die
Wahrheit zustandebringen, sich dem Ergebnis des Prozesses
verweigern könnten, es sei denn, sie wären nicht bei Sinnen

Forts. 1

Übereinstimmung besteht wohlgemerkt hinsichtlich der Diagnose; sie erstreckt sich nicht in gleicher Weise auf die
Bewertung des Befundes und schon gar nicht auf die resultierenden Therapievorschläge. - Jäger ist auch hinsichtlich
seiner Einschätzung der Wirkung Schmitts zuzustimmen, wenn
er schreibt: "Die in Deutschland am Parlamentarismus ge-
übte Kritik, nicht nur die im Sinne einer Fundamentalkritik
von rechts und links, sondern auch ein Teil jener durch das
Ziel der Parlamentsreform motivierten Kritik, fußt zu
einem nicht unbeträchtlichen Teil auf jenen Analysen, die
der Staatsrechtslehrer Carl Schmitt in der Zeit der Weimarer Republik klassisch - man darf diesen Begriff wohl in
bezug auf die Wirkkraft dieser Lehre gebrauchen - formulierte" (Jäger 1973, 6).

oder sonstwie abartig. Deshalb ist vermutlich in der Studie von Schmitt wie bei den liberalen Theoretikern, auf die er sich beruft, von der Exekutive kaum die Rede, und deshalb kann Habermas von der tendenziellen Auflösung von Herrschaft in der parlamentarischen Staats- und Regierungsform insgesamt sprechen, obwohl genauerbesehen nur das Gesetzgebungsverfahren beschrieben wird, eine Teiltheorie präsentiert wird.

Neben die Theorie des Gesetzgebungsverfahrens als Teiltheorie der <u>Staats</u>form tritt bei Schmitt noch eine Teiltheorie des <u>gesellschaftlichen</u> Bereichs, eine Theorie des Marktes. Beide sind strukturell direkt aufeinander abbildbar; nur sind die einzelnen Elemente in der Struktur verschieden. In der Theorie des Marktes nimmt das "Interesse" die Stelle der "Meinung" ein, "Vertrags-"/"Handels-" und "Gewerbefreiheit" entsprechen der "Freiheit der Meinungsäußerung" und der "Preßfreiheit", als Ergebnis des Prozesses ergibt sich statt "Wahrheit und Richtigkeit" die "soziale Harmonie der Interessen und der größtmögliche Reichtum". Herrschaft allerdings ist auch im wirtschaftlichen Bereich nicht vorgesehen. Immerhin bedarf die Ausschließlichkeit, mit der oben im Anschluß an Schmitt die Diskussion mit dem Parlamentarismus verknüpft wurde ("government by discussion"), der Relativierung oder zumindest der Erläuterung. Die These ruht zum einen auf einer vorausgesetzten strikten Trennung von Staat und Gesellschaft. Parlamentarismus wird als "Staats- und Regierungsform" begriffen, nicht als Gesellschaftsform. Es werden von Schmitt Aussagen über die staatlichen Willensbildungs- und Entscheidungsprozesse gemacht; es wird nicht behauptet, daß die Diskussion auch im gesellschaftlichen Bereich das wichtigste oder gar das einzige kommunikative Verfahren sei, bzw. der Idee nach sein soll. Sichtbar wird überhaupt nur ein gesellschaftlicher Teilbereich, die Wirtschaft. Dort ist das Mittel zur Erreichung des wohltätigen Endzwecks die Vermittlung der Interessen durch "freie wirtschaftliche Konkurrenz". Übersetzt man diese Bestimmung in einen Ausdruck für ein kommunikatives Verfahren, so liegt der Begriff der Verhandlung nahe. Doch wäre das an dieser Stelle voreilig; denn im Zitat wird das Verfahren nicht benannt, und es ist nicht einmal sicher, ob und inwieweit "freie wirtschaftliche Konkurrenz" überhaupt von sprachlicher Kommunikation abhängig ist. - Innerhalb des staatlichen Bereichs kommt das Bild ausschließlicher Anwendung der Diskussion nur deshalb zustande, weil Exekutive und Judikative vernachlässigt werden. Selbstverständlich ist in der Idee des Parlamentarismus kein diskutierender Bürokrat vorgesehen, weder als Diskutierender mit seinesgleichen noch als Diskutierender mit dem Bürger. Dies schon deshalb nicht, weil über die Wahrheit des Gesetzes schon entschieden ist. Es bleibt nur zu exekutieren, und in der Anwendung des Gesetzes ist Diskussion weder möglich noch sinnvoll. Entsprechendes gilt für den Richter.

2. Alternative staatstheoretische Modelle und die ihnen zugeordneten kommunikativen Verfahren

Die Geschichte staatsphilosophischen oder staatstheoretischen Denkens enthält neben der Idee parlamentarischer Staats- und Regierungsform eine Vielzahl anderer Modelle staatlicher und gesellschaftlicher Organisation, darunter auch solche, die in vergleichbarer Zuspitzung aus einem Prinzip abgeleitet werden und in denen die jeweilige Staats- und Gesellschaftsform mit einem dominanten kommunikativen Verfahren verbunden wird. Neben der Diskussion werden in den Schriften Schmitts mindestens die folgenden kommunikativen Verfahren mehr oder weniger ausführlich behandelt:
a) Verhandlung (im Syndikalismus)
b) Repräsentation (in der Monarchie)
c) Dezision und Akklamation (im Führerstaat)
d) Propaganda (in der Erziehungsdiktatur und in der pluralistisch konzipierten Demokratie)
e) Information (in der Expertokratie).
Ich behandle diese kommunikativen Verfahren und ihren Stellenwert in den Argumentationen Schmitts nicht in gleicher Ausführlichkeit wie die Diskussion im Parlamentarismus,

sondern skizzenhaft und beschränke mich vorläufig auf (a), (b) und (d).

Verhandlung: Ein Alternativmodell zum Parlamentarismus ist nach Schmitts Auffassung eine Gesellschaft, in der die Grenze zwischen Staat und Gesellschaft verwischt oder auch gänzlich aufgehoben ist, und für die insgesamt die Verhandlung die Willensbildungs- und Entscheidungsprozesse bestimmt. Die Verhandlung wird zum zentralen kommunikativen Verfahren in einem Staatsverständnis, das Schmitt "syndikalistisch" nennt, historisch in berufsständischen Traditionen wurzelt, in Deutschland als staatstheoretisches Konzept besonders von Gierke ausgearbeitet wurde und nach Meinung Schmitts unterhalb der parlamentaristischen Legitimationsebene faktisch weithin die gesellschaftlichen und staatlichen Willensbildungs- und Entscheidungsprozesse der Weimarer Republik bestimmt.

Das syndikalistische Konzept wird von Schmitt, da es für ihn nur als Argument gegen den Parlamentarismus von Bedeutung ist, kürzer als die parlamentarische Idee behandelt; doch wird der qualitative Unterschied zwischen Diskussion und Verhandlung als kommunikative Verfahren zweier verschiedener Staatskonzeptionen deutlich herausgearbeitet. Im Gegensatz zu "richtig verstandener Diskussion" hat die Verhandlung die folgenden Merkmale:

> "Verhandlungen dagegen, bei denen es nicht darauf ankommt, die rationale Richtigkeit zu finden, sondern Interessen und Gewinnchancen zu berechnen und durchzusetzen und das eigene Interesse nach Möglichkeit zur Geltung zu bringen, sind natürlich auch von mancherlei Reden und Erörterungen begleitet, aber nicht im prägnanten Sinne Diskussion. Zwei Kaufleute, die sich nach einem Konkurrenzkampf einigen, sprechen über die beiderseitigen wirtschaftlichen Möglichkeiten, jeder sucht selbstverständlich seinen Vorteil wahrzunehmen, und so kommen sie zu einem geschäftlichen Kompromiß. Die Öffentlichkeit ist bei dieser Art von Verhandlung ebenso unangebracht, wie sie bei einer wahren Diskussion vernünftig ist. Verhandlungen und Kompromisse hat es, wie gesagt, überall in der Weltgeschichte gegeben. Die Menschen wissen, daß es meist vorteilhafter ist, sich zu vertragen als zu streiten und ein magerer Vergleich

> besser als ein fetter Prozeß. Das ist zweifellos
> richtig, aber nicht das Prinzip einer besonders
> gearteten Staats- oder Regierungsform" (10).

Kurz vorher gibt Schmitt einige Beispiele für Bereiche, in denen Verhandlungen traditionell vorkommen:

> "Auf jedem Gesandtenkongreß, jedem Delegiertentag,
> in jeder Direktorensitzung wird verhandelt, ebenso
> wie zwischen den Kabinetten der absoluten Monarchen,
> zwischen ständischen Organisationen, zwischen
> Christen und Türken verhandelt wurde. Daraus er-
> gibt sich noch nicht die Institution des modernen
> Parlaments" (9).

Verhandlungen sind also nach Auffassung Schmitts durchaus am Platze im Bereich der Gesellschaft bei den zwei Kaufleuten im ersten Zitat und in allen privatrechtlich geregelten Beziehungen) und in den Beziehungen zwischen Staaten, d.h. in der Außenpolitik, nicht jedoch in den innenpolitischen Willensbildungs- und Entscheidungsprozessen. Deshalb wird das Vorkommen der Verhandlung dort extrem negativ beurteilt:

> "Die Parteien (die es nach dem Text der geschriebenen
> Verfassung offiziell gar nicht gibt) treten heute nicht
> mehr als diskutierende Meinungen, sondern als soziale
> oder wirtschaftliche Machtgruppen einander gegen-
> über, berechnen die beiderseitigen Interessen und
> Machtmöglichkeiten und schließen auf dieser faktischen
> Grundlage Kompromisse und Koalitionen" (11).

> "... in manchen Staaten hat es der Parlamentarismus
> schon dahin gebracht, daß sich alle öffentlichen An-
> gelegenheiten in Beute- und Kompromißobjekte von
> Parteien und Gefolgschaften verwandeln und die
> Politik, weit davon entfernt, die Angelegenheit
> einer Elite zu sein, zu dem ziemlich verachteten
> Geschäft einer ziemlich verachteten Klasse von
> Menschen geworden ist" (8).

Schmitts Ablehnung der "Ersetzung der individualistischen Repräsentation im heutigen Parlament durch eine Organisation der Syndikate" und seine Ablehnung der Tradition pluralistischer Staatstheorien allgemein beruht auf einigen Grundvoraussetzungen, die mit dem pluralistischen Demokratieverständnis unvereinbar sind: der Annahme der "Identität von Herrschern und Beherrschten", der "Homogenität des Volkes" (im Anschluß an Rousseau) und der Auffassung, der Staat sei

eine Organisation sui generis, nicht zu vergleichen mit allen
anderen menschlichen Assoziationen im gesellschaftlichen
Raum. Die Eigenständigkeit des Staates spiegelt dabei nur die
Eigenständigkeit des Politischen, das sich nach Schmitts berühmter Formulierung wesentlich in der Unterscheidung von
Freund und Feind und der Bestimmung des Feindes verwirklicht[2].

Repräsentation: Auch die Monarchie wird von Schmitt auf ein
Prinzip zurückgeführt, das jedoch nicht ausdrücklich wie im
Falle des Parlamentarismus ein kommunikatives Prinzip ist.
Er entscheidet sich, sich auf Montesquieu berufend, für die
Ehre. Entsprechend der Radikalität, mit der Schmitt Prinzipien in ihre größte Reinheit steigert, wird Monarchie zum
absoluten Gegensatz der Republik:

> "Wenn wir z.B. mit Montesquieu annehmen, daß das
> Prinzip der Monarchie die 'Ehre' ist, so läßt
> sich dieses Prinzip nicht einer demokratischen
> Republik unterstellen, ebensowenig wie sich auf
> dem Prinzip der öffentlichen Diskussion eine
> Monarchie fundieren läßt" (8).

Wenn jedoch, wie nicht zu leugnen, in der historischen Realität Staatsgebilde vorkommen, die sich den reinen Begriffen
nicht fügen, so können sie mangels Begriff nur als Unding
gekennzeichnet werden:

---

[2] Das schließt eine "wirtschaftliche Demokratie" aus. Vgl.
etwa Schmitts Kritik am englischen Gildensozialismus: "Eine
politische Organisationsform hört aber auf, politisch zu
sein, wenn sie, wie die moderne Wirtschaft, auf privatrechtlicher Basis aufgebaut wird. Es gibt wohl Analogien
zwischen dem Monarchen, dem absoluten Herrn im Staat, und
dem privatkapitalistischen Unternehmen, dem (natürlich in
ganz anderem Sinne) absoluten Herrn in seinem Betrieb;
es gibt auf beiden Seiten Möglichkeiten einer Mitwirkung
der Untergebenen; aber Form und Inhalt der Autorität, der
Publizität und der Repräsentation sind wesentlich verschieden" (33). - Auf der Eigenständigkeit des Staates
besteht er sowohl gegenüber Gierkes "Deutschem Genossenschaftsrechts" (Bd. 1, 1868) als auch gegenüber den
moderneren angelsächsischen pluralistischen Theorien von
G. D. H. Cole und H. J. Laski, weil sie alle den Staat als
den anderen Arten menschlicher Verbände wesensgleich
erachten.

> "So ist die Epoche der Monarchie zu Ende, wenn der
> Sinn für das Prinzip des Königtums, für die Ehre,
> verloren geht, wenn Bürgerkönige erscheinen, die
> statt ihrer Weihe und ihrer Ehre ihre Brauchbar-
> keit und Nützlichkeit zu beweisen suchen. Der
> äußere Apparat monarchischer Einrichtungen kann
> dann noch lange stehen bleiben..." (13).

Auch die Ehre ist, wenngleich nicht selbst ein kommunikatives Prinzip, eng mit einem solchen verknüpft: der Repräsentation als öffentlicher Selbstdarstellung bzw. als Darstellung dessen, auf dessen Weihe sich der Herrscher beruft und der ihm die Ehre verleiht. Dazu Jäger (1973, 10):

> "Gleichwohl stellt sich Herrschaft, gebunden an
> die feudalen Gewalten, öffentlich dar in den
> persönlichen Attributen der Insignien, des Habitus,
> des Gestus und der Rhetorik. Diese öffentliche
> Repräsentation von Herrschaft, von Habermas als
> repräsentative Öffentlichkeit bezeichnet, erlebt
> im 15. Jahrhundert ihre letzte Entfaltung und
> zieht sich in den folgenden Jahrhunderten im
> Hofzeremoniell des absoluten Fürstentums zu-
> sammen."

Als Zeremoniell hat sie auch in Nischen des parlamentarisch-demokratischen wie auch des sozialistischen Staates überlebt, insbesondere im Umgang mit ausländischen Staaten, jedoch auch verknüpft z.B. mit dem Amt des Bundespräsidenten in der Bundesrepublik. Es bleibt zu prüfen, inwieweit es möglich und - wegen der historischen Differenz - sinnvoll ist, gegenwärtige Praktiken des "die-Flagge-Zeigens" einerseits, Formen der Image-Pflege und der Public Relations andererseits, mit dem alten Begriff der Repräsentation zu verbinden.

Propaganda: Die Propaganda bekommt bei Schmitt zum einen eine zentrale Bedeutung in der Erziehungsdiktatur, zu der er ausführt:

> "das Volk kann durch richtige Erziehung dahin ge-
> bracht werden, daß es seinen eigenen Willen
> richtig erkennt, richtig bildet und richtig
> äußert. Das bedeutet praktisch nichts anderes,
> als daß der Erzieher wenigstens vorläufig seinen
> Willen mit dem des Volkes identifiziert; gar nicht
> davon zu reden, daß der Inhalt dessen, was der
> Zögling wollen wird, ebenfalls vom Erzieher be-

> stimmt ist. Die Konsequenz dieser Erziehungs-
> lehre ist die Diktatur, die Suspendierung der
> Demokratie im Namen der wahren, erst noch zu
> schaffenden Demokratie. Das hebt die Demokratie
> theoretisch nicht auf. Es ist aber wichtig,
> darauf zu achten, weil es zeigt, daß Diktatur
> nicht der Gegensatz zu Demokratie ist. Auch wäh-
> rend einer solchen vom Diktator beherrschten
> Übergangszeit kann die demokratische Identität
> herrschen und der Wille des Volkes allein maß-
> gebend sein. Freilich zeigt sich dann auch in
> besonders auffälliger Weise, daß die allein
> praktische Frage die Identifikation betrifft,
> nämlich die Frage, wer über die Mittel verfügt,
> um den Willen des Volkes zu bilden: militärische
> und politische Gewalt, Propaganda, Herrschaft über
> die öffentliche Meinung durch Presse, Parteiorga-
> nisation, Versammlungen, Volksbildung, Schule. Ins-
> besondere kann die politische Macht den Willen des
> Volkes, aus dem sie hervorgehen soll, selber erst
> bilden " (37 f.).

Wichtiger ist Schmitt allerdings die Propaganda als Element der modernen Massendemokratie, in der sie - komplementär zum Interessenausgleich durch Verhandlung - die Funktion erhält, die "Massen", in welcher Form auch immer, zur Akzeptanz der ausgehandelten Kompromisse zu bewegen.

> "Die Parteien (die es nach dem Text der geschrie-
> benen Verfassung offiziell gar nicht gibt) treten
> heute nicht mehr als diskutierende Meinungen,
> sondern als soziale oder wirtschaftliche Macht-
> gruppen einander gegenüber, berechnen die beider-
> seitigen Interessen und Machtmöglichkeiten und
> schließen auf dieser faktischen Grundlage
> Kompromisse und Koalitionen. Die Massen werden
> durch einen Propaganda-Apparat gewonnen, dessen
> größte Wirkung auf einem Appell an nächstlie-
> gende Interessen und Leidenschaften beruht.
> Das Argument im eigentlichen Sinne, das für
> echte Diskussion charakteristisch ist, ver-
> schwindet. An seine Stelle tritt in den Ver-
> handlungen der Parteien die zielbewußte Be-
> rechnung der Interessen und Machtchancen;
> in der Behandlung der Massen die plakatmäßig
> eindringliche Suggestion oder - wie Walter
> Lippmann in einem sehr klugen, aber zu sehr
> im Psychologischen verhafteten Buche, Public
> Opinion, London 1922, sagt - das 'Symbol' " (11).

3. Zum methodologischen Status der bisher gewonnenen Begriffe Parlamentarismus, Diskussion und Öffentlichkeit

Die aus der Lektüre der Studie von Carl Schmitt gewonnenen Begriffe kommunikativer Verfahren in Prozessen politischer Willensbildung und Entscheidung in verschiedenen Staats- und Regierungsformen haben zunächst nichts weiter für sich, als daß ein Staatsrechtler in Deutschland um 1923 sie gedacht hat. Ob und inwieweit die Begriffe geeignet sind, die tatsächlichen Willensbildungs- und Entscheidungsprozesse in der Weimarer Republik um 1923 oder in irgendeinem Staat zu einem früheren Zeitpunkt zu beschreiben, ob und inwieweit sie eventuell als normative Konzepte zur Kritik der tatsächlichen politischen Prozesse in der Weimarer Republik herangezogen werden können, ist genauso unsicher wie die Beantwortung der Frage nach ihrem Wert in einer Untersuchung, die die Willensbildungs- und Entscheidungsprozesse in der Bundesrepublik zum Gegenstand hat.

Ich versuche im Folgenden den methodologischen Status der Begriffe zu klären, indem ich frage, wo das "Material" zu finden ist, über dessen begriffliche Verarbeitung die Begriffe gebildet worden sind, und wie der Begriffsbildungsprozeß verlaufen ist.

(a) Die zeitgenössische staatliche Wirklichkeit
Schmitt behauptet nicht, daß die Weimarer Republik um 1923 oder irgendeiner der anderen zeitgenössischen Staaten, die sich "parlamentarische Demokratien" nennen, nach dem beschriebenen Prinzip funktionieren. Im Gegenteil ist es das Ziel der Studie nachzuweisen, daß das nicht der Fall ist und unter den Bedingungen der von Schmitt so benannten "modernen Massendemokratie" auch nicht so sein kann. Er beschreibt eine Idee, konfrontiert sie mit der von ihm wahrgenommenen gesellschaftlichen und staatlichen Wirklichkeit der Weimarer Republik und leitet aus der festgestellten Diskrepanz die Notwendigkeit ab, den parlamentarischen Institutionen entweder eine neue geistige Begründung zu geben (wofür er kaum einen möglichen Ansatzpunkt sieht) oder sie abzuschaf-

fen (was als Konsequenz bleibt).

Habermas unterscheidet sich von Schmitt wesentlich in den Konsequenzen, die er aus der Analyse zieht; doch gilt auch für ihn: die Idee des Parlamentarismus wird nicht aus der Analyse der faktischen Prozesse gewonnen. Letztere werden vielmehr mit der auf andere Weise gewonnenen Idee konfrontiert und kritisiert. Die zeitgenössische Wirklichkeit ist nicht das Material der begrifflichen Verarbeitung.

(b) Vergangene staatliche Wirklichkeiten
Wenn die Idee keine begriffliche Verarbeitung der jeweils zeitgenössischen Institutionen und Verfahren ist, so könnte sie doch an der gesellschaftlichen und staatlichen Wirklichkeit parlamentarischer oder konstitutionell-parlamentarischer Staaten in Europa zu einem früheren Zeitpunkt im 18. oder 19. Jahrhundert orientiert sein. Ist die präsentierte Idee einmal Wirklichkeit gewesen? Da es von vornherein sehr unwahrscheinlich ist, daß für Begriffe, die so stark stilisierend und typisierend konstruiert sind wie die von Schmitt und Habermas, eine Realität gefunden werden könnte, die sie im direkten Sinne beschreiben, ist es besser, die Frage schwächer zu formulieren: Hat es einen Staat gegeben, dessen faktische Willensbildungsprozesse als annähernde, tendenzielle Verwirklichung der Idee gelten können?

Nach Meinung Schmitts trifft dies am ehesten auf die Zeit der Julimonarchie in Frankreich zwischen 1830 und 1848 zu. Diese Ortung der Idee mag im Lichte der historischen Forschung als problematisch erscheinen; doch trifft eine Kritik in dieser Frage Schmitt nur marginal, weil er seine Idee, wie zu zeigen sein wird, primär sowieso anders begründet und zu ihrer Rechtfertigung den Beweis ihrer Verwirklichung in der Julimonarchie oder zu irgendeinem anderen Zeitpunkt nicht nötig hat. - Habermas andererseits verweist auf die Zeit zwischen den beiden Wahlrechtsreformen von 1832 und 1867 in England. Und da er sich wesentlich stärker auf die historische Realanalyse beruft, ist er von dieser her auch stärker kritisierbar. Elemente einer solchen Kritik bietet Jäger (1973), der seinerseits auf die Anfänge des deutschen

Konstitutionalismus im 19. Jahrhundert verweist, der nicht
nur hinsichtlich der zeitgenössisch geäußerten Ideen, sondern
auch hinsichtlich der parlamentarischen Praxis am ehesten
mit den "Modellen" von Schmitt und Habermas vereinbar sei:

> Es muß ins Auge fallen, "daß seine (gemeint ist
> Habermas, W.D.) Analyse der bürgerlichen Öffent-
> lichkeit und des bürgerlichen Parlamentarismus
> diesem Vormärz-Parlamentarismus nähersteht
> als dem englischen Parlamentarismus sowohl des
> 18. Jahrhunderts als auch des 19. Jahrhunderts.
> Auf das stark akademisch orientierte Bürgertum
> angewendet, ergibt die Habermassche Beschreibung
> des Publikums räsonierender Privatleute Sinn"
> (Jäger, 39).

Im Anschluß an Schnabel, Conze und Fischer beschreibt Jäger
den Parlamentarismus des Vormärz so:

> "Dort (in den parlamentarischen Debatten, W.D.)
> wurden all die großen Gegenstände des Jahrhunderts,
> vor allem aber die Probleme des westeuropäischen
> Konstitutionalismus erörtert. Man könnte etwas
> maliziös die Fragen stellen, was denn das Parlament
> in Anbetracht seiner begrenzten Kompetenzen sonst
> diskutieren sollte als die großen Prinzipien der
> Politik. Die süddeutschen Parlamente besaßen nur
> das Recht, die Steuern und Gesetze zu bewilligen,
> entbehrten jedoch das Recht der Gesetzesinitiative.
> Die Debatten rankten sich um Petitionen, die von
> Bürgern an den Landtag herangetragen wurden und
> vom Parlament der Verwaltung empfohlen werden
> konnten, und um Motionen, mit denen das Parlament
> die Regierungen mangels der parlamentarischen
> Gesetzgebungsinitiative bestürmte.
> Die große Kunst der Debatte machte das parlamen-
> tarische Leben zum 'Frühling deutschen Verfassungs-
> lebens'. Hier wurden tatsächlich mehr die hohen
> Prinzipien der Moral und Politik als die Parti-
> kularinteressen fast 'wissenschaftlich' erörtert.
> ... Ein solches Parlament kann tatsächlich als der
> 'Platz' verstanden werden, 'wo man deliberiert,
> das heißt in einem diskursiven Vorgang, durch
> die Erörterung von Argument und Gegenargument,
> die relative Wahrheit gewinnt' (Carl Schmitt)
> und voluntas in ratio überführt wird. Ver-
> glichen mit dem modernen Parlamentarismus
> ging es hier eigentlich nicht um konkrete Po-
> litik, sondern um den Rahmen, in dem Politik
> sich abspielen sollte, um den Konstitutiona-
> lismus" (Jäger, 40).

Der Verweis auf die parlamentarische Wirklichkeit des deut-

schen Vormärz als der historische Ort, an dem das Modell am
ehesten verwirklicht worden ist, ist bei Jäger mit dem Verdacht verknüpft, daß zwischen der Deliberation im Sinne
des Modells und der politischen Machtlosigkeit der Deliberierenden ein mehr als zufälliger Zusammenhang besteht -
damals und vielleicht auch generell[3].

Die Frage, ob, und wenn ja, wann und wo die von Carl
Schmitt und anderen präsentierte Idee des Parlamentarismus
und der öffentlichen Diskussion im beschriebenen Sinne in
der historischen Wirklichkeit wenigstens annäherungsweise
aufzufinden ist, wird von den referierten Autoren (Schmitt,
Habermas und Jäger) also unterschiedlich beantwortet. Die
noch bestehenden Differenzen sind ein Problem der Geschichtswissenschaft, deren Ergebnissen ich, ohne sorgfältige historische Analysen gemacht zu haben, nicht vorgreifen kann.
Allerdings scheint mir die Schlußfolgerung Jägers, daß "der
Erfahrungshorizont der deutschen Geschichte, insbesondere
die Anfänge des deutschen Konstitutionalismus im 19. Jahrhundert, sowohl bei Habermas als auch bei Schmidt das Substrat der Analyse bilden" (8), ein beachtenswerter Gedanke.
Doch ist zu berücksichtigen, daß zum "Erfahrungshorizont der
deutschen Geschichte" auch die bis heute nachwirkenden Traditionen politischen Denkens, insbesondere die Deutungen der
Entwicklung des Konstituionalismus in Deutschland, gehören
und daß die These Jägers nicht so verstanden werden muß und
nicht so verstanden werden sollte, daß Schmitt oder Haber-

---

[3] Er findet sich auch bei Conze, den Jäger (41) zitiert: "Da
in der Stickluft der Polizeiüberwachung eine Bewährung in
der Praxis für die noch in actu befindlichen Parteien
kaum möglich war, verstärkte sich ihr Charakter als Gesinnungsgemeinschaften politisch-ideologischer Prinzipien."
In Jägers eigener Formulierung: "Und fern der politischen
Verantwortung konnten die Prinzipien gedeihen" (41) und,
so kann ergänzt werden, die Diskussion. Diese Einschätzung hat Tradition und begleitet den deutschen Parlamentarismus von den Anfängen bis zur Gegenwart. Sie vereint die Gegner des Parlamentarismus, so unterschiedlich
sie in anderer Beziehung sein mögen, und macht seine
Befürworter zaghaft.

mas ihre Begriffe über die historische Analyse des Konstitutionalismus in Deutschland gewonnen hätten und dann nachträglich aus völlig unverständlichen Gründen in England bzw. Frankreich verortet hätten. Das "Material", das ausdrücklich zur Stützung der Begriffe des Parlamentarismus bzw. der Öffentlichkeit herangezogen wird, ist bei Schmitt fast vollständig, bei Habermas weitgehend seinerseits "theoretisch". Und deshalb braucht die Erörterung der Frage, auf der Grundlage welchen Materials die Begriffe gebildet wurden, auch nicht aufgeschoben zu werden, bis die Geschichtswissenschaft geklärt hat, ob und wann die präsentierte Idee des Parlamentarismus sich historisch verwirklicht hat. Das primär verarbeitete Material sind geistesgeschichtliche Zeugnisse.

(c) Die geistesgeschichtliche Wirklichkeit
Habermas charakterisiert seine Begriffe ausdrücklich als "idealtypische", die auf "Stilisierung" beruhen (Strukturwandel, 8). Stilisiert wird z.T. das, was Habermas - nach Jägers Meinung irrtümlich - für die historische Wirklichkeit einer bestimmten Epoche in England hält; stärker jedoch beruft er sich als Quelle auf geistesgeschichtliche Zeugnisse, auf liberale Theorie des Parlamentarismus. Und für Schmitt ist die Frage , ob und wo der Parlamentarismus im Sinne der Beschreibung politisch-praktisch geworden ist, ohnehin von drittrangiger Bedeutung. Ihm geht es von vornherein um die "Idee" des Parlamentarismus, die er zielstrebig da sucht, wo solche Ideen normalerweise vorkommen: in den Büchern von Philosophen und Staatstheoretikern. Man könnte natürlich fragen, in welcher Beziehung die dort vorfindlichen Begriffe zur jeweiligen gesellschaftlichen Wirklichkeit stehen; in der Klärung des methodologischen Status der von Schmitt und Habermas präsentierten Begriffe ist jedoch zunächst zu fragen, ob sie die liberale Theorie angemessen wiedergeben.

Ausgehend von der These, daß "wie jede große Institution, so ... auch das Parlament besondere, eigentümliche Ideen zur Voraussetzung" hat (6), fühlt sich Schmitt zur Klärung dieser Ideen auf die verwiesen, die vor ihm über den Parlamentarismus nachgedacht haben. Das Material, das in die idealtypische Konstruktion der Idee eingeht, sind in diesem Fall selbst schon in der Geistesgeschichte vorfindliche idealtypische Modellvorstellungen. Er studiert sie, um die "tiefere Begründung" aufzudecken, "das, was Montesquieu das Prinzip einer Staats- oder Regierungsform nennt, ... die spezifische Überzeugung, die zu dieser wie zu jeder großen Institution gehört, ... den Glauben an das Parlament, den es tatsächlich einmal gegeben hat und den man heute nicht mehr findet" (13).

Die Typisierung Schmitts besteht vor allem darin, daß er die geistesgeschichtlich konkret vorliegenden Konzeptionen auf Invarianten der Überzeugungen und des Glaubens hin untersucht, um hinter den historischen Konkretisierungen, die die Idee bei Burke, Bentham, Guizot, J. St. Mill und anderen erfahren hat, das aufzudecken, was den Parlamentarismus wesentlich und zuinnerst charakterisiert. Schmitt vernachlässigt also die historischen Veränderungen innerhalb der liberalen Parlamentarismus-Theorie zugunsten einer Synopse. Historisch ist die Betrachtungsweise nur insofern, als die Idee des Parlamentarismus selbst als etwas Historisches angesehen wird, das - aus nicht weiter untersuchten Gründen - sich im 17. und 18. Jahrhundert entwickelt hat und in Schmitts Gegenwart möglicherweise zu Ende geht[4].

---

[4] Die These vom Zu-Ende-Gehen formuliert Schmitt nicht nur in Bezug auf die parlamentarische Diskussion, sondern verallgemeinernd auf Diskussion überhaupt, und dies sogar in dem Bereich, in dem sie als unverzichtbar gelten kann: der Wissenschaft. In der "Vorbemerkung" zur 2. Auflage 1926 schreibt er zu Beginn über seine eigene Studie: "Eine unbeirrt wissenschaftliche Erörterung, die sich jeder parteipolitischen Ausnutzung entzieht und niemandem Propagandadienste tut, dürfte heute den meisten unpraktisch, weltfremd und anachronistisch vorkommen. Es ist also zu befürchten, daß eine sachliche Diskussion politischer Begriffe wenig Interesse und der Wunsch nach einer solchen Diskussion wenig Verständnis findet. Vielleicht geht die Epoche der Diskussion überhaupt zu Ende." Daß die Charakterisierung der eigenen Untersuchung als "unbeirrt wissenschaftliche Erörterung, die sich jeder parteipolitischen Ausnutzung entzieht", dem heutigen und auch vielen damaligen Lesern eher als Zeugnis eigener Verblendung erscheinen muß, steht auf einem anderen Blatt.

Inwieweit Schmitt den Anspruch, geistesgeschichtlich Gedachtes zutreffend darzustellen, zu Recht erheben kann, wäre im einzelnen zu untersuchen. Es kann aber kein Zweifel daran bestehen, daß die Begriffe selbst und im wesentlichen auch die von Schmitt dargestellten inhaltlichen Merkmale zur Tradition des politischen Denkens in Westeuropa mindestens seit der zweiten Hälfte des 18. Jahrhunderts gehören und daß der Versuch, hinter allen individuellen und historischen Modifizierungen und Relativierungen innerhalb der letzten 200 Jahre Konstanzen aufzuspüren, nicht von vornherein abwegig ist. Dennoch ist auch die geistesgeschichtliche Wirklichkeit hinsichtlich der von Schmitt behandelten Probleme vielfältiger und heterogener, als es das einfache Bild letztbegründender Prinzipien und polarer Gegensätze zu sehen erlaubt.

Bei seiner rekonstruierenden Arbeit wählt er - natürlich - aus dem Insgesamt der geistesgeschichtlich vorliegenden Zeugnisse aus, setzt Schwerpunkte, bevorzugt, betont, relativiert, vernachlässigt, ohne daß ausgedrückt oder auf einfache Weise erschließbar wäre, was diesen Auswahlprozeß steuert. So werden z.B. andere Begründungsversuche für den Parlamentarismus, die um 1923 oder auch aus wesentlich früherer Zeit schon vorlagen, nur kurz gestreift oder auch von vornherein abgetan. Zu ihnen gehören alle "sozialtechnischen" Rechtfertigungen pragmatischer Art, weil sie die große Idee vermissen lassen: die Begründung des Parlamentarismus als Institution zur Bildung politischer Eliten oder das Argument der äußerlichen "Expedivität", gemeint: die Rechtfertigung des parlamentarischen Repräsentationssystems als (unvermeidlich) zweitbeste Lösung, da man das Volk insgesamt nicht mehr unter der Dorflinde versammeln und die Einzelnen auch nicht wegen jeder Entscheidung befragen kann.

Die Selektivität in der Verarbeitung der geistesgeschichtlichen Zeugnisse, die Jäger auch für Habermas feststellt[5],

---

[5] Jäger belegt, daß die Habermassche Darstellung nicht nur nicht mit den Ergebnissen der geschichtswissenschaftlichen Realanalyse übereinstimmt, sondern auch nicht mit der

ist natürlich unvermeidlich genauso wie der typisierende und
stilisierende Charakter der resultierenden Begriffe. Doch
ist es von großem Interesse, nach dem je spezifischen Richtungssinn zu fragen, der die Selektion eines Autors in einer
Veröffentlichung steuert. Dieser Richtungssinn ergibt sich,
wie Habermas weiß, Carl Schmitt jedoch von sich weisen würde,
aus dem jeweiligen wissenschaftlichen Erkenntnisinteresse,
verbunden auch mit (politischen) Wirkungsabsichten. Auf jeden Fall kann man verallgemeinernd sagen, daß er gebunden
ist an die jeweils zeitgenössischen Erfahrungsinhalte der
Autoren. Wenn man aber weiß, daß die von Schmitt und Habermas entwickelten Begriffe von Parlamentarismus, Öffentlichkeit, Diskussion etc. in den gesellschaftlichen Wissensbeständen der Weimarer Republik bzw. der Bundesrepublik vorgefunden werden können, dann wird die Frage berechtigt, ob
nicht auch Schmitt und Habermas die Begriffe aus dem eigenen
zeitgenössischen Erfahrungshorizont hatten, bevor sie ihre
geistesgeschichtliche Analyse in Angriff nahmen. Letztere
hätte in diesem Falle nur bestätigende, unterstützende Funktion für etwas, was die Autoren in ihren Alltagswissen, wenn
auch möglicherweise nicht in gleicher Explizitheit, schon
besaßen.

d) Das zeitgenössische Alltagswissen

Daß Schmitt und Habermas die von ihnen entwickelten Begriffe
auch in ihrer jeweiligen Gegenwart hätten finden können und
daß es der geistesgeschichtlichen Analyse nicht bedurft
hätte, ist eins; etwas anderes, wie der Prozeß der Begriffsbildung in ihren Köpfen wirklich abgelaufen ist. Darüber
sind nur Vermutungen möglich - Vermutungen, die Jäger anstellt, wenn er schreibt:

Forts. 5
zeitgenössischen Analyse der historisch-politischen Wirklichkeit, wie sie für den fraglichen Zeitraum in England
z.B. von W. Bagehots (The English Constitution. London
1967) geleistet worden ist.

> "In dieser Kulturkritik steckt der eigentliche
> Kern der Habermasschen Aussagen. Die heile Welt
> der Primärgruppen, der 'intimate face to face
> associations', wird auf den Kommunikationszu-
> sammenhang des gesamtgesellschaftlichen Bereichs
> übertragen" (Jäger, 24).

Gleichgültig, ob man der speziellen Deutung Jägers zu folgen bereit ist, die heile Welt der Primärgruppen sei der Erfahrungshorizont, aus dem die gesamtgesellschaftliche Theorie stammt - man könnte alternativ oder zusätzlich auf die Welt des Wissenschaftlers als Erfahrungshintergrund verweisen[6], es bleibt die grundlegendere These bestehen, daß Habermas seinen idealtypischen Begriff öffentlicher Diskussion im Parlamentarismus möglicherweise nicht (nur) aus der historischen Analyse gewonnen hat. Der Verdacht bekommt zusätzlich Nahrung, wenn man sich an die Begründung erinnert, mit der Habermas den Begriff des Diskurses in seiner Universalpragmatik (Habermas 1971) rechtfertigt. Der Begriff des Diskurses ist in seiner inhaltlichen Bestimmung dem Begriff der Diskussion im Parlamentarismus sehr verwandt; der erste ist eine besondere Variante der Diskussion im bisher beschriebenen Sinne, man kann auch sagen, eine besonders reine, noch stärker idealisierte Form. Der Diskursbegriff wird aber bei Habermas überhaupt nicht historisch abgeleitet, sondern gilt - als antizipatorische Erwartung der Kommunizierenden - als universelle Bedingung für Kommunikation, die wahren Konsens zum Ziel hat.

Der Verdacht, daß das Material, über dem Schmitt und Habermas ihre Begriffe gebildet haben, in Wahrheit etwas war, was mehr oder weniger in ihrem Alltagswissen schon existierte, ist beim Autor dieses Aufsatzes, bei mir also, nicht zuletzt deshalb verstärkt worden, weil mir die von ihnen historisch

---

[6] In diesem Zusammenhang ist darauf hinzuweisen, daß dieser Bezug auch <u>historisch</u> wichtig war, ist es doch sicher nicht nebensächlich-äußerlich, daß Aufklärung und Liberalismus zur Bezeichnung des Verfahrens, das die politischen Willensbildungs- und Entscheidungsprozesse bestimmen soll, mit "Diskussion" einen Ausdruck wählten, der bis dahin primär in der Sprache der Wissenschaft Geltung hatte.

begründeten Begriffe schon bekannt waren, ohne daß ich selbst historische Untersuchungen gemacht hätte. Ich unterscheide in meinem Alltagswissen Diskussion, Verhandlung, Propaganda etc. ganz ähnlich, wie sie bei Schmitt und Habermas unterschieden werden, und ich wußte auch schon, daß die Willensbildungs- und Entscheidungsprozesse in der parlamentarisch-demokratisch organisierten Bundesrepublik vom Anspruch her so verlaufen sollen, wie Schmitt und Habermas es mit den Begriffen Diskussion und Öffentlichkeit beschreiben. Der Gedanke liegt nahe, daß Schmitt und Habermas das auch schon wußten. Warum sollte ihnen etwas entgangen sein, was so deutlich zu meinem intellektuellen Erfahrungshorizont gehört?

Literatur

Ehlich, K. u. J. Rehbein: Wissen, kommunikatives Handeln und die Schule, in: Sprachverhalten im Unterricht. Hg. v. H. C. Goeppert, München 1977, 36-114

Jäger, W.: Öffentlichkeit und Parlamentarismus. Eine Kritik an Jürgen Habermas. Stuttgart 1973

Habermas, J.: Strukturwandel der Öffentlichkeit. Neuwied ^{5}1971

Habermas, J.: Vorbereitende Bemerkungen zu einer Theorie der kommunikativen Kompetenz, in: H. Habermas/N. Luhmann, Theorie der Gesellschaft oder Sozialtechnologie? Frankfurt/Main 1971, 101-141

Mill, J. St.: Über Freiheit. Frankfurt/Main 1969 (engl. Orig. 1859)

Schmitt, C.: Die geistesgeschichtliche Lage des heutigen Parlamentarismus. Berlin ^{2}1926

PROBLEME DER LINGUISTISCHEN ANALYSE
INSTITUTIONELLER KOMMUNIKATION

Inhalt

1. Die historisch-gesellschaftlichen Bedingungen von Kommunikation

2. Zur Unterscheidung von "Alltagskommunikation" und "Kommunikation in Institutionen"

3. Kann man aus der Analyse alltagsweltlicher Kommunikation Erkenntnisse über institutionelle Kommunikation gewinnen?

4. Öffentlich-institutionelle Kommunikation

   4.1. Institutionelle Kommunikation wie alltagsweltliche betrachtet: Dialogsteuerung in massenmedialen Interviews

   4.2. Öffentlich-institutionelle Kommunikation als trialogische Kommunikation

5. Kommunikation zwischen Institution und Bürger

   5.1. Die Agent-Klient-Situation

   5.2. Grenzen der verstehend-rekonstruierenden Methode in der Analyse der Agent-Klient-Situation

   5.3. Der Agent als Funktionsträger und der Agent "als Mensch"

6. Institutionen und "sprachliches Handeln"

7. Kommunikation zwischen den Agenten in den Institutionen

   7.1. Kommunikative Prozesse in den Institutionen

   7.2. "Kooperatives Handeln" in institutionellen Prozessen

1. Die historisch-gesellschaftlichen Bedingungen von Kommunikation

Es ist verschiedentlich und mit Grund die Eilfertigkeit kritisiert worden, mit der in manchen sprechakttheoretischen Arbeiten innerhalb der angelsächsischen sprachanalytischen Philosophie und ihrer anfänglichen linguistischen Rezeption kommunikative Bedingungen und Regeln, die faktisch aus der Analyse gegenwärtiger Kommunikation in bestimmten Gesellschaften oder intuitiv aus der alltagsweltlichen Erfahrung des

Forschers gewonnen wurden, als kommunikative Universalien präsentiert worden sind. Dagegen ist, programmatisch z.B. von B. Schlieben-Lange (1975; vgl. auch Schlieben-Lange und Weydt 1979), ihre Historizität betont worden. Die Historizität der Sprechakte folgt aus der Historizität der Gesellschaft und der "Lebensformen", in denen sie Geltung haben und an die sie gebunden sind.

Die Unterschiedlichkeit der Lebensformen ist allerdings nicht nur ein in der historischen Analyse aufweisbares Faktum, sondern kann auch im interkulturellen Vergleich verschiedener Gesellschaften, die zeitlich nebeneinander bestehen, erkannt werden. Deshalb ist es bei der Lektüre pragmatisch orientierter Arbeiten und zur eigenen Kontrolle manchmal ganz hilfreich, eine ethnologische Untersuchung neben sich liegen zu haben, um sich in Erinnerung zu halten, daß es auch im Bereich der Kultur und der Sprache mehr zwischen Himmel und Erde gibt, als es sich der in der eigenen Lebensform oft sehr befangene Alltagsverstand sogar von Wissenschaftlern träumen läßt. Um grobe Fehleinschätzungen zu vermeiden, genügt es, sich eine Kopie der fünf Beispiele über den Schreibtisch zu hängen, die Heeschen (1980, 259) in seinem Lexikonartikel "Theorie des sprachlichen Handelns" dafür gibt, wie man in verschiedenen Kulturen um etwas bittet oder, um es vorsichtiger auszudrücken, was man in verschiedenen Kulturen tut, um das zu erreichen, was wir durch eine sprachliche Handlung erreichen, die wir "bitten" nennen.

Was für einfache Sprechakte gilt, trifft meist verstärkt für komplexere Sprechhandlungen entlang der von Wunderlich (1979, 287ff.) angegebenen Reihe "einfacher Sprechakt", "komplexer Sprechakt", "Sprechakt-Sequenzmuster", "komplexe Sprecheinheit", "Diskursart" zu und, wenn man nicht-sprachliche Mittel der Kommunikation nicht von vornherein ausschließen will, für alle kommunikativen Handlungen. Sowohl das Inventar der verfügbaren kommunikativen Handlungstypen als auch ihre jeweiligen Ausformungen sind historisch-gesellschaftlich geprägt, stellen gesellschaftliche Antworten auf spezifische Problemsituationen dar, die ihrerseits auch historisch sich verändern, was nicht ausschließt, daß manche Problemsituationen und die ihnen zuzuordnenden kommunikativen Handlungstypen in vielen Gesellschaften über längere Zeiträume auffindbar sind. Die These, daß die kommunikativen Handlungstypen Antworten auf spezifische Problemsituationen sind, erfordert es, für die einzelnen die Problemsituation zu beschreiben und die Bedingungen und Regeln, die für sie gelten, anzugeben.

Es gehört zur Explikation der Begriffe Diskussion und Verhandlung zu bestimmen, was diskutierbar ist und was nicht, was man verhandeln kann und was nicht. Die Antwort hängt allerdings z.T. selbst wieder von historisch sich verändernden Einschätzungen des Problems oder Sachverhalts ab, über den kommuniziert wird. In erster Annäherung kann man z.B. sagen, verhandeln könne man nur über etwas, was teilbar oder tauschbar ist. Was teilbar oder tauschbar ist, ist aber nicht "objektiv" an der Sache ablesbar, sondern ist oft Auffassungssache. Ein Kuchen, in der konkreten und der metaphorischen Bedeutung des Wortes, ist sicherlich teilbar; wie steht es aber mit dem "Unteilbaren Deutschland" oder dem "unteilbaren Frieden"? - Andere Bedingungen liegen auf der Ebene der sozialen Beziehungen. Nicht jeder kann jedem befehlen. Wer nicht befehlen kann, muß je nachdem verhandeln, diskutieren, bitten. Es kann aber auch nicht jeder mit jedem diskutieren oder verhandeln wollen. - In der institutionellen Kommunikation tritt als weitere einschränkende Besonderheit hinzu, daß der Handlungstyp vorgeschrieben sein kann. Im Grundgesetz ist z.B. festgelegt, wer bei der Entwicklung und Verabschiedung von Gesetzen beteiligt sein soll, und welches Verfahren den Willensbildungsprozeß steuern soll, nämlich die Beratung, nicht die Verhandlung oder der Befehl. Arbeitskonflikte andererseits sind Sache der Verhandlung zwischen den Tarifpartnern.

Die Analyse institutioneller Prozesse zeigt allerdings, daß oft mehr als ein kommunikativer Handlungstyp zur Lösung eines Problems alternativ zur Verfügung steht, wie auch umgekehrt, daß ein kommunikatives Verfahren zur Bewältigung unterschiedlicher Problemsituationen verwendet werden kann. Beides relativiert die oben behauptete enge Verknüpfung von Handlungstyp und Problemsituation. Die Beziehung kompliziert sich zusätzlich dadurch, daß kommuniktive Verfahren auch "uneigentlich" gebraucht werden können. Im politischen Bereich stimmt das kommunikative Verfahren, das tatsächlich den Willensbildungs- und Entscheidungsprozeß steuert, nicht immer mit dem gesetzlichen Auftrag oder den Erwartungen der Öffentlichkeit überein. Um solche Diskrepanzen nicht sichtbar werden zu lassen, kann das akzeptierte und positiv bewertete Verfahren (z.B. eine Beratung) vor der Öffentlichkeit formal-kommunikativ realisiert werden, obwohl die Entscheidungen auf anderem Wege (z.B. durch eine Verhandlung) erreicht werden. Der historisch-gesellschaftliche Charakter der kommunikativen Handlungstypen, vor allem der auf der Ebene der komplexen Texttypen und Diskursarten, bedarf genauerer Untersuchung.

Nun kann man sagen, daß vorschnelle universalistische Verallgemeinerungen ein Problem der Vergangenheit sind, weil die pragmatische Linguistik, gleichgültig ob sprechakttheoretisch, ethnomethodologisch oder wie auch sonst fundiert, seit einigen Jahren in zahlreichen Projekten und empirischen Einzelstudien die historisch-gesellschaftlichen Bedingungen und ihre Auswirkungen auf das kommunikative Handeln theoretisch mitreflektiert und empirisch-praktisch mitberücksichtigt, sogar oft zum hauptsächlichen Untersuchungsgegenstand macht. Das geschah und geschieht zwar selten im historischen oder im interkulturellen Vergleich, sondern im Vergleich der Kommunikation verschiedener Kommunikationsbereiche der gleichen Gesellschaft, z.B. der gegenwärtigen Bundesrepublik; doch ist das Ergebnis dasselbe: die kommunikativen Regeln werden mit den spezifischen Bedingungen nicht nur der jeweiligen Gesellschaft, sondern sogar des besonderen Kommunikationsbereichs (Schule, Gericht, Krankenhaus, Sozialamt, Alltag etc.), der untersucht wird, verknüpft. Der Geltungsbereich wird ausdrücklich eingeschränkt, oder er läßt sich vom Leser, die Zuverlässigkeit der Untersuchung sonst vorausgesetzt, relativ sicher aus der Materialbasis des Forschers erschließen.

2. Zur Unterscheidung von "Alltagskommunikation" und "Kommunikation in Institutionen"

Ein Verallgemeinerungsanspruch, der sich auch durch die Forschung der letzten Jahre zieht, betrifft das Verhältnis von alltäglicher und institutioneller Kommunikation und folgt aus der These, daß in der Alltagskommunikation die fundamentalen Bedingungen und Regeln aufzufinden seien, die für Kommunikation überhaupt gelten, denen gegenüber die Prinzipien und Formen der Kommunikation in Institutionen nur besondere Ausprägungen, abgeleitete Besonderheiten des grundlegend Gleichen seien. Behauptet wird also die Gleichartigkeit des Handelns in allen Bereichen und damit u.a. auch die Anwendbarkeit der Kategorien und Methoden linguistischer Analyse, die bis vor kurzem vornehmlich in der Auseinandersetzung mit der Alltagskommunikation entwickelt worden sind, auf Gegenstände institutioneller Kommunikation. Wesentliches Thema dieses Aufsatzes sind das Verhältnis von alltäglicher und institutioneller Kommunikation und die Schwierigkeiten, die m.E. entstehen, wenn man versucht, das Instrumentarium, das am Material alltäglicher Kommunikation gewonnen wurde, auf Prozesse institutioneller Kommunikation anzuwenden _und_ mit der Analyse beansprucht, einen Beitrag zur besseren Erkenntnis der Institutionen und ihrer Rolle in der Gesellschaft zu leisten. Da man den zweiten Anspruch nicht unbedingt erheben muß, bedeutet der Nachweis, daß er bisher nur bedingt erfüllt worden ist, nicht von vornherein Kritik an den Untersuchungen, die zum Zwecke des Nachweises illustrierend herangezogen werden. Ich konzentriere mich im Folgenden selektiv auf Probleme und Schwierigkeiten, die mir besonders wichtig zu sein scheinen. Unter anderem behandele ich nicht die sehr lohnende und bisher kaum beachtete Frage, ob nicht die Alltagskommunikation auch umgekehrt sehr stark von kommunikativen Formen und Praktiken institutionller Herkunft beeinflußt wird.

Eigentlich wäre es an dieser Stelle notwendig, sich zu-

nächst mit der Unterscheidung von Alltag und Institution
selbst zu beschäftigen, über die ja keineswegs Konsens besteht, sondern die recht unterschiedlich begrifflich bestimmt
wird. Ich möchte diese Klärung hier gern vermeiden und stattdessen zielstrebig das Verständnis der Unterscheidung benennen, das Ausgangspunkt der Überlegungen ist. Für die allgemeine Klärung verweise ich auf Ehlich/Rehbein (1980) und
Ehlich (1980). Für das gemeinte Verständnis zitiere ich stellvertretend Jürgen Streeck (1979), der sich in einem Aufsatz
mit einem sprachlichen Phänomen - "Sprechhandlungen von Lehrern, die einen voraufgegangenen Redebeitrag eines Schülers
bewerten" - beschäftigt, das in der Schule überaus häufig, in
der "alltagsweltlichen, nicht-institutionellen Kommunikation"
nur selten auftritt. Er skizziert verallgemeinernd eine Forschungsstrategie für ähnliche Untersuchungen:

> "Von diesem Tatbestand ausgehend wollen wir
> zeigen, daß der institutionelle Diskurs der
> Schule auf einer bestimmten Transformation der
> interaktionslogischen Grundlagen alltäglicher
> diskursiver Verständigung beruht, die für
> das Funktionieren der Institution von einiger
> Bedeutung ist und in erster Linie durch den
> Sprechakt der Bewertung von Redebeiträgen
> geleistet wird. Für die konversationsanalytische
> Forschung wird dadurch nahegelegt, daß sie, bei
> den Mechanismen intersubjektiver Verständigung
> in der Alltagskommunikation ansetzend, anhand
> der Veränderung dieser Mechanismen in institutionellen Diskursen das soziologische Verständnis gesellschaftlicher Institutionen
> vorantreiben kann." (235 f.)

Grob gesagt, handelt es sich bei der Unterscheidung von "Alltagskommunikation" oder "alltäglicher diskursiver Verständigung" und "institutionellem Diskurs" um eine Trennung von
Kommunikation im "Privatbereich" und Kommunikation in Gebäuden, die unten an der Tür ein mehr oder weniger aufwendiges
golden- oder silbernfarbenes Schild tragen. Ich formuliere
die Unterscheidung mit Absicht so vage, weil ich meine, daß
sie in dieser Form die linguistischen Analysen stark bestimmt,
und zwar relativ unabhängig von und z.T. im Widerspruch zu
den genaueren oder auch andersartigen definitorischen Bestim-

mungen, die die Begriffe "Alltag" und "Institution" in den Untersuchungen erhalten. Ein wesentliches und sich durch die pragmatische Kommunikationsanalyse hindurchziehendes Interesse ist die Beantwortung der Frage: Wie kommunizieren wir denn "normalerweise", "privat", "alltäglich", und was verändert sich, wenn wir in eines dieser Gebäude mit Schild eintreten und unter die besonderen Bedingungen geraten, die für die Kommunikation in dem jeweiligen Gebäude bzw. in solchen Gebäuden allgemein gelten? Eine Standardsituation für den einen Bereich ist die, in der einige Freunde oder Bekannte, die sich alle duzen (in der Linguistik duzen sich im Alltag fast alle), nach getaner Arbeit in einer Privatwohnung zusammen sind und sich vielleicht darüber unterhalten, ob sie ins Kino gehen sollen. Es kann auch ein Vater auftreten, der unter den Unbilden eines offenen Fensters leidet und, unfähig, es selbst zu schließen, seine Tochter dazu bewegen will, dem Übel abzuhelfen. Auf der anderen Seite sind die Situationen des Angeklagten vor Gericht, des Patienten im Krankenhaus, des Fürsorgeempfängers im Sozialamt die Analysegegenstände.

Die Gegenüberstellung findet sich schon in der immer noch anregenden Problemskizze von Wunderlich (1972) im Abschnitt "Institutionalität von Sprechhandlungen" (37 ff.). Sie wird dort als Unterscheidung von Sprechhandlungen "in einem freien Raum zwischen einzelnen Individuen", in dem "diese Individuen in voller Eigenverantwortlichkeit die Konsequenzen ihrer Handlungen antizipieren", und Sprechhandlungen "im Rahmen größerer organisierter sozialer Institutionen", in dem die individuelle Verantwortlichkeit nicht oder nur eingeschränkt gilt, angesprochen. Zugleich benennt er einen wichtigen inhaltlichen Unterschied, auf den ich in einem späteren Abschnitt zurückkomme. Die Vorstellung vom "freien Raum" der Privatsphäre wird übrigens an der gleichen Stelle von Wunderlich selbst problematisiert.

Die These von der Fundamentalität der alltagsweltlichen Regeln der Kommunikation scheint in Wunderlichs Aufsatz durch in der versuchsweisen Trennung "präinstitutionell-naturwüchsiger" und "institutionsgebundener" Sprechhandlungen und in

der Bestimmung der zweiten als besondere "Ausformungen" der
ersten. Die Ausformung nimmt nach Wunderlich mindestens drei
Formen an:

> "einmal werden auch sonst schon vorhandene,
> gewissermaßen präinstitutionell oder natur-
> wüchsig bestehende Konventionen für Sprech-
> handlungen neu präzisiert und erhalten einen
> neuen Sinn: Aufforderungen werden zu Anwei-
> sungen oder Anordnungen, Ratschläge zu Hinwei-
> sen oder Empfehlungen...;
> zweitens wird die zulässige, nichtzulässige
> oder verlangte Abfolge von Sprechhandlungen im
> Rahmen bürokratischer und organisatorischer
> Prozesse ... oft genau geregelt;
> drittens werden ganz neue Typen von Sprech-
> handlungen für die spezifischen Aufgaben der
> Institution entwickelt, wie Ernennen, Verur-
> teilen, Eröffnen ... usw." (38)

Die genannten institutionellen "Ausformungen" dürften zu dem
gehören, was Streeck allgemein "Transformation der interak-
tionslogischen Grundlagen alltäglicher diskursiver Verständigung" nennt.

Die Gleichartigkeit des Handelns im Alltag und im Bereich
der Institutionen kann, solange nicht genauer bestimmt wird,
was "Gleichartigkeit" beinhalten soll, sicherlich nicht bestritten werden, genausowenig wie die Relevanz und empirische
Stichhaltigkeit der von Wunderlich unterschiedenen Formen
institutioneller Ausprägungen von Sprechhandlungen, über die
ja inzwischen Genaueres bekannt ist, weil die Forschung dieser Linie gefolgt ist. Zu erinnern wäre z.B. an Wunderlichs
eigenen Versuch, dem Sprechakt Frage in verschiedenen institutionellen Kontexten nachzugehen (Wunderlich 1976); in
jüngster Zeit z.B. an den Sammelband "Erzählen im Alltag"
(Ehlich 1980), in dem das gleiche Phänomen am Beispiel eines
komplexen Musters, eben dem Erzählen, vor allem in den Beiträgen von Hoffmann, Rehbein, Klein und Bliesener in großer
Deutlichkeit faßbar wird:

> "Die Agenten einer Institution ... funktionalisieren
> die Diskursart Erzählung in institutionsadäquater
> Weise. Diesen Prozeß kann man als 'institutions-
> spezifische Diskursverarbeitung' bezeichnen"
> (Rehbein in diesem Sammelband, 89).

Zu klären bleibt, ob die von Wunderlich genannten Ausformungen vollständig sind, vor allem aber, ob die Differenz zwischen alltäglicher und institutioneller Kommunikation ausschließlich oder auch nur in erster Linie auf der Ebene verschiedener Ausformungen von Sprechhandlungen liegt.

3. Kann man aus der Analyse alltagsweltlicher Kommunikation Erkenntnisse über institutionelle Kommunikation gewinnen?

Auch wenn man die These für wahr hält, daß die Alltagskommunikation die grundlegende Ebene ist, an der analysiert werden kann, was für Kommunikation überhaupt gilt, dann folgt daraus natürlich nicht, daß alles, was in irgendwelchen alltäglichen Situationen gilt, fundamental wäre. Und da Analysen, die als Materialbasis nur Alltagskommunikation verwenden, keine Möglichkeit haben, zwischen Fundamentalem und Bereichsspezifischem zu unterscheiden, kann innerhalb solcher Analysen auch nicht bestimmt werden, was über den Untersuchungsbereich hinaus Geltung hat. Dies festzustellen, ist nicht ganz überflüssig, weil die lebhafte Beschäftigung mit Alltagssprache, Alltagswelt und Alltagswissen in Soziologie und Linguistik z.T. von der Verallgemeinerbarkeit der Befunde lebt. Die Mikroebene alltäglich-privater Kommunikation wird unter der Annahme untersucht, daß sie so privat nicht ist, sondern daß wesentlich auf ihr Gesellschaftlichkeit entsteht und Gesellschaft sich formiert. Es ist dieser Gedanke, der die Analyse überhaupt als soziologische Tätigkeit rechtfertigt, ihr sogar grundlagentheoretische Bedeutung garantiert.

Der Forscher kann zwar Verallgemeinerungen rechtfertigen wollen, ohne Kommunikation in nicht-alltäglichen Typen von Situationen faktisch untersucht zu haben, indem er sich auf sein Alltagswissen beruft; doch ist das eine unsichere Basis. Das zeigt der Blick auf die anfängliche Rezeption der Sprechakttheorie, in der der Anspruch bestand, allgemeine Sprechaktregeln zu bestimmen. In Wirklichkeit war der Geltungsbereich aber oft eingeschränkt, erstreckte sich nicht auf die Kommunikation in Institutionen und war z.T. sogar an die Alltagswelt der Sprechergruppen gebunden, zu denen die linguistischen Forscher selbst gehörten. Die Welt, aus der die Beispielsätze stammten, war z.B. nur bedingt auch meine Welt, obwohl ich den Verfassern hinsichtlich sozialer Herkunft, Alter und Beruf recht nahestand. Die Art und Weise, wie die Menschen in der Welt der Beispiele sprachlich miteinander umgingen, welche Verpflichtungen sie einzugehen meinten oder auch nicht, welchen Regeln sie zu folgen schienen, kam mir nicht selten etwas absonderlich vor.

4. Öffentlich-institutionelle Kommunikation
4.1. Institutionelle Kommunikation wie alltagsweltliche betrachtet: Dialogsteuerung in massenmedialen Interviews

Es gibt andere Untersuchungen, die Fälle institutioneller Kommunikation als Material verwenden, in der Analyse das spezifisch Institutionelle aber mehr oder weniger vernachlässigen; d.h. das Material wie und als alltagsweltliches betrachten. Auch von ihnen kann, wiewohl sie in anderer Hinsicht zu wichtigen Erkenntnissen gelangen können, kein genaueres Verständnis institutioneller Kommunikation und der Beziehungen zwischen alltäglicher und institutioneller Kommunikation erwartet werden. Als ein Beispiel beziehe ich mich auf Schwitalla (1979), der die Dialogsteuerung in massenmedialen Interviews, u.a. in Interviews mit Politikern, behandelt hat. Er schreibt einleitend zu seinem Gegenstand:

> "Die zu untersuchenden Interviews haben ihr
> primäres Ziel in sich selbst, erst in einem
> weiteren Planzusammenhang haben sie Relevanz für
> Ziele, die über die Situation hier und jetzt
> hinausgehen. Der Interviewer will hier und
> jetzt vom Interviewten etwas wissen, erst in
> zweiter Linie ist dieses Interview ein Zwischenziel auf dem Weg zu einem weiteren Ziel" (23).

Institutionelle Kommunikation wie und als alltagsweltliche untersuchen, heißt in diesem Fall, so tun, als wären die Gespräche keine massenmedialen Interviews, sondern als wären die zwei Personen zusammengekommen, weil der eine vom anderen etwas wissen möchte. Der institutionelle Sinn des massenmedialen Politikerinterviews wird von Schwitalla in einem Exkurs über "Die Rolle von Politikerinterviews in den Massenmedien" (184-191) angedeutet, in der eigentlichen Untersuchung wird die Dimension, in der der Frage-Antwort-Dialog erst als massenmediales Interview konstituiert wird, radikal abgeschnitten. Abgeschnitten wird damit u.a. auch der zuschauende oder zuhörende Dritte, obwohl seine Anwesenheit ganz erheblichen Einfluß auf das kommunikative Geschehen im Binnendialog ausübt, ja obwohl das Kommunikationsereignis ohne ihn gar nicht stattfände. Massenmedialen Interviews wird man wohl nur dann gerecht, wenn man der Analyse ein "trialogisch" konzipiertes Kommunikationsmodell zugrundelegt. Auf jeden Fall würde damit dem Irrtum vorgebeugt, es handele sich um einen Dialog, der sein "primäres Ziel in sich selbst" hat und zusätzlich dann auch noch übertragen wird (oder auch nicht).

4.2. Öffentlich-institutionelle Kommunikation als trialogische Kommunikation

Da mir der Begriff "trialogischer Kommunikation" für die Analyse institutioneller Kommunikation weit über das Beispiel massenmedialer Interviews hinaus fruchtbar zu sein scheint, will ich den Gedanken noch etwas verfolgen, fasse mich aber kurz, da er der hauptsächliche Gegenstand eines anderen Aufsatzes ist (vgl. den Beitrag "Inszenierte Kommunikation" in diesem Band).

Der zuschauende oder zuhörende Dritte ist konstitutiv nicht nur für das Interview, sondern für jedes Sprechen in den Massenmedien, das intern als Zweier- oder Gruppengespräch (Rundgespräche, Pro und Contra, Frühschoppen etc.) organisiert ist. Immer spricht der in diesen Sendeformen Agierende zu den im Studio anwesenden Personen und zugleich zum Bürger. Das, was er sagt, hat nicht nur faktisch verschiedene Hörer, sondern ist oft auch intentional doppelt adressiert.

Über die Massenmedien hinaus gibt es zahlreiche Fälle trialogischer Kommunikation (z.B. Podiumsdiskussion, öffentliche Erklärungen an andere Personen, Gruppen oder Staaten, offene Briefe) in anderen Institutionen. Wenn sie öffentlich gemacht werden sollen, bedürfen die Urheber wiederum der Vermittlung durch die Massenmedien, aber sie werden nicht von den Massenmedien und oft auch nicht für die Massenmedien eigens produziert. Von ihnen gilt also z.T., daß sie ihr primäres Ziel in sich selbst haben und sekundär übertragen werden. Ob das wirklich der Fall ist, ist in der Einzelanalyse zu prüfen. Die Entscheidung ist z.B. bei der Plenardebatte gesetzgebender Körperschaften schwierig. Als Gedankenexperiment, wenn auch nur als Gedankenexperiment, ist die Frage, ob es heute noch Plenardebatten des Deutschen Bundestages gäbe, wenn es keine Massenmedien gäbe, durchaus berechtigt. Unabhängig davon, wie die Antwort ausfällt oder wie man den primären und den sekundären Adressaten bestimmt, man verfehlt den institutionellen Sinn auch der Plenardebatte, wenn man das kommunikative Ereignis nicht grundsätzlich als trialogische Kommunikationssituation konzeptualisiert. Das gleiche gilt für alle dialogisch strukturierten Kommunikationsereignisse, die als öffentliche oder veröffentlichte einen doppelten Adressaten haben. "Öffentlichkeit" muß auch nicht ausschließlich als Massenöffentlichkeit verstanden werden; das Phänomen ist ebenfalls in den Teilöffentlichkeiten einzelner Institutionen (Parteien, Fraktionen, Verbänden aller Art) zu beachten.

Eine noch größere Reichweite erhält der Begriff der trialogischen Kommunikation, wenn man ihn auf kommunikatives Handeln anwendet, das nicht manifest öffentlich ist, jedoch öffentlich gemacht werden kann, "potentiell öffentlich" ist. Diese Ausweitung mag sich deshalb als fruchtbar erweisen, weil es eine plausible Hypothese ist, daß die Möglichkeit der Veröffentlichung das kommunikative Verhalten der Akteure auch dann beeinflußt, wenn die Kommunikation zunächst hinter geschlossenen Türen stattfindet. Da in diesem Sinne das gesamte Handeln zumindest in den politischen Institutionen "potentiell öffentlich" ist, hat der amerikanische Politikwissenschaftler M. Edelman, ohne den Begriff trialogischer Kommunikation zu verwenden, eine Theorie von der "Doppelung der Realität des Politischen" ausgearbeitet (Edelman 1976), nach der jedes politische Handeln, jede Interaktion, jedes Kommunikationsereignis im Bereich des Politischen zwei verschiedene "Bedeutungen" hat: die eine auf der Ebene der Interaktion der politischen Akteure mit ihren jeweiligen Handlungszielen, Verfahren, Institutionen, die andere in der Beziehung zwischen den politischen Akteuren und dem Bürger, der zuschauend am Geschehen auf der ersten Ebene teilnimmt. Kern der Edelmanschen These ist, daß das Geschehen auf der ersten Ebene für den Bürger in einer Weise "inszeniert" wird, daß er nicht erkennen kann, was wirklich vor sich geht, sondern einer Mystifikation aufsitzt. Das Buch von Edelman ist deshalb von besonderem Interesse, weil er im Anschluß an den amerikanischen Interaktionismus der symbolischen und sprachlichen Realisierung dieser Inszenierung besonderes Gewicht verleiht. Die These selbst wird in ähnlicher Form auch von anderen vertreten (vgl. z.B. Schwarzenberg 1980, Verheugen 1980) und hat auch in die Linguistik Eingang gefunden (vgl. Maas 1980).

Von hier aus ist es sinnvoll, noch einmal den Blick auf die Untersuchung von Schwitalla zurückzulenken. Wenn er sagt, die Interviews hätten ihr primäres Ziel in sich selbst und die Interviewer wollten hier und jetzt vom Interviewten etwas wissen, dann bedeutet das im Lichte der Edelmanschen These, daß er eine wesentliche Komponente der "Inszenierung" bestätigt. Es gehört zu den Spielregeln des massenmedialen Interviews, genau diesen Eindruck nach Möglichkeit aufrechtzuerhalten und zu diesem Zweck formal ein "wirkliches Gespräch" zu realisieren. In diesem formalen Sinne wird an der Regel festgehalten, daß der Interviewer ein "Fragepriveleg" hat, obwohl die Fragen häufig vorher abgesprochen, zumindest dem Politiker vorher mitgeteilt werden. Dazu gehört auch die Regel, die die amerikanische Journalistin J. B. Quinn (1980) formuliert, "that even an irrelevant response should contain, somewhere, some faint indication that the original question has at least been heard."

5. Kommunikation zwischen Institution und Bürger
5.1. Die Agent-Klient-Situation

Verfolgt man, wie für die Kommunikationsanalyse in diesem Aufsatz formuliert, das Ziel, den spezifischen Charakter institutioneller Kommunikation zu klären und mit der Kommunikationsanalyse zugleich das Verständnis der Institutionen und ihrer Rolle in der Gesellschaft zu fördern, dann ist der Blick besonders auf die Untersuchungen zu richten, die die institutionsspezifischen Bedingungen, Regeln und Formen der Kommunikation ausdrücklich zum Gegenstand haben und in den letzten Jahren in relativ kurzer Zeit das empirische Wissen über institutionelle Kommunikation ungemein bereichert haben. Doch ist einschränkend zu sagen, daß aus dem Gesamtbereich der "Kommunikation in Institutionen" bisher nur ein bestimmter Teil genauer untersucht worden ist.

Es fällt auf, daß die Autoren meist eine bestimmte kommunikative Situation bevorzugen, nämlich die, in der ein Bürger als Patient, Angeklagter, Fürsorgeempfänger, Schüler etc. mit einem Agenten einer Institution, einem Krankenhausarzt, Richter, Behördenangestellten, Lehrer, in Kontakt tritt. Bevorzugt wird die Außenkommunikation der Institutionen im Publikumsverkehr.

Der Verkehr mit dem Bürger ist ein Teil des institutionellen Handelns, und insofern kann man an der Agent-Klient-Situation auch etwas über die Kommunikation in Institutionen und über die Institutionen selbst erfahren; doch wird das institutionelle Handeln nur an einem bestimmten Punkt erfaßt. Man braucht sich nur zu vergegenwärtigen, daß der Publikumsverkehr in der Gesamttätigkeit der Institutionen eine eher untergeordnete Rolle spielt und in vielen kaum oder gar nicht vorgesehen ist. Der Horizont müßte also längerfristig erweitert werden auf
(a) die Formen und Prozesse der Willensbildung und Entscheidungsfindung in und zwischen den Institutionen bzw. ihren Agenten,
(b) die Formen und Prozesse, in denen sich die Institutionen, repräsentiert durch ihre Sprecher, öffentlich darstellen.
Will man aus der Analyse Erkenntnisse über die Rolle der Institutionen im makrogesellschaftichen Zusammenhang gewinnen, so scheinen mir diese Bereiche institutionellen Handelns sogar die, die vordringlich zu beachten wären, und zugleich die,

bei denen die größten Schwierigkeiten bei der Anwendung des
bisher erarbeiteten Instrumentariums pragmatischer Sprachanalyse auftreten (vgl. dazu Abschnitt 6ff.).

Die Schwierigkeiten tauchen bei der Agent-Klient-Situation
deshalb nicht auf, bleiben zumindest verdeckt, weil sie die
Nahtstelle zwischen Institution und Bürger darstellt, an der
ein kommunikatives Verhalten realisiert wird, das der Alltagskommunikation relativ nahe ist oder ähnlich sich anhört. Die
Gleichartigkeit ist auf der Seite des Bürgers sowohl hinsichtlich seines Verhaltens als auch hinsichtlich seiner Erwartungen und Einschätzungen gegeben. Der entscheidende Vorteil
für die Analyse ist aber, daß auch die Institution von einer
einzelnen Person vertreten wird, der der Linguist, wie gewohnt, bestimmte Intentionen zuschreiben kann, der man individuell etwas vorwerfen kann, mit der in Grenzen das "Aushandeln von Themen" möglich ist und die sich - man denke an
das Konzept bürgerfreundlicher Verwaltung - soweit wie möglich
an die Prinzipien und Regeln der alltäglichen Verständigung
hält. Die Einschränkung "soweit wie möglich" verweist auf die
institutionellen Bedingungen, die den Handlungsspielraum des
Agenten einengen und als Vorgaben in die Analyse eingehen.
Daß es solche Vorgaben gibt, unterscheidet die Situation aber
auch nicht grundsätzlich von alltagsweltlicher Kommunikation.
Die Erfahrung, daß jemand nicht so kann, wie er vielleicht
möchte, oder muß, was er nicht will, kann man auch im Alltag
machen, ebenso wie die Erfahrung, daß jemand stellvertretend
für einen anderen handelt.

5.2. Grenzen der verstehend-rekonstruierenden Methode in der Analyse der Agent-Klient-Situation

Die Agent-Klient-Situation ist ein Teil institutionellen
Handelns. Unter dem Gesichtspunkt, wie die jeweiligen Zwecke,
die ja immer außerhalb der Institution liegen, erfüllt und
durchgesetzt werden, kommt ihr als Analysegegenstand sogar besondere Bedeutung zu. Ich möchte in diesem und dem folgenden
Abschnitt etwas genauer der Frage nachgehen, ob sich die Kommunikation in dieser Situation nicht möglicherweise "nur so

anhört" wie die in alltäglichen Situationen und ob die verstehend-rekonstruierende Methode nicht vielleicht nur die oberflächliche Ebene des Sich-Anhörens zu erfassen imstande ist.

Untersucht man Kommuniktionsereignisse zwischen den Agenten der Institutionen und ihren Klienten, so spricht viel für die Annahme, daß die Deutungen und Erwartungen, die der Klient der Situation und dem Partner entgegenbringt, und die Vorstellungen, die er von den Institutionen und der Art und Weise, wie sie funktionieren, hat, sich nicht grundsätzlich von den Deutungen, Erwartungen, Vorstellungen unterscheiden, die er in der Vielfalt alltäglichen Kommunizierens ausgebildet hat und die seinen Erwartungshorizont in der Alltagskommunikation bestimmen. Es ließe sich m.E. sogar nachweisen, daß er die Tendenz hat, an diesen Deutungen und Vorstellungen - fast unerschütterlich - festzuhalten, auch wenn sie im konkreten Umgang mit Institutionen immer wieder enttäuscht werden. Da das sprachlich-kommunikative Verhalten des Klienten von seinen eigenen Einschätzungen und von nichts anderem abhängt, erweist sich Wert und Notwendigkeit der verstehend-rekonstruierenden Methode, mit der das vom Alltagswissen gesteuerte kommunikative Verhalten des Klienten, der mit einem Agenten einer Institution in Kontakt tritt, aus seiner Perspektive nachgezeichnet wird. Will ich erklären, warum jemand so handelt, wie er handelt, so muß ich den subjektiven Sinn, den er mit seinem Handeln verbindet, und seine Einschätzungen des Gegenübers und der Situation zu erkennen suchen. Dasselbe gilt modifiziert auch für den Agenten der Institution. Die Modifizierung ist u.a. deshalb nötig, weil sie über das sogenannte "Institutionswissen zweiter Stufe" (vgl. Ehlich/Rehbein 1977) verfügen.

Mit der Rekonstruktion des alltagsweltlichen Verständnisses wäre das Verständnis der Institution aber nur dann gefördert, wenn man annimmt, daß die Institutionen dem Alltagsverständnis entsprechend funktionieren oder daß eventuell fehlerhafte Vorverständnisse in der Weise, wie es an Situationen alltagsweltlicher Kommunikation vielfach beschrieben worden ist, über wechselseitige Korrekturen der Situations- und Partnereinschätzung in der Situation selbst kommunikativ bereinigt werden. Beides sind hochproblematische Annahmen, die innerhalb der methodologischen Konzeption verstehend-rekonstruierender Analyse kaum überprüft werden können; es sei denn, der Rahmen würde so erweitert, daß die folgenden Feststellungen bzw. hypothetisch gemeinten Behauptungen bearbeitbar werden:

(a) Die alltagsweltlichen Deutungen der Institutionen und des institutionellen Handelns stimmen nicht mit den Beschreibungen überein, die Soziologie und Politikwissenschaft von diesem Handeln geben.

(b) Die Diskrepanzen zwischen dem Handeln und den Deutungen des Handelns werden nicht, wie es für Situationen der Alltagskommunikation beschrieben worden ist, in der Kommunikation zwischen Agent und Bürger beseitigt.

(c) Institutionelles Handeln ist nicht unbedingt davon abhängig, daß die Diskrepanzen beseitigt werden.

(d) Die Diskrepanzen sind nicht nur nicht störend, sondern tragen möglicherweise sogar positiv zur Erfüllung der institutionellen Zwecke bei.

Solange der Wissenschaftler aufgrund seiner methodologischen Konzeption nur Alltagswissen rekonstruieren kann und die eventuelle Diskrepanz zwischen dem institutionellen Handeln und den Deutungen des Handelns nicht einmal feststellen kann, läuft er Gefahr, Fehldeutungen zu bestätigen. Daß die Fehldeutungen, die die Analyse rekonstruiert, häufig mit den alltagsweltlichen Deutungen des Wissenschaftlers übereinstimmen, kompliziert das Problem, ist aber natürlich kein Argument dafür, bei ihnen stehenzubleiben, wenn es die Möglichkeit gibt, darüber hinauszugehen.

Gibt es diese Möglichkeit? In der verstehenden Soziologie und ihrer linguistischen Variante hat m.E. das Bemühen, sich gegen alle "objektivistischen" Methoden abzugrenzen, dazu geführt, diese Möglichkeit geringer einzuschätzen, als sie forschungspraktisch ist. Ich möchte jedenfalls für mich in Anspruch nehmen, inzwischen etwas mehr vom institutionellen

Handeln und von Kommunikation in Institutionen begriffen zu haben als viele der Personen, deren kommunikatives Handeln ich untersuche, und glaube auch konsensfähig belegen zu können, daß diese Personen sich in ihren Deutungen oft täuschen. Dies festzustellen und zu sagen, ist ein Erkenntnisfortschritt, den man vergibt, wenn man sich als Forscher darauf beschränkt, die alltagsweltlichen Vorstellungen der Personen nachzuzeichnen, deren Kommunikation man untersucht, und wenn man Untersuchungsergebnisse anderer sozialwissenschaftlicher Forschungsrichtungen als Ergebnis "objektivistischer Methoden" abweist, anstatt sie zur Korrektur der möglichen eigenen Begrenzung aufzunehmen. Die Frage, ob ich nicht auch dann, wenn ich mit der Untersuchung weitergehende Ansprüche verknüpfe, an meine eigene alltagsweltliche Erfahrung gebunden bin, bleibt bestehen. Doch eröffnen sich auch in dieser Hinsicht forschungspraktisch größere Möglichkeiten, als es in den theoretisch-methodologischen Überlegungen scheint. Die alltagsweltliche Erfahrung des Forschers ist veränderbar und wird auch von dem verändert, was er als forschender Wissenschaftler in Ausübung seines Berufs erkannt hat..

Der wirkliche Streitpunkt mag allerdings nicht sein, ob es <u>möglich</u> ist, über institutionelle Kommunikation oder Kommunikation und Handeln allgemein etwas auszusagen, was den Horizont der Handelnden übersteigt, sondern ob es sinnvoll ist, d.h. ob es zum Verständnis der Kommunikation und des Handelns etwas beiträgt. Dittmann (1979), auf den ich noch ausführlicher eingehen werde, kommt ebenfalls zum Ergebnis, daß es nicht nur möglich, sondern notwendig ist. Aus der Perspektive des Angesprochenen stellt er fest, daß

> "der Angesprochene im institutionellen Kontext
> nicht (oder jedenfalls nicht allein) die Strategien
> der Rekonstruktion des 'Sinns der (sprachlichen)
> Handlung für den Handelnden' in der Art verwenden kann, wie das außerhalb solcher Kontexte
> möglich ist" (218).

Ich bin nicht sicher, ob Dittmann zustimmen würde, meine aber, der Satz bedürfe der Ergänzung "wenn in der Kommunika-

tion eine Verständigung über den institutionellen Sinn der
Sprechhandlung erreicht werden soll." In Wirklichkeit tut der
Angesprochene, z.B. der Klient in der Agent-Klient-Situation,
oft gerade das, was er nach Dittmann nicht kann, mit dem Ergebnis, daß eine Verständigung über den Sinn des institutionellen Sprechhandelns nicht zustande kommt. Im übrigen ist
dieser Sinn auch dem Agenten nicht voll verfügbar. Ich habe
oben radikaler gefragt, ob es zur Erfüllung der institutionellen Zwecke überhaupt notwendig ist, daß eine Verständigung
zwischen dem Agenten und dem Klienten auf dieser Ebene erreicht wird.

Sinn, der in der Kommunikation nicht hergestellt wird,
kann auch vom analysierenden Wissenschaftler nicht verstehend-rekonstruierend erschlossen werden. Die Analyse teilt die
Begrenzungen, denen die Kommunizierenden unterworfen sind.
Die Begrenzungen können nur aufgehoben werden, wenn man den
perspektivischen Erweiterungen folgt, die Dittmann in seinem
Aufsatz vornimmt, oder einem Forschungsprogramm folgt, wie es
Ehlich/Rehbein für ihr Projekt "Kommunikation in der Schule"
oder Körfer (1978) entwickelt haben.

5.3. Der Agent als Funktionsträger und der Agent "als Mensch"

Der Agent der Institution ist Funktionsträger, aber er ist
nicht nur Funktionsträger, er bleibt auch im beruflichen Kontakt mit dem Klienten "Mensch". Mein Verdacht ist, daß die
verstehend-rekonstruierenden Analysen die Agent-Klient-Situation vor allem auf der Ebene erfassen, auf der Klient und
Agent als (Alltags-)Menschen miteinander kommunizieren, und
daß sie deshalb über die Kommunikation zwischen Klient und
Institution bzw. ihrem Funktionsträger wenig aussagen, weil
zwischen ihnen Kommunikation in dem Verständnis, in dem dieser Begriff in der Linguistik üblicherweise verwendet wird,
gar nicht stattfindet.

Zunächst ist festzustellen, daß die Unterscheidung zwischen
Agenten als Funktionsträger und Agenten als Mensch keine
wissenschaftlich-analytische ist. Sie wird in der Kommunikation zwischen Bürgern und Vertretern von Institutionen nicht

selten explizit gemacht, z.B. von dem verständnisvollen Behördenangestellten, der mitfühlend sagt, er könne verstehen, daß der Bürger ungehalten sei, er fände es auch nicht richtig, wie der Bürger im konkreten Falle behandelt würde, und überhaupt könne das nicht im Sinne des Gesetzes oder der Verordnung liegen. Auf diese Weise verständigen sich die Kommunikationspartner von Alltagsmensch zu Alltagsmensch, ohne daß das einen Effekt hat oder haben könnte auf das Handeln des Angestellten als Funktionsträger. Er mag den Bürger verabschieden mit den Worten: "Ich verstehe Sie ja und sehe das so wie Sie, aber ich habe eben meine Bestimmungen". Der Bürger seinerseits geht bedrückt nach Hause und erzählt: "Der Beamte war sehr freundlich, aber er kann ja auch nicht anders, er hat ja seine Bestimmungen".

Das Beispiel mag zu dem falschen Eindruck verleiten, die Unterscheidung zwischen dem Funktionsträger und dem "Menschen" sei nur bei dem freundlichen, verständnisvollen Angestellten nötig. Sie gilt genauso für den unfreundlichen. Unfreundlichkeit ist genauso wie Freundlichkeit eine Eigenschaft der Agenten als Menschen, nicht eine Eigenschaft der Agenten als Funktionsträger und schon gar nicht der Institutionen. Aus den gleichen Gründen ist, worauf ich zurückkomme, die Anwendung der in der pragmatischen Kommunikationsanalyse entwickelten Begriffe "sprachliches Handeln", "Intention", "Verantwortung", "Aufrichtigkeit" u.a.m. auf Institutionen und ihre Funktionsträger problematisch.

J. Dittmann (1979) hat das Neben- und Miteinander des kommunikativen Handelns des Agenten als Funktionsträgers und als Menschen am Beispiel eines Transkripts der Freiburger Forschungsstelle genauer untersucht und spricht generell von der "Zweigleisigkeit" des Agentenhandelns. Dieser

> "kann zumindest verbal gleichsam in zwei Rollen
> auftreten, nämlich erstens in der Rolle des Funktionsträgers in der Institution, zweitens aber
> in der Rolle eines Gesprächspartners, der selbst,
> wie ja auch der/die Betroffene, dem normativen
> Druck dieser Institution ausgesetzt ist" (222).

Der Agent im untersuchten Text, es handelt sich um eine Anhörung, bei einem städtischen Rechtsamt in einem Bußgeldverfahren, gehört zum Typ des freundlichen, verständnisvollen Beamten. Er wird von Dittmann, anhand eines Textes aus dem Buch von Leodolter (1975, 318f.), mit einem Richter bei der Befragung einer Angeklagten konfrontiert:

> "Diese Befragung zeichnet sich durch weitgehende
> verbale Identifizierung des Richters mit der
> Institution aus, 'ohne irgendein Zeichen des
> Entgegenkommens'; nur einmal gibt der Richter
> 'einen jedenfalls minimalen Hinweis ..., daß
> auch er unter einem bestimmten Zwang handelt'"
> (223; die Binnenzitate stammen von Wunderlich).

Da die zwei Beispiele wiederum nahelegen, daß die "Zweigleisigkeit" eine Besonderheit des freundlichen Beamten ist, will ich auf diesen Punkt noch einmal zurückkommen.

Es ist richtig, daß der fragliche Richter im Gegensatz zu dem Verwaltungsbeamten auf dem Rechtsamt keine Zeichen des Entgegenkommens zeigt, sondern einschüchternd, ja rüde und beleidigend agiert. Es ist aber problematisch, daraus den Schluß zu ziehen, er handele in weitgehend verbaler Identifizierung mit der Institution, d.h. sozusagen "eingleisig", während der Verwaltungsbeamte zusätzlich noch die Rolle des Gesprächspartners im alltagsweltlichen Sinne einnehme und zweigleisig verfahre. Beim Richter kommen genausowie beim Verwaltungsbeamten Züge seiner persönlichen Charakterstruktur zum Vorschein, nur eben andere. Die Deutung Dittmans, die Befragung zeichne sich durch weitgehende verbale Identifizierung mit der Institution aus, beruht nicht auf der Analyse des Textes, sondern folgt aus einem vorausgesetzten Verständnis der Zwecke der entsprechenden Institution und einem Vorverständnis darüber, was im Sinne der Institution ein den Zwecken angemessenes Verhalten ist. Es ist ein Leichtes, eine Funktionsbestimmung für die Rechtssprechung und für den Richter als Funktionsträger zu formulieren, an der gemessen das Verhalten dieses konkreten Richters als abweichend und disfunktional charakterisiert und als Mißbrauch der Funktionsrolle für persönliche Zwecke kritisiert werden kann.

Auf der anderen Seite bedeutet verbal freundliches Ver-

halten wie das des Verwaltungsbeamten im Rechtsamt auch
nicht notwendigerweise, daß der freundliche Beamte sich
weniger mit seiner Funktionsrolle identifiziert. Es könnte
auch sein, daß er den Alltagsmenschen aus taktischen Gründen
hervorkehrt, um die Zwecke der Institution umso besser zu
verwirklichen. Es ist dann der Agent als Funktionsträger,
der in der Durchsetzung institutioneller Zwecke sprachliche
und kommunikative Formen alltagsweltlicher Verständigung
als Mittel benutzt.

Ein solches Verhalten wird im Konzept der "bürgerfreundlichen Verwaltung" zur generellen Forderung an den Funktionsträger erhoben. Man könnte zwar, der Deutung des bürgerfreundlichen Verhaltens als Taktik widersprechend, sagen, der Sinn des Konzeptes sei einfach, mehr Menschlichkeit in den Umgang der Institutionen mit dem Bürger zu bringen; doch hat es auch die Aufgabe, Probleme in der Erfüllung der institutionellen Zwecke zu lösen. Bürgerfreundliches und bürgernahes Verhalten ist nicht etwas, was neben der Durchsetzung institutioneller Zwecke bestände, sondern kann, genauso wie Einschüchterung und Unfreundlichkeit, für letztere funktionalisiert werden. Deshalb gelingt die Verständigung zwischen Agent und Klient als "Alltagsmenschen" mit dem Ergebnis: ein freundlicher Mensch, der leider seine Bestimmungen hat, auch keineswegs problemlos. Sie scheitert, wenn der Klient sich grunsätzlich weigert, die Unterscheidung zwischen Funktionsträger und "Mensch" zu akzeptieren, oder wenn er der Freundlichkeit des Beamten nicht traut, sondern verordnete Bürgerfreundlichkeit wittert. Der Berliner Bürger, der im Sommer 1979 durch die Zeitungen geisterte, weil er sich gerichtlich gegen die höfliche Anrede "Sehr geehrter Herr" und die "hochachtungsvolle" Verabschiedung in Briefen des Bezirksamtes bzw. des Senators wehrte, und der mit seiner Beschwerde bis zum Oberverwaltungsgericht ging (wo er Recht bekam), mag ein Querkopf sein; er hat aber vielleicht auch etwas davon begriffen, daß institutionelles Handeln sich nicht auf einer Ebene abspielt, auf der Höflichkeit und Unhöflichkeit sinnvoll eine Rolle spielen. Er wollte sich die ihm mißliebige Maßnahme nicht durch die wirkliche oder verordnete Höflichkeit der Verwaltungsangehörigen versüßen lassen, die er als Verhöhnung empfand.

Einem ähnlichen Mißerfolg begegnete der Berliner Schulsenator bei den Studenten der Freien Universität, als er im vergangenen Jahr auf einer universitären Veranstaltung versuchte, sich, wenn nicht "als Mensch", so doch als menschnäherer Abgeordneter der FDP, von den Vorwürfen zu befreien, die gegen ihn als Dienstherrn des kritisierten Wissenschaftlichen Landesprüfungsamtes erhoben wurden. Er versuchte, sich mit den anwesenden Studenten und Dozenten zu verständigen, indem er auf die Protokolle des Abgeordnetenhauses verwies, in denen nachzulesen sei, was er vor seiner Senatorenschaft gedacht und gesagt habe und was er persönlich in weitgehender Übereinstimmung mit den Studenten immer noch denke. Die Hörer reagierten verständnislos oder mit Gelächter, sei es, daß sie eine Differenz zwischen dem Handeln des Funktionsträgers (des Dienstherrn) und dem Denken der Person des Senators (dokumentiert am Handeln des FDP-Abgeordneten) grundsätzlich nicht akzeptieren wollten, sei es, daß ihnen eine Verständigung auf der zweiten Ebene mit Recht irrelevant erschien, solange aus ihr keine Veränderungen an der gesetzlichen Grundlage oder der Praxis des Prüfungsamtes gewonnen werden konnten.

6. Institutionen und "sprachliches Handeln"

Im zweiten Abschnitt dieses Aufsatzes habe ich Wunderlichs Unterscheidung von präinstitutionell-naturwüchsigen und institutionsgebundenen Sprechhandlungen und seine Auffassung zitiert, für Sprechhandlungen im Rahmen größerer organisierter sozialer Institutionen gelte "die individuelle Verantwortlichkeit nicht oder nur eingeschränkt". Dieser Sachverhalt ist in Einzeluntersuchungen vielfach bestätigt worden. Der Handlungsspielraum ist u.a. durch spezifische Vorschriften über die zu realisierenden Sprechhandlungen und den Ablauf der Kommunikation eingeschränkt. Sie sind Teil der vielfältigen "Bestimmungen", denen der Agent zu folgen hat, und für die er, da er ihnen zu folgen hat, auch keine oder nur eingeschränkt Verantwortung übernimmt. Nicht immer wahrgenommen wird das theoretisch-begriffliche Problem, daß die zentralen Begriffe der Beschreibungssprache ("Handeln", "Sprechen", Sprechhandlung, "Intention", "Aufrichtigkeit" usw.) ein verantwortlich handelndes Individuum voraussetzen. Nimmt man die Definitionen dieser Begriffe in den Theorien sprachlichen Handelns ernst, dann wird schon fraglich, ob man menschliche Aktivitäten, für die der Agierende keine oder nur eingeschränkte Verantwortung übernimmt, überhaupt als "Handlungen" oder spezieller "Sprechhandlungen" auffassen kann. Aus einer Bestimmung wie z.B. der, von Handeln könne nur dann gesprochen werden, wenn die Agierenden selbst über die Bedingungen ihres Handelns verfügen, wäre zu folgern, daß Wunderlichs Unterscheidung gar nicht Sprechhandlungen unterteilt, sondern Sprechhandlungen von anderen menschlichen Aktivitäten trennt, die dem großen Topf des Verhaltens zuzuschlagen wären oder für die ein neuer Begriff gebildet werden müßte. Dazu würde dann auch das gehören, was Wunderlich "institutionsgebundene Sprechhandlungen" nennt.

Eine denkbare Lösung für das Problem, die ausdrücklich oder unter der Hand meist gewählt wird, ist, den Begriff des Handelns weniger restriktiv zu fassen, so daß die Existenz handlungsbeschränkender Vorgaben und eingeschränkter Verantwortlichkeit nicht mehr als Argument gegen die Anwendung des Begriffs ins Feld geführt werden kann. Das ist schon deshalb sinnvoll, weil die restriktiven Handlungsbegriffe nicht nur bei institutionsgebundenen Sprechhandlungen, sondern in großem Ausmaß auch in der Analyse des Sprechens in alltagsweltlichen Situationen Schwierigkeiten bereiten. Auf diese Weise kann man in beiden Bereichen von Sprechhandlungen sprechen, ist aber der Tatsache noch nicht gerecht geworden, daß Sprechhandeln im Alltag und Sprechhandeln in Institutionen in wesentlichen Punkten wirklich unterschiedlich sind. Das entscheidende Problem ist dabei nicht, daß die Individuen nur eingeschränkt verantwortlich für ihr Handeln sind, sondern daß die institutionellen Handlungsprodukte überhaupt nicht, zumindest nicht vollständig, auf Handlungen von Individuen zurückgeführt werden können. Sind die Begriffe des Handelns, der Intention, der Verantwortung und Verpflichtung, der Aufrichtigkeit etc. dann aber überhaupt noch anwendbar? Und wenn man sie anwendet, verändert sich die Qualität der Begriffe unbemerkt nicht grundlegend, wenn statt vom intentional handelnden und verantwortlichen Individuum von der intentional handelnden und verantwortlichen Institution die Rede ist? Die Fragen werden u.a. von Ehlich/Rehbein (1977), Körfer (1978) und Dittmann (1979) behandelt, eine befriedigende Lösung scheint mir aber noch auszustehen. Ich beziehe mich im Folgenden vor allem auf Dittmann (1979).

Dittmann geht es, meiner Zielsetzung durchaus parallel, um "die systematische Ausweitung der linguistisch-konversationsanalytischen Perspektive auf den Bereich der Institutionalität sprachlichen Handelns" (199), mit dem Unterschied, daß ich die Möglichkeit dieser Ausweitung skeptischer beurteile und meine, daß sie eine weitreichende Revision des begrifflichen und methodischen Analyseinstrumentariums erfordert.

Dittmann entscheidet sich hinsichtlich des zugrundezulegenden Institutionsbegriffs ähnlich. Er argumentiert gegen den (weiten) "handlungstheoretischen" Institutionsbegriff, der er im Symbolischen Interaktionismus, in der Verstehenden Soziologie und den entsprechenden linguistischen Forschungsrichtungen vorfindet, und für den (engeren) "politologischen" Institutionsbegriff. Die Kriterien der Eingrenzung können dem folgenden Zitat entnommen werden:

> "Nach meiner Auffassung wird der Institutionsbegriff erst auf einem bestimmten Niveau der Betrachtung gesellschaftlicher Wirklichkeit notwendig angewendet werden müssen: dort nämlich, wo Handlungs- bzw. Interaktionszusammenhänge als Muster fest etabliert, in der Verteilung auf wohldefinierte soziale Rolle vergegenständlicht und in Norm-Sanktions-Schemata abgesichert sind. Institutionen in diesem Sinne basieren nicht auf Systemen von Konventionen, sondern auf Systemen institutioneller Rollen, entsprechender 'Status-Differenzierung' und auf Systemen expliziter, gesetzter Normen mit entsprechender 'Sanktionen-Kontrolle' (vgl. zu diesen Begriffen Parsons 1966: 10ff.)" (210).

Institutionen sind danach:

> "öffentliche Einrichtungen auf der Grundlage
> von Verfassung oder öffentlichem Recht ...
> (Staatsorgane, Behörden, bestimmte Organisa-
> tionen wie Parteien und Gewerkschaften),
> außerdem ... bestimmte Verfahren (wie z.B.
> Wahlen) und in einem weiteren Sinne schließ-
> lich soziale Gruppen oder Einrichtungen mit
> gesetzlicher (explizit-normativer) Grund-
> lage, wie Ehe oder Schule" (212).

Die Extension des Begriffes "Institution" bei Dittmann ist mit meiner früheren Umschreibung "Gebäude, die unten an der Tür ein mehr oder weniger aufwendiges Schild tragen", sicherlich nicht korrekt bestimmt. Es besteht aber, vor allem weil Dittmann faktisch nur von den "öffentlichen Einrichtungen" spricht, ein so großes Überlappungsverhältnis, daß ich für die gegenwärtigen Zwecke davon ausgehen kann, daß er im wesentlichen über das Gleiche redet. (Ausführlicher zum Institutionsbegriff von linguistischer Seite vgl. Ehlich/Rehbein 1980, Lundt 1980 und die bei Dittmann angegebene Literatur).

Auch zur Problemformulierung Dittmann zunächst selbst:

> "Fragt man von dieser Bestimmung des Institutionsbegriffs
> nun zurück nach Definitionen von 'Handlung', dann er-
> gibt sich ein Problem: Nach weit verbreiteter Auf-
> fassung ist nämlich die Unterstellung von Intentio-
> nalität Voraussetzung dafür, daß wir nicht von 'sti-
> muliertem Verhalten', etwa reflexhaftem Reagieren,
> sondern von 'intentionalem Handeln' sprechen (zu
> dieser Unterscheidung vgl. Habermas 1970: 138 ff.;
> vgl. auch von Wright 1974: 136 f.).
> Entsprechend kann eine elementare Handlungs-
> definition etwa lauten, eine Handlung sei 'ein
> Verhalten, gesehen oder beschrieben im Hinblick
> auf eine Absicht oder Intention' (von Wright 1977:
> 139f.; vgl. bereits Parsons 1966:5). Dies akzep-
> tiert, wird der Begriff des Handelns in Institu-
> tionen und der institutionellen Sprechhandlung
> dann problematisch, wenn Intentionen als subjek-
> tive, sozusagen private aufgefaßt werden" (213).

Die Intentionen sind "subjektiv" oder "privat", insofern sie etwas sind, was nur das jeweilige sprechende Individuum hat, worüber es bestimmt und wovon zunächst auch nur es etwas weiß. Intersubjektivität wird hergestellt, indem der Hörer, auf elaboriertere Weise der analysierende Wissenschaftler, inter-

pretativ-rekonstruierend den subjektiven Sinn, den der Sprecher
mit seinem Handeln verbindet, zu erschließen sucht. Der subjektive Intentionsbegriff ist auch in der Analyse institutioneller Kommunikation nicht schlechthin unbrauchbar. Er kann
und muß mindestens für das Handeln bewahrt bleiben, mit dem
sich der Agent innerhalb des Spielraums bewegt, der von den
institutionellen Vorgaben nicht erfaßt ist. (Weitergehende
Begründungen gibt Dittmann auf den Seiten 215f. - Zur Notwendigkeit der Erfassung auch der "latenten Sinnstruktur" vgl.
Körfer 1978)

Daneben aber muß, so Dittmans Lösungsvorschlag, ein nichtsubjektiver, ein Begriff institutioneller Intention gebildet
werden:

> "... wenn der Handelnde seine Handlung als Rollenträger in einer Institution ausführt, ist die Annahme eines grundlegenden subjektiven Moments in
> seinem Handeln entweder überflüssig oder vielleicht
> sogar falsch.
> Wesentlich für das Verständnis seiner Handlung
> durch den Partner ist die korrekte Rolleneinschätzung, und insofern wir 'Handlung' weiterhin
> mittels des Intentionsbegriffs definieren wollen,
> weiterhin von 'institutionellen Handlungen',
> speziell ... 'Sprechhandlungen' reden wollen,
> benötigen wir einen nicht-subjektivistischen
> Intentionsbegriff" (214).

Im Falle der Begriffe der "Verantwortung" und der "Aufrichtigkeit" ergibt sich das gleiche Problem, doch verfolgt Dittmann
sie nicht in gleicher Ausführlichkeit. Die Notwendigkeit, auch
nicht-subjektivistische Begriffe von Verantwortlichkeit und
Aufrichtigkeit zu entwickeln, scheint er allerdings nicht zu
sehen. Hinsichtlich der Verantwortlichkeit hält er an der
Brauchbarkeit des (subjektiven) Begriffs fest, eben wegen der
individuellen Spielräume, die es erlauben, den Agenten für
gewisse Handlungen individuell verantwortlich zu machen. Daß
ein Begriff institutioneller Verantwortlichkeit nicht anvisiert wird, überrascht etwas, weil die Argumentation Dittmanns
für den nicht-subjektivistischen Intentionsbegriff direkt
übertragbar ist, vor allem aber deshalb, weil es, zumindest
in politischen Institutionen, einen nicht-subjektivistischen
Begriff der Verantwortung ja gibt: die sogenannte "politische

Verantwortung".

Es wäre in diesem Zusammenhang auch für die Linguistik lohnend, die in den Institutionen selbst herrschenden Begriffe von Verantwortung und die entsprechenden Regelungen genauer zu untersuchen. Unter alltagsweltlicher Perspektive muten die Konsequenzen oft absonderlich an. Auf der einen Seite werden Beamte durch das Beamtenrecht von Verantwortlichkeiten befreit, die nach alltagsweltlichen Vorstellungen sehr wohl einklagbar wären; auf der anderen Seite werden besonders Regierungsmitglieder und politische Beamte für Dinge "politisch verantwortlich" gemacht, die sie, wie man alltagsweltlich sagen könnte, beim besten Willen nicht wissen konnten. Daß der Begriff der "politischen Verantwortung" nicht-subjektiv gedacht ist, ist offensichtlich. Lob und Hochachtung, die ein Politiker, der von sich aus "die politischen Konsequenzen zieht", von Freund, Gegner und Massenmedien einstreicht, ist allemal größer als der Vorwurf seiner Missetaten, wenn solche überhaupt als individuell verantwortete vorhanden und erkennbar sind. Es widerspricht deshalb auch nicht dem Prinzip politischer Verantwortung, wenn ein Senator, der wegen des Giftmüll-Skandals in Hamburg seinen Stuhl verliert, einen äquivalenten Stuhl in Berlin besetzt, der seinerseits wegen der politischen Verantwortung für den Garski-Skandal leer geworden ist.

Im Falle der "Aufrichtigkeit" vermutet Dittmann,

"daß die Aufrichtigkeitsbedingung für institutionelles Handeln (Sprechhandeln) nicht sinnvoll angesetzt werden kann, weil 'Aufrichtigkeit' ein eminent subjektives Moment impliziert, ein subjektives ' für wahr' oder 'für richtig' halten, das im Fall institutionell abgeleiteter Intentionen für Handlungen nicht unterstellt zu werden braucht" (217).

Diese Lösung ist unbefriedigend. Zum einen kann der Agent in der Institution aus der Forderung, subjektiv aufrichtig zu sein, zumindest in den erwähnten Spielräumen genausowenig entlassen werden wie von seiner Verantwortlichkeit. Zum anderen ist der Verweis auf das "eminent subjektive Moment",

das dem Begriff quasi notwendig anhafte, nicht ausreichend,
um die Möglichkeit eines nicht-subjektiven Begriffs auszuschließen, solange man diese Möglichkeit für den Intentionsbegriff bejaht. Mir scheint, die Antwort müßte für beide
Begriffe gleich lauten.

Der theoretisch-begriffliche Teil des Aufsatzes schließt
aus der Hörerperspektive mit der Frage:

> "Wenn es so ist, daß offensichtlich der Angesprochene im institutionellen Kontext nicht (oder
> jedenfalls nicht allein) die Strategien der
> Rekonstruktion des 'Sinns der (sprachlichen)
> Handlung für den Handelnden' in der Art verwenden
> kann, wie das außerhalb solcher Kontexte möglich
> ist, ..., wie läuft dann Kommunikation in institutionellen Kontexten ab, und wie kann Verständigung zustande kommen?"
> (Er bezeichnet dies zu Recht als) "die übergeordnete Frage konversationsanalytischer Empirie
> im Bereich institutionellen sprachlichen Handelns,
> eine Frage, die also nur 'in the long run' durch
> eine Vielzahl entsprechender Untersuchungen beantwortet werden kann" (218).

Der Fortschritt, der mit Dittmann erreicht ist, ist der, daß
deutlich erkennbar wird, daß die konversationsanalytischen
Begriffe, ich habe stattdessen von dem Analyseinstrumentarium gesprochen, das bisher in der Analyse alltagsweltlicher
Kommunikation gewonnen worden ist, nicht oder nicht ohne
weiteres in der Analyse institutioneller Kommunikation verwendbar ist. Obwohl der Aufsatz die neuen Begriffe noch nicht
in entfalteter Form präsentieren kann, Dittmann verweist zu
Recht auf die Notwendigkeit zukünftiger empirischer Untersuchungen, ist der erreichte Fortschritt wichtig, weil die
Nichtanwendbarkeit der gewohnten Begriffe nicht so offensichtlich ist. Sie scheinen zunächst durchaus anwendbar; die
Analyse läuft aber Gefahr, die Eigentümlichkeiten institutioneller Kommunikation zu verfehlen. Das gilt besonders für
die Agent-Klient-Situation, die in vieler Hinsicht der alltagsweltlichen Kommunikation ähnlich sieht. Wendet man sich
der Kommunikation zwischen den Agenten innerhalb der Institutionen zu, dann verschärft sich das Problem; es ist aber
auch einfacher zu sehen.

7. Kommunikation zwischen den Agenten in den Situationen
7.1. Kommunikative Prozesse in den Institutionen

Die besondere Betonung der Agent-Klient-Situation in der Literatur, die sich mit institutioneller Kommunikation beschäftigt, trifft auch für den theoretisch-methodisch orientierten Beitrag von Dittmann zu, obwohl er allgemein von institutioneller Kommunikation spricht. Wie läuft Kommunikation aber ab in den institutionellen Prozessen innerhalb der Institutionen, an denen der Bürger bestenfalls als Zuschauer, agierend aber nur die Agenten der Institutionen beteiligt sind? Charakteristisch für diesen Bereich ist, daß die Handlungsprodukte, speziell auch die Schreib- und Sprechprodukte, nicht Produkte einzelner Personen sind. Es geht also nicht mehr darum, ob und in welchem Sinne man einem Funktionsträger Intentionen, Verantwortlichkeit, Aufrichtigkeit, sondern ob und in welchem Sinne man Institutionen als Ganzen solche Eigenschaften zusprechen kann. Man mag das Problem so lösen wollen, daß man sagt, auch in den Institutionen agierten überall einzelne Menschen. In der Tat handelt der, der eine Akte am Schreibtisch bearbeitet oder einen Bescheid formuliert, nicht grundsätzlich anders als der, der einem Bürger einen Ausweis ausfertigt. Auf der Ebene der einzelnen sprachlichen oder sprachgebundenen Tätigkeiten einzelner Agenten ergeben sich keine bemerkenswerten Unterschiede. Die einzelnen Tätigkeiten eines einzelnen Agenten sind im Bereich institutionsinterner Prozesse meist aber nur Elemente in einem komplexen Vorgang, an dessen Ende ein Gesetz, eine Verordnung oder eine Verfügung, ein Tarifvertrag usw. steht. Wessen Intention verwirklicht sich in ihnen? Wer verantwortet sie? Ist es überhaupt sinnvoll, so zu fragen? Kann man sagen, eine Institution habe Intentionen und Verantwortlichkeiten, soll man sich eine Gesamtintention vorstellen, die alle Einzelintentionen enthält? Wie kommt sie zustande? Kann man die Einzelintentionen addieren, oder ist die Gesamtintention etwas, was erst allmählich entsteht, Resultat kommunikativer Prozesse diskursiver oder anderer Art ist?

Mit solchen Fragen wird man dann konfrontiert, wenn man institutionelle Prozesse der angegebenen Art, also z.B. die Entstehung eines Gesetzes, speziell die kommunikativen Verfahren und sprachlichen Tätigkeiten, die in diesem Entstehungsprozeß eine Rolle spielen, als Untersuchungsgegenstände akzeptiert. Da sie bisher kaum Gegenstand linguistischer Analyse gewesen sind, ist zunächst zu begründen, warum sie überhaupt zum Gegenstand gemacht werden sollen.

Solche Prozesse können sicher nicht nur mit linguistischen Mitteln untersucht werden. Doch ist das kein Einwand, weil dasselbe mehr oder weniger für alle Gegenstände und Fragestellungen der pragmatischen Kommunikationsanalyse zutrifft. Die Textendprodukte, also die Gesetze, Verordnungen, Verträge, kommen ja, auch wenn sie als geschriebene Texte insgesamt im Schatten des vorherrschenden Interesses an den Formen mündlich-dialogischer Kommunikation standen, in der Text(sorten)linguistik durchaus vor. Die Rechtfertigung für die Erweiterung des Horizontes auf die Prozesse, deren Resultat diese Textendprodukte sind, besteht zunächst einfach darin, daß die Linguistik, die Sprache und Kommunikation in Institutionen untersuchen will, nicht ausschließen kann, was, zumindest quantitativ, den größten Teil institutionellen Handelns ausmacht. Insbesondere kann auf die Beschäftigung mit diesen Prozessen nicht verzichtet werden, wenn man beansprucht, Gemeinsamkeiten und Unterschiede zwischen alltäglicher und institutioneller Kommunikation zu klären, weil die kommunikativen Prozesse innerhalb der Institutionen die größte Entfernung zu den alltagsweltlichen Praktiken aufweisen.

Wenn man sich noch einmal an den Versuch Wunderlichs erinnert, die wesentlichen Ausformungen "naturwüchsig-präinstitutioneller Sprechhandlungen" in institutionellen Kontexten nachzugehen, dann geschieht das, entsprechend dem sprechakttheoretischen Interesse an den kleinsten kommunikativen Einheiten, auf der Ebene der Sprechakte. In diesem Rahmen wird nicht und kann nicht sichtbar werden, daß der Weg von der Alltagskommunikation zur institutionellen Kommunikation meist einen Wechsel von einfacheren zu komplexeren Einheiten bedeutet. Fragt man in umgekehrter Richtung danach, von welcher "naturwüchsigen" Sprechhandlung "etwas verordnen" eine institutionelle Ausformung ist, dann und erst dann werden die Differenzen zwischen alltäglicher und institutioneller Kommunikation erkennbar. Die Suche führt in die Nähe von "etwas verbieten", "etwas verlangen", "etwas erlauben" mit einem Komplexitätsgrad etwa der folgenden Äußerung einer Mutter zum eigenen Kind: "Wenn Du nachmittags regelmäßig Deine Schulaufgaben machst, kannst Du abends noch fernsehen, aber nicht mehr als zweimal in der Woche und nur, wenn es einen vernünftigen Film gibt." - Im Falle der institutionellen Prozedur "Antrag stellen - Antrag bewilligen/ablehnen" kann man sich eine alltagsweltliche Situation vorstellen, in der das erwähnte Kind auf der Grundlage einer solchen allgemeinen Regelung bittet oder verlangt, an einem bestimmten Abend fernsehen zu dürfen, da die für die Erlaubnis gesetzten Bedingungen (regelmäßig Schulaufgaben machen, nicht mehr als zweimal in der Woche, vernünftiger Film) erfüllt seien. Die Mutter überprüft, ob die Bedingungen erfüllt sind, spricht die Erlaubnis aus oder verweigert sie.

Eine oder vielleicht die wesentliche Differenz betrifft die Überprüfung der Mutter, ob die Bedingungen erfüllt sind. Sie spielt sich mental im Kopf der Mutter ab, bevor sie erlaubt oder verweigert. In der institutionellen Prozedur des "Antrag stellen - Antrag bewilligen" wird die Überprüfung als hochkomplexer Vorgang realisiert, an dem eine Vielzahl von Personen beteiligt ist, der eine Unzahl einzelner sprachlicher und nicht-sprachlicher Handlungen umfaßt und sich über Wochen, Monate, ja Jahre hinziehen kann. Man kann natürlich durchaus sinnvoll die Frage eines Kindes mit Fragen vergleichen, die in dieser institutionellen Prozedur vorkommen; die wahre Differenz erfaßt man aber erst, wenn man die skizzierte Mutter-Kind-Interaktion mit der gesamten institutionellen Prozedur "Antrag stellen - Antrag bewilligen/ablehnen" vergleicht. Ein Aspekt dieser Differenz ist zweifellos das handelnde Individuum in der alltagsweltichen Situation und die Vielzahl beteiligter Personen bei der Bearbeitung eines Antrags.

7.2. "Kooperatives Handeln" in institutionellen Prozessen

Um das Problem der Vielzahl der Personen zu lösen, die an den Prozessen institutioneller Entscheidungsfindung beteiligt sind, sind vor allem zwei Lösungsvorschläge entwickelt worden: a) man setzt als Subjekt des Handelns statt eines Individuums die Institution als Ganze ein; b) man unterscheidet individuelles und kooperatives Handeln.

Die erste Lösung, die umstandslose Einsetzung der Institution als Agens der institutionellen Kommunikation an die Stelle des Individuums der alltagsweltlichen Kommunikation, ist eine Scheinlösung, weil sie die Differenz verdeckt und nicht klärt. Die Begriffe der pragmatischen Kommunikationsanalyse verändern in der Übertragung von der alltagsweltlichen face-to-face-Kommunikation zwischen zwei Individuen auf die institutionellen Prozesse unbemerkt ihre Qualität (vgl. Abschnitt 6). Der Wissenschaftler mag sich zwar darauf berufen, genau diese Übertragung läge schon in der Alltagssprache vor und bestimme das alltagsweltliche Verständnis, er kann m.E. aber nicht darauf verzichten, seine eigene Begrifflichkeit zu überprüfen.

Die gleichen Einwände sind gegen bestimmte Ausprägungen des Begriffs "kooperatives Handeln" zu erheben, wenn also im Sinne des zweiten Lösungsweges die Handlungsprodukte nicht auf "die Institution", sondern auf das gemeinsame Handeln einer Mehrzahl von Personen zurückgeführt wird. Die fraglichen Prozesse sind meist nicht kooperativ in dem Sinne, in dem man sagt, zwei oder eine Mehrzahl von Personen lösten gemeinsam ein Problem. Oft kennen sich die an der Prozedur Beteiligten nicht einmal. Es besteht ein zu klärender, aber andersartiger Zusammenhang zwischen den Agenten einer Institution als der, den man meint, wenn man sagt, zwei Personen täten etwas gemeinsam. Auch die Begriffe des "Gemeinsamen" oder des "Kooperativen" gewinnen in der Anwendung auf institutionelle Prozesse Inhalte, die sie in der Anwendung auf

Alltagshandeln nicht haben. Die Agenten sind natürlich Intendierende und Wollende, es ist aber nicht ihr individueller Wille und auch nicht ihr "gemeinsamer Wille", der das Handlungsprodukt erklärt. Es ist sogar möglich, daß jedes einzelne Individuum etwas anderes wollte als das, was als Produkt aus der "gemeinsamen" Tätigkeit hervorgegangen ist.

Die der Anwendung des Begriffs "kooperatives Handeln" abträgliche Bindung an das individuell handelnde Individuum kennzeichnet auch den anspruchsvolleren Versuch von W. Kummer (1975), eine Texttheorie zu entwickeln. Er definiert "kooperative Tätigkeit von Menschen" als "Zusammenwirken mehrerer Individuen unter einer gemeinsamen Zielsetzung" (91) und führt genauer aus:

"Die kollektive Tätigkeit bedingt, daß das Ergebnis der gemeinsamen Tätigkeit nicht als Produkt der Tätigkeit eines Individuums, sondern nur als Produkt der kollektiven Tätigkeit zustande kommt. Somit hängt der Erfolg der Tätigkeit jedes Individuums vom Erfolg der Tätigkeit aller kollektiv tätigen Individuen ab...
Die Beteiligung der Individuen an einer solchen Tätigkeit setzt voraus, daß ihnen der Zusammenhang zwischen ihrer Tätigkeit und der Tätigkeit der anderen einsichtig ist...
Um seine Tätigkeit mit der der anderen koordinieren zu können, muß also jedes an der kollektiven Tätigkeit beteiligte Individuum die Tätigkeit der anderen intern repräsentieren" (101 f.).

Elemente dieser Beschreibung passen auch auf das Zusammenwirken der Agenten in Institutionen, doch trifft z.B. nicht zu, daß den Individuen der Zusammenhang zwischen ihrer Tätigkeit und der Tätigkeit der anderen für den Gesamtprozeß einsichtig sein muß. Das ist faktisch oft nicht der Fall, und die Erfüllung der institutionellen Aufgabe (Bearbeitung eines Antrages, Herstellung eines Gesetzes, Lösung eines Tarifkonfliktes) ist auch nicht davon abhängig, daß diese Einsicht da ist. Auch das Erfordernis, "die Tätigkeit des anderen intern (zu) repräsentieren", besteht bestenfalls bezüglich der Agenten, die im Prozeß direkt vor oder hinter einem tätig sind, nicht aber für die am Prozeß insgesamt Beteiligten. Kooperativ im Sinne Kummers werden nur Teilstrekken, nicht aber der Gesamtprozeß bewältigt, was Rehbein (1976, 191) anschaulich mit dem Zusammenwirken der Läufer in einem Staffellauf verglichen hat. Man könnte auch an die Fließbandproduktion denken; die entscheidende Frage ist jedoch, welcher Natur das unsichtbare Fließband ist, das den institutionellen Prozeß außerhalb der industriellen Produktion organisiert.

Rehbein selbst entwickelt eine weiterführende Lösung, indem er eine einfache und eine komplexe Kooperation unterscheidet. In der Darstellung der einfachen Kooperation folgt er wie Kummer dem eingängigen Beispiel Leont'evs (1971) von der Treibjagd. Bei der komplexen Kooperation unterscheidet er verschiedene Kooperationsstufen:

> "Man muß also zwischen verschiedenen Stufen der Kooperation unterscheiden. Zum einen findet eine unmittelbare Kooperation auf dem Handlungsfeld statt (gemeint: Kisten-Verladen), die gebunden ist an die gemeinsame Ausführung eines Handlungsmusters. Diese unmittelbare Kooperation ist durch den unmittelbaren und gleichzeitigen Kontakt der Interaktanten auf dem Handlungsfeld charakterisiert. Wir nennen diese Stufe der unmittelbaren Kooperation 'Kooperation A'.
> Die zweite Form ist die angedeutete Form der Kooperationssysteme, durch die einzelne Kooperationen vom Typ A oft überhaupt erst ermöglicht werden. Diese sind selbständig sich reproduzierende fest Kooperationsformen. Sie sind einerseits miteinander verflochten, in unserem Falle etwa Betriebe zur Herstellung von Verpackungsmaterial und Transportunternehmen, andererseits gegeneinander institutionell verselbständigt. Kooperationssysteme dieser Art seien mit 'Kooperation B' bezeichnet.
> Es ist nun klar, daß die verschiedenen gegeneinander verselbständigten Kooperationssysteme vom Typ B und die unmittelbaren Kooperationen vom Typ A insgesamt miteinander zusammenhängen müssen. Dieser Zusammenhang wird gewährleistet durch die Form der gesamt-gesellschaftlichen Kooperation, die durch den gesamt-gesellschaftlichen Mechanismus miteinander vermittelt werden und für die Gesellschaftsformation spezifisch sind. Dies sei die 'Kooperation C'." (195)

Diese Unterscheidung ließe sich modifiziert wohl auch auf den Zusammenhang "Antrag stellen - Antrag bewilligen/ablehnen" oder "Gesetz herstellen" übertragen und würde das Problem lösen, daß in diesen Prozessen Individuen zusammenwirken, ohne sich in irgendeiner Weise über ihre Ziele zu verständigen oder überhaupt Einsicht in den Gesamtablauf zu haben. Die Frage ist allerdings berechtigt, ob es sinnvoll ist, auf allen drei Stufen von "kooperativer Tätigkeit" zu sprechen, oder ob es nicht besser wäre, den Begriff "Kooperation" für die Stufe A zu reservieren und sich für die Stufen B und C mit dem Ausdruck "Koordination" zu behelfen, solange nicht genauer untersucht ist, wie diese Koordination eigentlich zustandekommt. Genauso problematisch ist es natürlich, außerhalb der Stufe A von "Kommunikation" zu sprechen. Aber wenn institutionelle Prozesse wie "Antrag stellen - Antrag bewilligen" und "Gesetz herstellen" keine kommunikativen Prozesse sind, was sind sie dann, da sie doch aus sprachlichen und sprachgebundenen Tätigkeiten sich zusammensetzen?

Literatur

Dittmann, J.: Institution und sprachliches Handeln, in: Ders. (Hg.), Arbeiten zur Konversationsanalyse. Tübingen 1979, 198-234

Edelman, M.: Politik als Ritual. Die symbolische Funktion staatlicher Institutionen und politischen Handelns. Frankfurt 1976

Ehlich, K. (Hg.): Erzählen im Alltag. Frankfurt 1980

Ehlich, K.: Der Alltag des Erzählens, in: Ders. (Hg.), Erzählen in Alltag. Frankfurt 1980, 11-27

Ehlich, K. u. J. Rehbein: Wissen, Kommunikatives Handeln und die Schule, in: H. C. Goeppert (Hg.), Sprachverhalten im Unterricht. München 1977, 36-113

Ehlich, K. u. J. Rehbein: Sprache in Institutionen, in: H. P. Althaus u.a. (Hg.), Lexikon der Germanistischen Linguistik. Tübingen 1980, 338-345

Heeschen, V.: Theorie des sprachlichen Handelns, in: H. P. Althaus u.a., Lexikon der Germanistischen Linguistik. Tübingen ²1980, 259-267

Koerfer, A.: Probleme und Ansätze einer pragmatischen Sprachanalyse, in: G. Saße u. H. Turk, Handeln, Sprechen und Erkennen. Zur Theorie und Praxis der Pragmatik. Göttingen 1978, 53-238

Kummer, W.: Grundlagen der Texttheorie. Reinbek 1975

Leodolter, R.: Das Sprachverhalten von Angeklagten vor Gericht. Kronberg 1975

Leont'ev, A.A.: Sprache - Sprechen - Sprechtätigkeit. Stuttgart 1971

Lundt, A.: Institutionelle Normenstruktur und sprachliche Materialität. Überlegungen zur Bedingtheit institutioneller Sprachverwendung am Beispiel der Verwaltung. Ms. Berlin 1980

Maas, U.: Sprachpolitik. Diskussionsvorlage für Wien. Ms. 1980

Quinn, J. B.: A Reporter's Complaint, in: Newsweek v. 6. Okt. 1980, 38

Rehbein, J.: Komplexes Handeln. Diss. FU Berlin. Ms. Berlin 1976

Schlieben-Lange, B.: Für eine historische Analyse von Sprechakten, in: H. Weber u. H. Weydt (Hg.), Sprachtheorie und Pragmatik. Akten d. 10. Ling. Koll. Tübingen 1975, 113-119

Schlieben-Lange, B. u. H. Weydt: Streitgespräch zur Historizität von Sprechakten, in: Ling. Ber. 60/79, 65-78

Schwarzenberg, R. G.: Politik als Showgeschäft. Moderne Strategien im Kampf um die Macht. Düsseldorf 1980

Schwitalla, J.: Dialogsteuerung in Interviews. München 1979

Soeffner, H.G. (Hg.): Interpretative Verfahren in den Sozial- und Textwissenschaften. Stuttgart 1979

Streeck, J.: Sandwich. Good For You. Zur pragmatischen und konversationellen Analyse von Bewertungen im institutionellen Diskurs der Schule, in: J. Dittmann (Hg.), Arbeiten zur Konversationsanalyse. Tübingen 1979, 235-257

Verheugen, G.: Eine Zukunft für Deutschland. München 1980

Weymann-Weyhe, W.: Sprache - Gesellschaft - Institution. Sprachkritische Vorklärungen zur Problematik von Institutionen in der gegenwärtigen Gesellschaft. Düsseldorf 1978

Wunderlich, D.: Zur Konventionalität von Sprechhandlungen, in: Ders. (Hg.), Linguistische Pragmatik. Frankfurt 1972, 11-58

Wunderlich, D.: Sprechakttheorie und Diskursanalyse, in: K. O. Apel (Hg.), Sprachpragmatik und Philosophie. Frankfurt 1976, 463-488

Wunderlich, D.: Was ist das für ein Sprechakt? in: G. Grewendorf (Hg.), Sprechakttheorie und Semantik. Frankfurt 1979, 275-324

Anhang

MATERIALISIERTE NORMEN IN PROZESSEN
INSTITUTIONELLER KOMMUNIKATION

Ehlich und Rehbein (1980) bestimmen Institutionen in ihrem Lexikonartikel zur "Sprache in Institutionen" als

> "Formen des gesellschaftlichen Verkehrs zur
> Bearbeitung gesellschaftlicher Zwecke; sie
> verlangen eo ipso Kommunikation zwischen den
> Aktanten. Welche Formen des sprachlichen Handelns
> diese Erfordernisse im einzelnen ausbilden, ist
> sowohl nach den aktuellen Zwecken wie nach der
> jeweiligen Geschichte der Institution unter-
> schiedlich." (338)

In ihren kurzen Charakterisierungen von Institutionen in den verschiedenen gesellschaftlichen Bereichen weisen sie darauf hin, daß die entwickelteren Formen der Kooperation in den Institutionen der Produktion und Zirkulation moderner, komplexer Gesellschaften dazu tendieren, "sprachlose Arbeitsvorgänge in maschinellen Vorgaben zu verfestigen" (339). An anderer Stelle wird deutlich, daß damit Sprache nicht einfach unwichtiger wird:

> "In anderen Institutionen, wie Betrieben, wird
> weniger gesprochen, aber da die Sprache in Insti-
> tutionen nicht nur die aktuellen und immer neu
> aktualisierbaren sprachlichen Handlungen erfaßt,
> sondern ebenso versprachlichte Wissensbestände,
> ist auch hier die Rolle der Sprache bedeutend.
> In Betrieben etwa ist solches Wissen in den
> Maschinen vergegenständlicht, ohne dieses sind
> sie als Institution undenkbar." (338)

Vergegenständlichtes Wissen spielt weit über das Beispiel der Maschinen im Bereich der Produktion hinaus eine kaum zu überschätzende Rolle im gesellschaftlichen Zusammenleben.

Das, was Ehlich und Rehbein über die Maschinen aussagen, gilt generell für alle Kulturprodukte des Menschen, schlechthin für alles, was nicht Natur ist, wobei das, was wir gemeinhin Natur nennen, selbst kulturell überformt und Kulturprodukt ist. Nicht so offensichtlich ist, was die Kommunikationsanalyse damit zu tun hat.

Ehlich und Rehbein argumentieren, daß "die Sprache in

Institutionen nicht nur die aktuellen und immer neu aktualisierbaren sprachlichen Handlungen umfaßt, sondern ebenso versprachlichte Wissensbestände." Von diesen wird im folgenden Satz gesagt, sie seien "in den Maschinen vergegenständlicht". Es ist nicht ganz klar, was die Autoren mit den "versprachlichten Wissensbeständen" meinen, auch nicht, ob und in welchem Sinne die Wissensbestände, wenn sie in Maschinen vergegenständlicht sind, immer noch die Eigenschaft haben, "versprachlicht" zu sein; doch kann man vergegenständlichtes Wissen sicherlich nicht in gleicher Weise wie Sprache wissenschaftlich betrachten. Auch wenn man in zu klärender Weise die Auffassung vertreten möchte, daß die bedeutende Rolle der Sprache in vermittelter Form auch dann erhalten bleibt, wenn Prozesse maschinell geleistet werden, ist es für die Kommunikationsanalyse doch ein großer Unterschied, ob der Analytiker es mit "immer neu aktualisierbaren sprachlichen Handlungen" zu tun hat oder mit in Maschinen oder sonstwie vergegenständlichten Wissensbeständen; denn anders als bei den sprachlichen Handlungen übernehmen die Aktanten für die Prozeßschritte, die maschinell geleistet werden, keine Verantwortung in dem Sinne, in dem in den Theorien sprachlichen Handelns von Verpflichtungen die Rede ist, die man eingeht, wenn man etwas tut. Und es ist nicht nur der Begriff der Verantwortung, es sind auch die Begriffe des intentionalen Handelns und des Norm-Befolgens, die problematisch werden.

Ich berufe mich auf die Bestimmungen Heeschens (1980, 260), die m.E. den Gebrauch der Begriffe in der pragmatisch orientierten Linguistik recht gut wiedergeben und im wesentlichen unstrittig sein dürften. Heeschen geht es um das spezifisch den Menschen charakterisierende Phänomen, daß man aus dem beobachtbaren Verhalten einen Handlungszusammenhang konstruieren kann; "d.h. man kann dem Verhalten der Menschen ein Motiv (einen Grund), Intentionalität, subjektiven Sinn und einen Zweck zuschreiben" (260):

"Zum Handeln wird das Verhalten dadurch, daß man
1. Bewußtheit und Absicht unterstellt, 2. die

Veränderung eines Sachverhalts ... feststellen kann, 3. daß die Veränderung absichtlich unterlassen werden kann, 4. daß das Verhalten im Kontext von primären Bedürfnissen (...), gesellschaftlich geformten Bedürfnissen (...), oder, allgemeiner gesagt, im Zusammenhang mit einer Lebensform steht (...), 5. daß die Wahl zwischen mehreren Mitteln gegeben ist, ein Handlungsziel zu erreichen (...), und daß 6. die Handlung moralischer Wertung unterliegen kann; man kann sie billigen oder mißbilligen ..." (260).

Dieser Handlungsbegriff ist zur Beschreibung und Erklärung des Verhaltens der Akteure in institutionellen Prozessen nicht generell ungeeignet, aber er wird problematisch in allen Fällen, bei denen Teilprozesse maschinell geleistet werden, bzw. wo die Akteure, allgemeiner gesprochen, sich materialisierten Normen konfrontiert sehen, und ihr Verhalten nicht mehr ohne weiteres als Handeln im definierten Sinne begriffen werden kann, weil vor allem die Punkte 3, 5 und 6 nicht erfüllt sind.

Zur Illustration zunächst ein Beispiel außerhalb sprachlicher Kommunikation unter der Frage: "Warum verhält sich ein bestimmter Verkehrsteilnehmer so, wie er sich verhält?"

Er kennt - mehr oder weniger gründlich - die Straßenverkehrsordnung, einen Komplex kodifizierter Verhaltensanweisungen, denen er folgt oder - das Risiko von Sanktionen in Kauf nehmend - nicht folgt. Er kennt auch nicht kodifizierte Normen für das gesellschaftliche Zusammenleben, z.B. solche der Höflichkeit oder Hilfsbereitschaft etc. Auch ihnen kann er folgen oder nicht folgen. Daneben wird sein Verhalten innerhalb des Spielraums, den die verschiedenartigen Normen lassen, vor allem von der Zweckorientierung bestimmt, z.B. unter dem Gesichtspunkt, wie er am besten und schnellsten sein Ziel erreicht. So wählt er bei einer Baustelle möglicherweise die linke Spur, die vorübergehend auf die andere Fahrbahn führt, weil er aus Erfahrung weiß, daß die langsamen Autos und die Laster meistens auf der rechten fahren. Er kann aber auch, spekulierend, daß vielleicht alle so denken und die linke Bahn deshalb doch schneller verstopft, gerade umgekehrt auch die rechte wählen. Stellt sich heraus, daß er sich verspekuliert hat, so ist sein Handeln als Irrtum, eventuell als Dummheit bewertbar. Bei Abweichungen von der Verkehrsordnung bzw. von allgemein akzeptierten Regeln der Höflichkeit ist sein Verhalten juristisch bzw. moralisch bewertbar. Was sein Verhalten bedingt, ist jeweils verschieden, in allen Fällen aber ist es als intentionales Verhalten, also als Handeln im Sinne Heeschens beschreibbar und bewertbar.

Den handlungsbedingenden Faktoren, von denen bisher die Rede war, ist gemeinsam, daß sie sich im Kopf des Handelnden befinden, und es ist genau diese psychische Existenzweise, die es ermöglicht, einer Norm zu folgen oder auch nicht zu folgen. Es gibt aber im Verkehr - um beim Beispiel zu bleiben - verbreitet Fälle, in denen Normen sich materialisieren und je nach Art der Materialisierung der Verkehrsteilnehmer mit kleineren oder größeren physischen Hindernissen konfrontiert wird. Die Norm des Rechtsverkehrs impliziert die Einteilung der Straße in mindestens zwei Fahrbahnen. Sie werden symbolisch gekennzeichnet durch weiße Linien in ihren verschiedenen Varianten. Dies ist die erste Stufe der Materialisierung, die noch kein physisches Hindernis darstellt. Man kann die Linien überfahren, genauso wie man ein Stopzeichen mißachten oder bei Rot über die Kreuzung fahren kann. Statt der weißen Linie können aber, besonders bei Baustellen, Metall- oder Plastikplättchen in den Boden versenkt sein, ein Polizist kann in der Mitte der Fahrbahn stehen, eine tragbare Barriere kann die Grenze materialisieren, oder es können einbetonierte Leitplanken das Einhalten der Fahrbahn erzwingen. Mindestens bei der letzten Variante hat die Norm eine Existenzweise erhalten, bei der das "normentsprechende" Verhalten nicht mehr als "Befolgen einer Norm" und als Akt intentionalen Handelns beschreibbar ist.

Das Phänomen der Materialisierung und ihre Skalenhaftigkeit läßt sich an den Grenzen aller Art illustrieren, z.B. Grenzen, mit denen staatliche Hoheitsgebiete nach außen und der Bereich des öffentlich Zugänglichen vom Privatbereich abgegrenzt werden. Das Institut des Privateigentums und die

Norm des Schutzes des Privateigentums kann durch Schild oder
Grenzstein gekennzeichnet werden, die die Übertretung physisch nicht behindern. Es können aber auch eine Blumenrabatte, ein Draht, ein Jägerzaun, eine Brombeerhecke, ein
hoher Drahtzaun mit Stacheldrahtbewehrung, eine Mauer, eine
Mauer mit Wassergraben usw. Verwendung finden. Auch hier
werden die Begriffe des intentionalen Handelns und des Normbefolgens zur Beschreibung des Verhaltens zunehmend unbrauchbarer, weil das jeweilige Verhalten zum Endpunkt der
Skala hin nicht mehr unterlaßbar ist. Materialisierte Normen
sind, wenn der physische Widerstand groß genug ist, keine
Normen mehr. Sie wirken wie natürliche Hindernisse; ein
Unterschied zwischen natürlichen Hindernissen und normgebundenen besteht nur hinsichtlich ihrer Genese. Als gesellschaftlich bestimmte sind sie veränderbar. Die Veränderung
ist aber wieder nur gesellschaftlich möglich und nicht individuell verfügbar. Von diesen materialisierten Normen kann
man sagen, daß sie nicht nur, wie Durkheim für die Analyse
sozialer Tatsachen generell fordert, "wie Dinge zu betrachten" sind, sondern tatsächlich dinghafte Existenz haben.
Wenn sie einen ausreichend großen Widerstand darstellen,
bewirken sie, daß eine Veränderung nicht unterlaßbar ist
(Punkt 3 bei Heeschen), die Wahl zwischen mehreren Mitteln
unmöglich ist (Punkt 5) und daß das Resultat dem Akteur
auch nicht mehr angelastet werden kann (Punkt 6).

In den linguistischen Analysen gesprochener Alltagskommunikation kommen solche materialisierten Normen kaum vor.
Zur Erklärung des Verhaltens reicht es meist aus, auf bewußte oder nicht bewußte Konventionen, Regeln, Normen in
den Köpfen der Akteure oder auf die schriftlich kodifizierten Regelungen als handlungsleitende Faktoren zu verweisen.
Die Produkte kommunikativen Handelns sind ziemlich vollständig mit Bezug auf Bewußtseinstatsachen beschreibbar und
erklärbar. Zwar werden mit Begriffen wie "raum-zeitliche
Situation" und "Wahrnehmungsraum" physische Elemente der
Kommunikationssituation in die Analyse integriert, doch wirken diese nicht direkt auf die Kommunikation ein, sondern

nur vermittelt "über den Kopf": die Dinge im Wahrnehmungsraum sind wichtig allein als wahrgenommene oder wahrnehmbare.

In der Analyse institutioneller Kommunikation müssen die "Dinge" aber berücksichtigt werden, weil die kommunikativen Prozesse so stark mit materialisierten Normen durchsetzt sind, daß man die Kommunikation nicht angemessen beschreiben kann, wenn man sie außer acht läßt. Sie sind auch deshalb wichtig, weil sie einen Grund dafür darstellen, daß die Handlungsprodukte nicht vollständig auf Akte intentionalen Handelns zurückgeführt werden können. Ich benenne einige Bereiche, in denen materialisierte Normen in der Kommunikation zwischen den Agenten der Institutionen oder der Kommunikation zwischen den Agenten und den Klienten wirkungsvoll sind.

Schon die Zugänglichkeit der Agenten, d.h. die Frage, wer mit wem überhaupt in eine kommunikative Beziehung treten kann, wird z.T. "physisch" geregelt. Das gilt für die Zugänglichkeit der Agenten für die Klienten und die Zugänglichkeit der Agenten untereinander. Im ersten Fall materialisieren sich die Vorschriften darüber, wer dem Publikum überhaupt zugänglich ist, und die Vorschriften über die Öffnungszeiten, im zweiten Fall handelt es sich oft um materialisierte Dienstwegregelungen. Die Formen der Materialisierung haben die schon erwähnte Skalenhaftigkeit: an einer nicht abgeschlossenen Tür kann ein Schild befestigt sein ("Eintritt verboten", "Geöffnet von ... bis"), sie kann abgeschlossen sein, sie kann zugemauert werden, oder sie ist architektonisch gar nicht erst vorgesehen. Der entsprechende Raum ist dann nur indirekt über ein "Vorzimmer" erreichbar. Die nur indirekte Zugänglichkeit des Zimmerinhabers wird bei mündlich-telefonischen Versuchen der Kontaktaufnahme über geeignete Telefonschaltungen, bei schriftlichen über entsprechend geregelte Postverteilung sichergestellt. Eine Möglichkeit, den blockierten Zugang zu öffnen, ist bei schriftlicher Kontaktaufnahme z.B. der Zusatz "Persönlich" auf dem Umschlag. Wieweit er erfolgreich ist, stehe dahin.

Normen kommunikativen Verhaltens verdinglichen sich in

großem Ausmaß auch in der Raumgestaltung, im Mobiliar, seiner Aufstellung und seiner möglicherweise festen Montierung: runder Tisch vs. eckiger Tisch bei Konferenzen; erhabenes Katheder in (früheren) Schulzimmern; ansteigende, festmontierte Sitzreihen in Vorlesungssälen, Verteilung von Mikrophonen. Wie stark die Normen materialisiert worden sind, erfährt man, wenn man versucht, Räume oder auch Gebäude, die für einen bestimmten Zweck und für bestimmte kommunikative Verfahren eingerichtet worden sind, für andere zu nutzen; wenn man also z.B. in einem Vorlesungssaal ein Seminar veranstalten will. Das, was bei diesem Versuch Schwierigkeiten macht bzw. sich nicht bewerkstelligen läßt, ist genau das, was bei sachgerechter Nutzung schon von der Architektur bzw. dem Mobiliar geleistet wird und der Entscheidung der Handelnden mehr oder weniger entzogen ist. Nimmt man einmal als Norm für die Vorlesung u.a. an, daß nur einer Rederecht hat und die Zuhörer sich dem Sprecher zuwenden, dann ist das faktische Schweigen der Zuhörer und ihre faktische Hinwendung zum Sprecher nur noch bedingt als "Befolgen einer Norm" beschreibbar, wenn sie sich mangels Mikrophon ohnehin nicht verständlich machen können und wenn die festmontierten Stühle die Ausrichtung zum Sprecher hin mehr oder weniger erzwingen.

Schließlich gibt es natürlich in allen Institutionen Maschinen, darunter auch solche, die speziell in kommunikativen Prozessen eine Rolle spielen und z.T. sogar die Sprachprodukte beeinflussen, u.a.
- bei der Produktion geschriebener oder gesprochener Äußerungen (Schreibmaschinen, Diktaphone, Textverarbeitungsmaschinen);
- der Speicherung (Computer, Tonband-/Videogeräte);
- der Vervielfältigung (Druck-, Kopiermaschinen);
- der Übermittlung (automatische Verteiler, Rohrpostsysteme oder gebäudeinterne Gleisanlagen);
- der Rezeption (Leseapparate, Lautsprecher).
Alle diese Maschinen eröffnen zwar Möglichkeiten, die ohne sie nicht wählbar wären, doch schränken sie die Verantwort-

lichkeit des Handelnden ein, weil sie auf eine bestimmte
Art und Weise der Lösung des jeweiligen Problems fest-
legen. Der Computer wird eben nicht immer zu Unrecht als
Sündenbock bemüht, wenn Agenten von Institutionen sich gegen
Vorwürfe zur Wehr setzen.
Besonders deutlich und einschneidend wird die eingeschränkte
Verantwortung bei den Textverarbeitungsanlagen, in denen
vorfabrizierte Teiltexte gespeichert sind. Die sprachlichen
Handlungen, die mit dem Text-Endprodukt vollzogen werden,
werden vom unterschreibenden Sachbearbeiter, wenn überhaupt,
dann nur insoweit verantwortet, als sie nicht im System
vorprogrammiert sind. Im wesentlichen ist die Verantwortung
auf die korrekte Wahl und Kombination der Teiltexte beschränkt. Das gilt umsomehr, als der Bearbeiter nicht einmal
die Benutzung der Maschine verweigern kann, weil die Einrichtung zentraler Textverarbeitungssysteme zum Abbau der
Sekretärinnenstellen und zur Verminderung der Zahl der
Schreibmaschinen führt und also eine individuelle Verfertigung des Textes nicht mehr in Frage kommt. Erinnert man sich
an die am Beispiel des Verkehrs illustrierte Skalenhaftigkeit der Materialisierung und fragt nach den Vorformen der
Textverarbeitungsmaschinen, so kommt der weite Bereich der
Formulare, Fragebögen und Formbriefe ins Blickfeld. Der
Aspekt des physischen Hindernisses tritt bei ihnen z.B.
als Platzmangel auf. Wenn man meint, individuell Zusatz-
informationen geben zu müssen, kann man zwar die Grenze
überwinden, indem man freie Stellen (Rand) nutzt oder ein
Beiblatt anfügt; doch kann es, z.B. bei automatischer Aus-
wertung, passieren, daß man mit dem Geäußerten keinen
Adressaten findet.

Wie stark sich materialisierte Normen, die als materialisierte keine Normen mehr sind, in den Prozessen institutioneller Kommunikation auswirken, ist in Einzeluntersuchungen
empirisch zu klären. Daß sie aber neben den Konventionen
und den kodifizierten Handlungsanweisungen als handlungsbe-
dingende Faktoren eine Rolle spielen, ist sicher. Der Sprachwissenschaftler kann zwar argumentieren, daß überall da, wo

sie sich auswirken, die beobachtbaren Aktivitäten kein kommunikatives Handeln sind und daher auch kein Gegenstand linguistischer Analyse. Er nimmt dann aber in Kauf, daß er die im institutionellen Prozeß entstehenden Sprachprodukte in seiner Analyse nicht vollständig erfassen kann, weil sie nicht vollständig als Resultat sprachlich-kommunikativen Handelns beschrieben werden können.

Literatur

Ehlich, K. u. J. Rehbein: Sprache in Institutionen, in: Althaus, H.P. u.a. (Hg.), Lexikon der germanistischen Linguistik. Tübingen ²1980, 338-345

Heeschen, V.: Theorie sprachlichen Handelns, in: Althaus, H.P. u.a.₂(Hg.), Lexikon der germanistischen Linguistik. Tübingen ²1980, 259-267

Durkheim, E.: Die Regeln der soziologischen Methode. Neuwied ²1965

"INSZENIERTE KOMMUNIKATION"
ZUR SYMBOLISCHEN FUNKTION KOMMUNIKATIVER VERFAHREN
IN (POLITISCH-)INSTITUTIONELLEN PROZESSEN

1. Die Untersuchungen M. Edelmans zur symbolischen Funktion staatlicher Institutionen und politischen Handelns

1964 veröffentlichte der amerikanische Politikwissenschaftler Murray Edelman ein Buch mit dem Titel "The Symbolic Uses of Politics" (Urbana 1964), das 1974 in 6. Auflage erschien. 1971 folgte eine zweite Untersuchung zum gleichen Thema mit dem Titel "Politics as Symbolic Action. Mass Arousal and Quiescence" (Chicago 1971, ^{2}1972). Eine deutsche Übersetzung erschien überraschend spät erst 1976 in der Reihe Campus Studium ("Politik als Ritual". Frankfurt/Main). Eine Merkwürdigkeit der deutschen Ausgabe besteht darin, daß es für sie keine direkte amerikanische Vorlage gibt; die Übersetzung kompiliert in Auswahl die wesentlichen Kapitel beider Bücher Edelmans. Der Untertitel - "Die symbolische Funktion staatlicher Institutionen und politischen Handelns" - ist, wie meistens, informativer und treffender als der Haupttitel; in beiden ist jedoch nicht von "Sprache" die Rede. Dennoch ist der Sprachgebrauch ein wesentlicher Gegenstand der Untersuchungen, weil politisches Handeln zu einem Gutteil sprachliches Handeln ist und auch da, wo es dies nicht ist, der sprachlichen Vermittlung bedarf. Bevor ich mich eingrenzend auf diesen Teilbereich konzentriere, erscheint es mir sinnvoll, Ziele und Untersuchungsrahmen Edelmans in den Grundzügen insgesamt darzustellen, da die Sprachanalyse innerhalb des weiterreichenden Rahmens ihre Funktion erhält.

Grundthese Edelmans - so Claus Offe im "Editorial" zur deutschen Ausgabe - ist die These von der Doppelung der Realität des Politischen, ihre "Brechung in zwei Realitätsebenen: Machtkampf und Täuschung über diesen Machtkampf, Nachricht und Deutung, strategische Rationalität und symbolische Mystifikation" (VIII). Methodische Konsequenz der These ist, "daß jede Handlung, jede Entscheidung, jedes soziale Phänomen in zweierlei Hinsicht zu analysieren sei: erstens im

Hinblick auf die manifesten und 'objektiven' Folgen und Handlungsziele, zweitens im Hinblick auf die latenten und subjektiven deutenden Kategorisierungen der Welt, die sie nahelegen und verstärken" (Offe. VII). Am Beispiel konkretisiert: "Wenn allgemeine Wahlen abgehalten werden, so dienen sie erstens der Rekrutierung politischen Führungspersonals; aber dienen sie nicht auch der Befestigung eines politischen Weltbildes, dem zufolge es 'wichtig' ist, welche der konkurrierenden Parteien das Rennen gewinnt, und dem zufolge die Bürger die Chance haben, Zustand und Entwicklung der Gesellschaft souverän zu bestimmen?" (Offe VII). Mitzudenken ist, daß die an zweiter Stelle genannte Funktion nach Meinung Edelmans auf eine Täuschung hinausläuft - eine Täuschung darüber, daß der Einfluß des wählenden Bürgers auf das politische Geschehen wesentlich geringer ist, als er zu sein scheint; eine Täuschung auch darüber, daß für den Bürger die Frage, welche der konkurrierenden Parteien das Rennen gewinnt, "objektiv" oft gar nicht so wichtig ist, wie es die aufwendige Prozedur der Wahlen (und die Äußerungen der Politiker im Wahlkampf) suggerieren. Am Beispiel ist auch der wichtige Sachverhalt ablesbar, daß das gleiche politische Phänomen für verschiedene Personen bzw. Personengruppen verschiedene Bedeutung haben kann und, wenn die These von der systematischen Doppelung der Realität des Politischen zutrifft, faktisch auch hat. Die Existenz von Wahlen ist für den Bürger eine Bestätigung des Prinzips demokratischer Partizipation, für die Berufspolitiker primär ein Mittel zur Rekrutierung politischen Führungspersonals.

Das Phänomen der Doppelung weist Edelman an einer Fülle von Beispielen aus der amerikanischen Politik der 60er Jahre in allen Bereichen und auf allen Ebenen politischen Handelns nach. Es betrifft neben politischen Verfahren wie der Wahl auch den institutionellen Apparat bzw. einzelne staatliche Behörden. So vermittelt nach Edelman die Existenz einer staatlichen Aufsichtsbehörde gegen wirtschaftliche Wettbewerbsbeschränkungen die beruhigende Gewißheit, daß es eine Institution gibt, die im Interesse des Bürgers den Mißbrauch wirtschaftlicher Macht verhindert. Diese ihre symbolische Funktion erfüllt sie auch dann, wenn - dem Bürger uneinsichtig - die "objektiven" Folgen und Handlungsziele solcher Institutionen mehr oder weniger wirkungslos sind oder ein den Deutungen des Bürgers widersprechendes Handlungsziel haben. Gleiches gilt für die "Sprachstile", die in den politischen Entscheidungsprozessen verwendet werden, von denen Edelman vier - "appellierende Srpache" (hortatory language), "juristische Sprache" (legal language), "bürokratische Sprache" (administrative language), "Verhandlungssprache" (bargaining language) - in Kapitel 10 unter dem Gesichtspunkt ihrer unterschiedlichen Sinnhaftigkeit für die politischen Akteure und den zuschauenden Bürger genauer untersucht.

In allen Fällen ist Edelmans Ausgangspunkt die Beobachtung der Diskrepanz, "die zwischen unseren scheinbar so plausiblen Meinungen über das Wirken politischer Institutionen und deren tatsächlichem Wirken besteht" (2). Die scheinbar so plausiblen Meinungen werden also nicht von dem "tatsächlichen Wirken" bestimmt; sie werden aber auch nicht so sehr von dem bestimmt, was die politischen Akteure inhaltlich über die Institutionen, Prozesse, Ereignisse sagen, sondern in erster Linie von den Formen des politischen Prozesses selbst. Die Formen (Institutionen, Verfahren, Sprachstile), darin liegt ihre Doppelung, haben die Eigenschaft, "einerseits eine Szenerie von Ausdruckswerten für die Massenöffentlichkeit zu sein und andererseits bestimmten Gruppen handfeste Vorteile zu gewähren" (2).

Die "Überzeugungs- und Wahrnehmungsformen, die hauptsächlich durch staatliches Handeln und politische Rhetorik erzeugt werden" (98), die Deutungsmuster der Massenöffentlichkeit also, die er in der amerikanischen Gesellschaft der 60er Jahre als wirksam ansieht, listet er auf den Seiten 98ff. zusammenfassend auf. Ich gebe sie in gekürzter Fassung in der Annahme wieder, daß sie die bisherige geraffte Beschreibung der Untersuchungen Edelmans anschaulicher machen können. Zugleich wird in der Liste der Deutungsmuster und der Komponenten der Inszenierung, die die jeweiligen Deutungen erzeugen bzw. unterstützen, die Rolle der Sprache erkennbar, die Gegenstand des folgenden Abschnitts sein wird.

A. "Erzeugung der Vorstellung, daß das Volk die Richtlinien politischen Handelns mitbestimmt und beeinflußt"
   - durch die Einrichtung von Wahlen, die als solche den Eindruck erwecken, daß das Volk mitbestimme;
   - durch appellative Sprache in der Kommunikation mit dem Bürger, die signalisiert, daß es von Wichtigkeit sei, was das Volk denkt oder tut;
   - durch juristische Sprache (gemeint: Gesetzessprache), die in ihrer vermeintlichen Präzision und Eindeutigkeit den Glauben stärkt, Beamte und Richter täten nichts weiter als den Willen der gewählten Vertreter des Volkes auszuführen;
   - Inszenierung öffentlichkeitswirksamer Beratungen zwischen Interessengruppen und amtlichen Stellen;
   - demonstrative Gewährleistung von Gelegenheiten zur Opposition gegen die offizielle Politik.

B. "Erzeugung des Eindrucks, daß bestimmte Gruppen feindlich und gefährlich sind"
   - durch demonstrative Organisierung und nachfolgende Eskalierung von gemeinsamen Abwehr- und Polizeiaktionen gegen diese Gruppen (feindselige Reden, Gesten, Verhaftungen und ähnliche Akte);
   - rituelle Gerichtsprozesse.

C. "Erzeugung der Vorstellung, daß die politische Führung im öffentlichen Interesse handelt und mit all den Problemen fertig werden kann und auch fertig werden wird, die die Öffentlichkeit beschäftigen und beunruhigen"
   - durch inszeniertes Selbstbewußtsein und Zuversicht, es mit einem personifizierten Feind aufzunehmen;
   - durch rhetorische Gewandtheit der Politiker in der wirksamen Selbstdarstellung des Staatsmannes als eines ungewöhnlichen Mannes, der die Dinge anzupacken weiß.

D. "Erzeugung von Deutungen, wonach bestimmte Gruppen
   wohlmeinende Verbündete sind"
   - durch publizistisch hochgespielte Organisation
   von Bündnissen und partnerschaftlichem Handeln;
   - durch metaphorische Definition, daß die Ziel-
   gruppe in ihren Wertvorstellungen und Verhaltensweisen wie "wir" sind;
   - durch Präsentation derer, die einen Elitestatus
   einnehmen, als Personen, die auch ein entsprechendes
   Talent besitzen und daher ihren besonderen Status
   zu Recht haben.

Einige weitere Deutungen, die bei Edelman ausführlich behandelt werden, in der zusammenfassenden Liste jedoch fehlen
bzw. nicht deutlich genug erkennbar sind, schließe ich als
E - G an:

E. Erzeugung der Vorstellung, die verschiedenen staatlichen Institutionen kontrollierten sich im Sinne
   der Gewaltenteilung gegenseitig.

F. Erzeugung der Vorstellung, daß Konflikte nicht nur
   friedlich, sondern sogar in der spezifischen Form
   des rationalen Diskurses gelöst werden können und
   gelöst werden.

G. Erzeugung der Vorstellung, daß die staatlichen
   Institutionen den Bürger vor den Partialinteressen
   der Interessengruppen schützen und unparteiisch für
   das allgemeine Beste tätig sind, wobei zugleich
   vorausgesetzt wird, daß es ein allgemeines Bestes
   gäbe.

2. Die Rolle der Sprache in der Doppelung der Realität des Politischen

Die Sprache wird bei Edelman besonders in zweierlei Hin-
sich Gegenstand der Untersuchung, (1) weil die in der Liste
A - G angegebenen Deutungsmuster generell mit sprachlichen,
in zweiter Linie auch mit visuellen Mitteln erzeugt werden,

auch dann, wenn sie sich auf nichtsprachliche politische
Phänomene (Institutionen, Verfahren, Ereignisse etc.) beziehen, (2) in der Theorie der "Sprachstile", nach der die
Sprachstile als Formen selbst eine symbolische Funktion haben.

Zunächst zum ersten Untersuchungsbereich: Die Wichtigkeit der Sprache wird anschaulich in der Liste sichtbar.
Die Vorstellungen, Eindrücke, Deutungen, die erzeugt werden,
betreffen in der Regel nichts Sprachliches, die beispielhaft
angegebenen Mittel, mit denen sie erzeugt werden, sind aber
genauso regelmäßig sprachliche Mittel ("appellative Sprache",
"Inszenierung öffentlichkeitswirksamer Beratungen", "metaphorische Definition"), oder sie setzen den Gebrauch von
Sprache voraus: Die "Selbstdarstellung des Staatsmannes als
eines ungewöhnlichen Mannes, der die Dinge anzupacken weiß",
ist im wesentlichen eine Selbstdarstellung durch Gebrauch
der Sprache, ergänzt durch mimische oder gestische Mittel
wie "ein entschlossenes Gesicht machen" oder gar "Zähne
fletschen". Das gleiche gilt für die Darstellung des Staatsmannes durch andere. Im Falle der "Abwehr- und Polizeiaktionen" zur "Erzeugung des Eindrucks, daß bestimmte Gruppen
feindlich und gefährlich sind", kann auch das Mittel sprachlos sein, z.B. der Wasserwerfer oder die knüppelschwingende
Kolonne.

Es muß aber, wenn das Deutungsmuster beim Bürger erzeugt
werden soll, davon gesprochen werden, daß eine Polizeiaktion
stattgefunden hat und gegen wen sie sich gerichtet hat.
Bezieht sich die Deutung auf eine Institution und ihre Tätigkeit, so muß dem Bürger gesagt werden, daß sie überhaupt
existiert, sie muß einen Namen bekommen, und ihre Funktionen
und Maßnahmen müssen in irgendeiner Form beschrieben werden.

Das Forschungsprogramm auf dieser Ebene besteht darin,
die sprachlichen Mittel zu untersuchen, mit denen sich die
politischen Akteure selbst darstellen bzw. mit denen sie,
die Institutionen und das Handeln in den Massenmedien und
den Ausbildungsinstitutionen beschrieben werden, um erklären zu können, wie die Deutungsmsuter erzeugt werden, die
mit dem tatsächlichen Funktionieren der politischen Institu-

tionen oft im Widerspruch stehen. Dieses Frageinteresse zieht sich bei Edelman durch alle Kapitel seines Buches und wird systematischer in Kapitel 9 unter dem Titel "Metaphern und Sprachformen" behandelt. Natürlich ist die Fragestellung nicht neu. Edelman beruft sich selbst auf eine Reihe amerikanischer Autoren - zu ihnen gehören u.a. Cassirer, Morris, Mead, Burke, Duncan, Chase, Langer -; es sind aber auch die Parallelen zur sprachwissenschaftlichen oder rhetorischen Analyse politischer Sprache in der Bundesrepublik, insbesondere der öffentlichen Rede oder politischer Fernsehinterviews deutlich. Edelmans Buch ist in dieser Hinsicht als ein weiterer Beitrag zur Untersuchung der öffentlich-politischen Sprache aufzufassen, der besonderes Interesse allerdings wegen der Einbettung der sprachlichen Analyse in den größeren Zusammenhang seiner These von der Zwieschlächtigkeit des Politischen beanspruchen kann.

Origineller und fruchtbarer, weil bisher weniger beachtet, scheint mir die Theorie der Sprachstile, die er im 10. Kapitel in den Grundzügen ausarbeitet und beispielhaft empirisch belegt. Edelman ist der Auffassung, daß jenseits der Art und Weise, wie politisches Handeln sprachlich dargestellt wird, und welches Bild inhaltlich vermittelt wird, die sprachlichen Ausdrucks_formen_ symbolische Bedeutung haben und genauso wie die Institutionen und die nicht-sprachlichen Handlungen zur Erzeugung bestimmter Deutungsmuster beitragen. Als für die Untersuchung wichtige "formale Eigenschaften politischer Sprache" benennt er auf S. 168 vor allem "Befehle; Definitionen; das Äußern von Prämissen, Folgerungen und Lösungen (d.h. Beweisen und Urteilen); Ausdrucksweisen, die auf den öffentlichen oder privaten Charakter des Sprechens hinweisen und Ausdrucksweisen, die den öffentlichen oder eingeschränkten Charakter der angesprochenen Zuhörerschaft erkennen lassen." Diese Elemente ergeben nach Edelman in unterschiedlicher Kombination "vier klar unterscheidbare Sprachstile, die im Regierungsprozeß vorkommen. Ich spreche von appellierenden, juristischen, befehlenden und Verhandlungsangebote machenden politischen Sprechweisen"

(168). Als Abschnittsüberschriften im 10. Kapitel sind die Ausdrücke "appellierende", "juristische", "bürokratische Sprache" und "Verhandlungssprache" gewählt; im amerikanischen Original spricht Edelman von "hortatory", "legal", "administrative" und "bargaining language styles". Im Deutschen wie im Amerikanischen lassen die Ausdrücke eine Einteilung nach den politischen Institutionen im Sinne der Gewaltenteilung vermuten, doch wäre das ein grobes Mißverständnis. Es ist die Auffassung Edelmans, daß sich die vier Sprachstile quer durch den institutionellen Apparat hindurchziehen und "daß der Gebrauch von bestimmten Sprachstilen ein eindeutiger und brauchbarerer Indikator für die tatsächlichen politischen Funktionen der Organe im modernen Staat ist als die herkömmliche Unterscheidung von Exekutive, Legislative und Judikative" (169). Die Analyse der Sprachstile ist für den Politikwissenschaftler Edelman gerade ein Instrument, um auf die Problematik des traditionellen Begriffs der Gewaltenteilung hinzuweisen, der selbst ein Element in der behaupteten Inszenierung ist.

Um diese Erkenntnis zu ermöglichen, ist es natürlich notwendig, auch in der Analyse der "Sprachstile" und ihres Vorkommens im politischen Prozeß die mögliche Doppelung zu beachten, die darin besteht, "daß die Bedeutung einer Sprechweise für eine unorganisierte, unbeteiligte Massenöffentlichkeit und deren Reaktionen, nicht selten der Bedeutung für direkt beteiligte Gruppen diametral entgegengesetzt ist" (169) oder daß die beiden zumindest voneinander abweichen. Wenn im Gesetzgebungsprozeß ein öffentliches Hearing mit für das jeweilige Sachgebiet kompetenten Wissenschaftlern veranstaltet wird, dann darf der Analytiker die Form des Hearings und die solchen Hearings eigentümlichem Sprachformen nicht zu ihrem "Nennwert" akzeptieren, sondern muß unter Einschluß der ersten Realitätsebene überprüfen, ob durch die Veranstaltung des Hearings tatsächlich der wissenschaftliche Sachverstand für den Gesetzgebungsprozeß furchtbar gemacht werden soll, oder ob das Hearing möglicherweise nur inszeniert und formalkommunikativ realisiert wird, auf der Ebene des Handelns der

Akteure aber eine zu bestimmende andere Funktion hat oder schlicht funktionslos ist. Das gleiche Problem ergibt sich bei der Analyse der Plenardebatten der gesetzgebenden Körperschaften, die ja trotz des oft bemerkten und monierten "Zum-Fenster-hinaus-Redens" im Kern als "Beratung zwischen den Abgeordneten" realisiert wird. Vor dem Hintergrund der Realanalyse des Gesetzgebungsprozesses ist die Form der Beratung und nicht das Zum-Fenster-hinaus-Reden das eigentlich Überraschende und Erklärungsbedürftige. Bei allen dialogisch konstituierten Formen der Massenmedien (Interviews, Rund- und Streitgespräche etc.) ist die Inszenierung des Gesprächs fast offensichtlich; dennoch ist fraglich, ob dem Zuschauer dies auch bewußt ist, und wieweit er nicht doch dem Anschein aufsitzt, die Beteiligten auf dem Fernsehschirm hätten sich von sich aus etwas zu sagen.

Um das Spektrum verschiedener Ausprägungen der Doppelung anzudeuten, sei ergänzt, daß die Diskrepanz nicht immer wie in den bisherigen Beispielen darin besteht, daß ein bestimmter "Sprachstil" (ich spreche stattdessen auch von "kommunikativen Verfahren") sprachlich-kommunikativ realisiert wird, der in dem politischen Prozeß der Akteure eine andere Funktion hat als die, die der Außenstehende ihm zulegt. Es kann auch sein, daß eine Diskrepanz besteht zwischen dem realisierten Verfahren und der Bezeichnung, die es erhält, oder dem, was über den Sprachstil gesagt wird. Das ist ein häufiges Phänomen dann, wenn die kommunikative Interaktion der Akteure öffentlich nicht sichtbar ist und diese nur sagen, was sie zu tun gedenken bzw. getan haben. So werden faktische Verhandlungen über Probleme, die nach Auffassung der Öffentlichkeit nicht durch Verhandlungen, sondern z.B. durch Diskussion gelöst werden sollten, häufig als "Diskussion", "Beratung", "Gespräch" o.ä. ausgegeben.

3. Einzelwissenschaft, Interdisziplinarität und das Problem der Grenzüberschreitungen

Akzeptiert man die Grundthese von der Zwieschlächtigkeit des Politischen und die Unterscheidung der beiden Realitäts-

ebenen und bedenkt zugleich, daß politisches Handeln primär
sprachliches Handeln ist, zumindest aber sprachlich vermittelt
ist, dann ergibt sich daraus unabdingbar, daß auch der
Sprach- und Kommunikationsforscher der Doppelung des sprachlichen Handelns gerecht werden und daher beide Realitätsebenen berücksichtigen muß. Tut er das nicht und analysiert die
realisierten sprachlichen Formen und kommunikativen Verfahren
zu ihrem "Nennwert", dann beschreibt er - die Gültigkeit der
These von der Zwieschlächtigkeit hypothetisch vorausgesetzt,
eine Inszenierung, ohne die Möglichkeit zu haben, das Beschriebene als Inszenierung zu erkennen, zu schweigen davon,
daß er es dem Leser als Inszenierung erkennbar machen kann.
Unwissentlich und unwillentlich bestätigt er im Gegenteil die
Inszenierung und verstärkt ihre Wirkung mit seiner Autorität als Wissenschaftler. Das dürfte unstrittig ein fragwürdiges Ergebnis wissenschaftlicher Tätigkeit sein. Doch ist es
zweifellos für eine sprachwissenschaftlich motivierte Untersuchung ein Problem, daß die erste Realitätsebene der fachspezifischen Kompetenz des Sprachwissenschaftlers nicht zugänglich ist. Die "manifesten und 'objektiven' Folgen und
Handlungsziele" auf der Ebene des Machtkampfes wie schon
die Frage, ob diese Ebene als Machtkampf funktional richtig
bestimmt ist, sind sicherlich keine sprachwissenschaftlichen,
sondern politikwissenschaftliche und soziologische Gegenstände. Der Sprachwissenschaftler mag es daher vorziehen,
sich auf das Prinzip wissenschaftlicher Arbeitsteilung zu
berufen und die Ergänzungsbedürftigkeit seiner Arbeit in
Kauf zu nehmen. Obwohl diese Haltung verständlich ist und
ein mehr oder weniger autodidaktisches Arbeiten auf fremden
Territorien große Gefahren hat, ist die Berufung auf mangelnde Fachkompetenz und die Hoffnung darauf, daß das einzelwissenschaftsübergreifende Problem arbeitsteilig, aber auf
diese Weise eben doch insgesamt gelöst werden kann, fragwürdig, solange der sich beschränkende Wissenschaftler keine
konkrete Antwort auf die Frage weiß, wer denn die getrennten
Untersuchungsstränge zusammenführen soll. Diese Aufgabe
übernehmen faktisch in vielen Fällen Personen und Institu-

tionen außerhalb der institutionalisierten Wissenschaft
- Publizisten, Sachbuchautoren, Volkshochschule -, weshalb
sie nicht selten zu Einsichten kommen, die im begrenzten
Horizont des Fachwissenschaftlers nicht möglich sind. Da mir
der Gewinn an Erkenntnismöglichkeiten ein größerer Wert zu
sein scheint als die Strenge einzelwissenschaftlicher Gegenstandsbestimmung und Methodik, meine ich, daß die Willensbildungs- und Entscheidungsprozesse auf der ersten Realitätsebene in der Kommunikationsanalyse mit berücksichtigt werden
sollten. Andernfalls ließe sich die Rolle der Sprache in den
politischen Prozessen wissenschaftlich gar nicht untersuchen.
In diesem Forschungsprogramm braucht der Sprachwissenschaftler nicht selbst empirische Untersuchungen auf der ersten
Realitätsebene vorzunehmen, sondern kann und sollte sich
auf vorliegende politikwissenschaftliche und soziologische
Ergebnisse stützen oder in interdisziplinärer Zusammenarbeit
mit Vertretern anderer Fächer entsprechende Untersuchungen
anregen. Er bleibt aber vom Politikwissenschaftler bei der
Bestimmung seiner speziellen Untersuchungsgegenstände abhängig, weil er nur solche wählen kann, die politikwissenschaftlich bearbeitet sind, und er muß die Stichhaltigkeit
der politikwissenschaftlichen Ergebnisse akzeptieren, ohne
sie selbst nachprüfen zu können; ein Problem, das noch
schwerwiegender wird, wenn in der Nachbardisziplin verschiedene, möglicherweise widerstreitende Ergebnisse vorliegen.

4. "Trialogische" Kommunikation

Die Doppelung der Realität des Politischen besteht darin,
daß das gleiche politische Phänomen verschiedene Funktionszuweisungen erhält, zwei verschiedene Bedeutungen in der
Ausdrucksweise Edelmans. Obwohl Edelman die Bedeutungsdoppelung als "Eigenschaft der Formen" bestimmt, handelt es
sich um einen pragmatischen Bedeutungsbegriff, der die zusätzliche Angabe der Personen und Personengruppen erfordert,
für die das politische Phänomen die jeweilige Bedeutung hat:
die politischen Akteure auf der einen Seite, die Massenöffentlichkeit auf der anderen Seite. Die Doppelung wieder-

holt sich also auf der Ebene der Beteiligten. Der politische Akteur tritt in eine Handlungsbeziehung zu anderen Akteuren, zugleich in eine Beziehung zur Massenöffentlichkeit. Ob und inwieweit man den Akteuren die Doppeladressierung als intentionalen Akt und damit auch Bewußtheit in der Erzeugung der Deutungsmuster beim Massenpublikum zuschreiben kann, ist eine Frage, die nur durch eine genauere Analyse beantwortet werden kann. Edelman liefert eine solche Analyse nicht. Er umgeht das Problem, indem er die Doppelung als "Eigenschaft der Formen" bestimmt, bzw. als etwas, was die Formen bewirken, ohne systematisch zu fragen, ob da jemand ist und wer es ist, der die Täuschung auf der zweiten Ebene bewirken <u>will</u> (s. dazu ausführlicher Abschnitt 5). Trotz dieses ungelösten Problems halte ich den Begriff der Doppeladressierung für ein fruchtbares Untersuchungskonzept und werde ihn weiter verwenden. Eine kurze Erläuterung zu den "mehrfach adressierten Äußerungen" gibt Wunderlich (1972, 36f.).

Kommunikation mit doppeltem Adressaten könnte man analog zu monologischer und dialogischer Kommunikation "trialogisch" nennen, da der Sprecher oder Schreiber, wenn er sprachlich handelt, mit zwei Hörern oder Lesern (bzw. Gruppen von Hörern oder Lesern) in unterschiedliche Beziehungen tritt, wobei auch die Äußerungsprodukte für die verschiedenen Adressaten verschiedene sprachliche Handlungen sind. Das Phänomen kommt gelegentlich auch in privat-alltäglicher Kommunikation vor. Zu denken ist etwa an eine Situation zu dritt, in der eine Person ihre Äußerung ausdrücklich an eine zweite adressiert, eigentlich aber eine dritte meint oder wenigstens mitmeint. Es kann auch sein, daß zwei Personen - sagen wir (nicht ganz beliebig): zwei Männer - über Politik oder ein anderes Sachgebiet diskutieren, um eine dritte Person - eine Frau - zu beeindrucken. Die primäre Funktion der Kommunikation zwischen den beiden Männern ist persuasiv, der erstrebte Effekt die Bewunderung der nicht direkt adressierten, zuschauenden Frau. Die realisierten Sprachformen sind aber nicht die der persuasiven Rede. Die Männer inszenieren untereinander das kommunikative Verfahren der Diskussion zum Zwecke der

Persuasion einer dritten Person. Wie immer bei erfundenen
Beispielen kann man sich fragen, ob die kommunikative Praxis
nicht wesentlich komplexer ist als das konstruierte Beispiel.
Das sei zugegeben; doch kann es das Gemeinte vorläufig
illustrieren. Problematisch ist auch der Versuch, aus einfachen Situationen wie der eben skizzierten ein Kommunikationsmodell für die Analyse institutioneller Kommunikation
gewinnen zu wollen. Doch da es im Augenblick nur darum geht,
das Phänomen der Doppeladressierung in trialogischer Kommunikation grundsätzlich zu klären, scheint mir das Beispiel
akzeptabel.

Aufgabe einer genaueren Analyse von Doppeladressierungen
in politisch-institutionellen Prozessen ist eine differenzierte Beschreibung (a) der Ausprägungen trialogischer Kommunikation hinsichtlich des Adressatenbezugs, (b) der verwendeten kommunikativen Verfahren in bezug auf die verschiedenen Adressaten.

In der Analyse der verschiedenen Ausprägungen des Adressatenbezugs (Aufgabe a) sind mindestens zu unterscheiden
- der direkt Angesprochene und der indirekt Angesprochene;
- der primär Gemeinte und der Mitgemeinte (eine Unterscheidung, die quer zur erstgenannten steht);
- die Sonderform der echten Doppeladressierung, die die Unterscheidung eines primär und eines mitgemeinten Adressaten nicht erlaubt;
- der Wechsel der direkten/indirekten Adressierung bzw. des primär/mitgemeinten Adressaten im Verlauf von Äußerungssequenzen bzw. Diskursen.

Eine häufige Ausprägung, auf die auch Edelman das Hauptaugenmerk legt, ist die, daß der direkt Angesprochene der Interaktant auf der ersten Realitätsebene ist, der primär gemeinte
Adressat aber der Bürger. Doch ist das nicht durchgängig der
Fall. Sowohl im zwischenstaatlichen Verkehr als auch innenpolitisch, z.B. in Tarifkonflikten, kommt es vor, daß der
Akteur eine an die Öffentlichkeit adressierte Erklärung abgibt, in der Erklärung aber dem Verhandlungspartner eine Modifizierung der Verhandlungsposition oder (erneute) Verhand-

lungsbereitschaft signalisiert, und daß genau dies die primäre Funktion der öffentlichen Erklärung ist. Von ihr sagt dann der gemeinte Adressat ebenfalls öffentlich, sie werde "sorgfältig geprüft". Beide kommunizieren im Vorfeld der Verhandlungen über die Massenmedien. Daß solche Erklärungen zumindest auch eine zu bestimmende Funktion in Hinblick auf die Massenöffentlichkeit haben, versteht sich.

Die Ausarbeitung eines Modells trialogischer Kommunikation scheint mir aber nicht nur notwendig, um den angegebenen und ähnlichen Beispielen in der Analyse gerecht zu werden: Weitergehend und radikaler ergibt sich aus der These Edelmans von der Zwieschlächtigkeit des Politischen die Forderung, der Analyse politischer Kommunikation (und institutioneller Kommunikation überhaupt) grundsätzlich ein Kommunikationsmodell zugrunde zu legen, das es erlaubt und erzwingt, die Interaktion zwischen den Akteuren der ersten Ebene untereinander und zwischen den politischen Akteuren und den Bürgern integrativ zu analysieren, damit der Analytiker die mögliche Doppelung nicht verfehlt. Der doppelte Bezug wird zwar nicht immer manifest, aber _potentiell_ ist jedes Sprechen im politischen Bereich wie das gesamte politische Handeln öffentlich, weil es der Öffentlichkeit zugänglich gemacht werden kann. Dem entspricht die Beobachtung, daß die Möglichkeit des öffentlich Bekanntwerdens das Verhalten der politischen Akteure auch in Situationen beeinflußt, deren Öffentlichkeitsgrad gering ist oder die strikt nicht-öffentlich sind. Dabei mögen allerdings neben der Möglichkeit des Bekanntwerdens auch Verhaltensmuster eine Rolle spielen, die in öffentlichen oder halböffentlichen Situationen sich ausbilden, dann aber verallgemeinert werden. So sind in der Plenardebatte des Bundestages öffentlichkeitswirksame oder vermeintlich öffentlichkeitswirksame Verhaltensweisen, die im Falle der Übertragung durch das Fernsehen auf der zweiten Realitätsebene funktional sind, auch in Debatten nachweisbar, die nicht übertragen werden und auf den Zuschauerbänken nur zwei Bonn besuchende Schulklassen aufweisen.

Der doppelte Bezug, in dem politisches Handeln potentiell

immer steht, ist in den sprachwissenschaftlichen Untersuchungen bisher nicht genügend beachtet worden. Dasselbe gilt, wenn man unter "Öffentlichkeit" nicht nur die Massenöffentlichkeit, sondern auch die Teilöffentlichkeiten z.B. der verschiedenen Interessengruppen und Verbände versteht, auch für das institutionelle Sprechen außerhalb des staatlichen Bereichs. Dort, wo die Doppeladressierung manifest und z.T. sinnlich wahrnehmbar ist wie in der Plenardebatte gesetzgebender politischer Organe oder in Fernsehinterviews (Blick auf den Partner - Blick in die Kamera), ist sie natürlich der Aufmerksamkeit nicht entgangen. Doch wird die Kommunikation oft so dargestellt, als sei die Debatte zwischen den Abgeordneten und sogar das Gespräch zwischen Interviewer und Interviewten zunächst einmal etwas, was von sich aus stattfindet und was zusätzlich "übertragen" wird oder auch nicht. In der Analyse kommt nicht systematisch zur Geltung, daß der Öffentlichkeitsbezug ein konstitutiver Faktor für das Ereignis selbst ist. Nicht nur, daß viele Ereignisse - politische oder nicht politische, kommunikative oder nicht kommunikative - nicht so stattfänden, wie sie stattfinden, wenn sie nicht übertragen würden; viele würden überhaupt nicht stattfinden.

Für die Analyse der kommunikativen Verfahren und ihrer Verwendung in den politischen Prozessen (Aufgabe b) sind der Begriff des kommunikativen Verfahrens zu explizieren und die Liste der von Edelman unterschiedenen vier "Sprachstile" zu ergänzen oder zu differenzieren. Unbefriedigend ist z.B., daß in der Vierteilung die vielfältigen Formen vermeintlicher oder wirklicher Beratungen zwischen den politischen Akteuren und die öffentliche Rede des Politikers, z.B. als Wahlkampfrede, im Begriff der "appellativen Sprache" zusammenfallen. Auch erlaubt das Schema keine klare Unterscheidung zwischen Gesetzessprache und richterlichem Urteilsspruch. Schon die Alltagssprache ist reicher an relevanten begrifflichen Unterscheidungen; und es sind ja die Alltagsbegriffe kommunikativer Verfahren, mit denen der Bürger ein Kommunikationsereignis als Exemplar eines bestimmten Typs identifiziert. In der Revision des Edelmanschen Viererschemas sollten die Begriffe auch konsequent auf der Ebene kommunikativer Verfahren als außersprachlich definierter kommunikativer Handlungen angesiedelt werden, denen sekundär bestimmte Sprachformen (Befehle, Definitionen, rhetorische Figuren etc.) zugeordnet werden können. Für die einzelnen kommunikativen Verfahren sind analog zum Vorgehen der Sprechakttheorie die Bedingungen, Regeln, Verpflichtungen anzugeben, die für sie gelten. Dabei darf nicht ungeprüft vorausgesetzt werden, daß sie in der gesamten Gesellschaft gemeinsame Geltung haben. Die Bedingungen, Regeln und Verpflichtungen betreffen sowohl die Problemstruktur der Sachverhalte (man kann nicht jedes Thema diskutieren; nicht jedes Problem ist durch Verhandlung lösbar) als auch die soziale Beziehung (nicht jeder kann jedem eine Anweisung geben, nicht jeder kann Diskussions- oder Verhandlungspartner sein). Im Untersuchungsbereich institutioneller Kommunikation sind zusätzlich die Vorgaben zu beachten, die die Akteure auf bestimmte Verfahren verpflichten; sind es doch diese Vorgaben, die in vielen Fällen das Phänomen der Doppelung erklären, insofern als die Akteure gezwungen werden, bei Abweichungen das vorgeschriebene und erwartete Verfahren wenigstens formal zu realisieren.

Ein differenziertes Beschreibungsinstrumentarium kann (unter Nutzung der Literatur zu den Textsorten) erst in der Auseinandersetzung mit dem empirischen Material entwickelt werden. Die bislang in der pragmatisch orientierten Linguistik, vor allem in der Sprechakttheorie und der Gesprächsanalyse erarbeiteten Konzepte und Unterscheidungen, sind nur bedingt anwendbar, weil sie aus der Analyse eines bestimmten Kommunikationsbereichs, der sogenannten alltäglichen Kommunikation, stammen und nicht problemlos auf die Kommunikation in Institution übertragen werden können. Man könnte z.B. versucht sein, das Phänomen der Doppelung durch Übertragung der sprechakttheoretischen Unterscheidung zwischen direkten und indirekten Sprechakten auf die Ebene der komplexen Einheiten der kommunikativen Verfahren zu lösen und von direkter und indirekter Verwendung eines kommunikativen Verfahrens sprechen. Das hat, oberflächlich gesehen, manches für sich;

doch wird es dem untersuchten Gegenstand nicht gerecht. Die
Unterscheidung ist monologisch, bestenfalls dialogisch fundiert. Bei trialogischer Kommunikation läßt sich Direktheit
und Indirektheit nicht mehr von sprachlichen Handlungen
aussagen, da eine sprachliche Handlung ja für den einen direkt, für den anderen indirekt sein kann. Zu dem gleichen
Problem führt der Rückgriff auf die Unterscheidung von Illokution und Perlokution, der im Anschluß an Edelman durchaus
naheläge, weil die Deutungsmuster beim Bürger als perlokutionärer Effekt beschreibbar würden, ohne daß man auf Seiten
des Akteurs zwei Illokutionen anzusetzen hätte.

5. Die Rolle der Akteure in der Erzeugung der Täuschung

Redet man wie Edelman von "Inszenierung" und "Täuschung",
genauer handelt es sich um Täuschung durch Inszenierung
einer politischen Scheinwelt, so liegt es nahe, die zweite
öffentlichkeitsbezogene Realitätsebene mit ihren Deutungsmustern als Ergebnis von Manipulation durch die politischen
Akteure zu erklären, eine Schein-Lösung, die Edelman nach
Meinung Offes - dem ersten Anschein zuwider - konsequent
umgeht. In der Tat spricht sich Edelman ausdrücklich gegen
eine solche Erklärung aus; denn er schreibt: "Damit soll
nicht gesagt sein, daß politische Mythen und Rituale bewußt
von Eliten lanciert werden, um ihre Interessen durchzusetzen. Versuche derartiger Manipulationen werden gewöhnlich
bekannt und scheitern. Was vorliegt, ist nicht Betrug, sondern eine soziale Rollenübernahme, soziales Rollenverständnis" (16f.). Diese Einschätzung mag in mehr oder weniger
zahlreichen Einzelfällen berechtigt sein, als generelle Erklärung kann sie kaum befriedigen. Die Rollentheorie kennt
ja auch die Möglichkeit der Rollendistanz, und es besteht
kein Grund anzunehmen, daß Politikern grundsätzlich die
Fähigkeit abginge, sich ihres Rollenverhaltens bewußt zu
werden. Wird sich aber ein Politiker seines Rollenverhaltens
und der Wirkungen, die es in der Erzeugung der zweiten
Realitätsebene hat, bewußt, ohne künftig sein Verhalten zu
ändern, dann verliert die Rolle ihre Unschuld, und er könnte

sehr wohl der bewußten, zumindest in Kauf genommenen Täuschung bezichtigt werden. Man braucht gegen Edelman allerdings gar nicht so defensiv mit der Bewußtheit als einer bloßen Möglichkeit zu argumentieren, gibt es doch zahlreiche empirische Belege dafür, daß Politiker sich der Wirkungen ihres Verhaltens auf die Massenöffentlichkeit in der Tat bewußt sind, ja es darauf abstellen, die oben aufgelisteten Deutungsmuster zu erzeugen; z.B. indem sie Werbeagenturen beauftragen, ihnen das Image eines "ungewöhnlichen Mannes" zu verschaffen, "der die Dinge anzupacken weiß". Ein weiteres Indiz dafür, daß das Rollenverhalten so fraglos-selbstverständlich nicht ist, sind die Brüche in der Inszenierung die dadurch entstehen, daß die Akteure "aus der Rolle fallen" (s. dazu ausführlicher Abschnitt 6).

Offe benennt in seiner Kritik der Manipulationsthese als Erklärung alternativ "zwei strukturelle Bedingungen, die der bezeichneten Doppelung des Politischen Vorschub leisten: das beständig neu erzeugte Niveau von subjektiv erfahrenen Bedrohungen, Ängsten und Ambivalenzen, das den Bedarf der Gesellschaftsmitglieder an schlüssigen, harmonisierenden und entlastenden Symbolen und Ritualen anschwellen läßt; und zweitens die strukturellen, mit dem Maß der gesellschaftlichen Differenzierung zusammenhängenden Komplexitätssteigerungen, die politische Ereignisse und Entscheidungen dem Nahbereich des sinnlich Kontrollierbaren entrücken und deshalb einen Realitätsverlust bewirken, der es nahezu unmöglich macht, die angebotenen Bedeutungen der Situation zu überprüfen" (Offe, V). Diese Erklärungen sind sicher wichtig, führen indes in der Beantwortung der Frage nach der Rolle der Akteure in der Erzeugung der Deutungsmuster nicht weiter. Sie sind geeignet zu erklären, warum die"Inszenierung" beim Bürger Erfolg hat, stehen aber nicht im Gegensatz zur Manipulationsthese oder irgendeiner anderen These, mit der über die Intentionen derer eine Aussage gemacht wird, die die Inszenierung ins Werk setzen oder als Schauspieler daran mitwirken, weil über diese von Offe gar nichts ausgesagt wird.

Die Frage nach der Rolle der Akteure in der Erzeugung der Täuschung, insbesondere die Frage, wie die Täuschung zustandekommt, wenn sie, wie Edelman und Offe übereinstimmend sagen, nicht bewußt intendiert ist, findet in dem Buch keine klare Antwort. Das hängt sicher z.T. damit zusammen, daß die Frage von Edelman systematisch nicht gestellt, sondern im Sinne der offen oder verdeckt behavioristischen Orientierung der Autoren, auf die er sich beruft, umgangen wird. Nur ist Edelman in diesem Punkt nicht konsequent; inkonsequent ist schon die These, die Täuschung beruhe nicht auf bewußter Manipulation durch die Akteure; denn damit wird natürlich eine Aussage über die Intentionen gemacht. Die methodische Inkonsequenz wirkt sich an vielen Punkten der Abhandlung in einer Widersprüchlichkeit der Aussagen aus.

Auf der einen Seite vertritt Edelman ausdrücklich das Prinzip, sich methodisch am Verhalten zu orientieren und keine Aussagen über die Intentionen der handelnden Berufspolitiker bzw. die Bewußtseinszustände beim Bürger zu machen. So sagt er einleitend zu seiner Analyse der Sprachstile:

"Aus den möglichen Bedeutungen eines Sprachstils und der ihm eigenen Struktur findet der Forscher die tatsächliche Bedeutung für ein bestimmtes Publikum heraus, indem er dessen Reaktion beobachtet. Dieses Vorgehen entspricht Meads verhaltenstheoretischer Definition von Bedeutung, die sich nach der Reaktion richtet" (168).

Welche Bedeutung das Publikum den symbolischen Formen zulegt, kann in Edelmans methodischer Konzeption nicht durch eine Bewußtseinsanalyse ermittelt werden, sondern durch Beobachtung des Verhaltens. Und in der Tat beruht die Liste der herrschenden Deutungsmuster nicht auf Befragung oder auf Inhaltsanalyse von Äußerungen des Bürgers. Daß die Existenz von Wahlen für das Massenpublikum eine Bestätigung des Prinzips demokratischer Partizipation bedeutet, liest er daraus ab, daß die Bürger immer noch zur Wahl gehen, was nicht zu verstehen wäre, wenn sie erkannt hätten, welche Bedeutung die Wahl auf der ersten Realitätsebene, Edelman sagt 'objektiv', hat. Über Bewußtseinszustände des Bürgers

werden also Aussagen gemacht, sie werden jedoch indirekt über
Verhaltensanalyse erschlossen. Im Prinzip ließe sich das
gleiche Verfahren bei der Analyse der Akteure anwenden; doch
verzichtet Edelman überraschenderweise über weite Strecken
des Buches darauf, über die Art und Weise, wie die Akteure
das politische Geschehen erfahren, und über das, was sie
wollen oder nicht wollen, überhaupt etwas auszusagen. Eine
Seite nach dem obigen Zitat präzisiert er den Versuch, die
unterschiedlichen Bedeutungen der verschiedenen politischen
Sprachformen herauszufinden, als Versuch "den Eindruck (herauszufinden), den der Benutzer dieser Sprache vermittelt -
unabhängig davon, welche Gedanken er ausdrücken will" (169).
Systematisch ausgeblendet werden die Akteure auch dadurch,
daß Edelman die Doppelung, wie schon erwähnt, als eine
Eigenschaft der Formen kennzeichnet und nicht als etwas, was
von den politisch Handelnden geschaffen wird. Wenn ein Agens
genannt wird, dann ist es in aller Regel ein Kollektivge-
bilde: "der Staat", "das administrative System", "die Interessengruppen".

Wenn die Bedeutungen, die die Akteure mit ihrem eigenen
Handeln verknüpfen, nicht systematisch Gegenstand der Analyse werden, wie kann Edelman über die Bedeutung der symbolischen Formen auf dieser Ebene Aussagen machen, ja schon,
wie kann er überhaupt die Doppelung der Bedeutungen behaupten. Faktisch verhält sich Edelman in dieser Frage widersprüchlich, indem er z.T. Aussagen über die Bedeutungen
auf der ersten Realitätsebene macht, die in der Tat die
Frage, was die Akteure denken, wissen, wollen, nicht tangie-
ren, z.T. aber auch Aussagen macht, die nur als Beschreibung
des Denkens, Wissens, Wollens verstanden werden können. Das
erste ist der Fall, wenn er über die "objektive" Bedeutung
spricht, die das jeweilige politische Handeln im politischen
Prozeß auf der ersten Ebene hat und die er aus der Realanalyse des politischen Prozesses gewinnt. Wenn die Analyse
ergibt, daß ein politisches Handeln zu Maßnahmen führt, die
de facto "bestimmten Gruppen handfeste Vorteile gewähren",
dann hat das politische Handeln der Akteure "objektiv" die

Funktion, die Gewährung handfester Vorteile für bestimmte Gruppen zu bewirken, und zwar unabhängig davon, ob das auch der subjektive Sinn ist, den die Akteure mit ihrem Handeln verbinden, oder was sie sonst wollen oder nicht wollen. Die "objektive" Bedeutung, die ein Ergebnis der wissenschaftlichen Analyse ist und die zunächst auch nur der Wissenschaftler kennt, konfrontiert er dann mit den "subjektiven" Deutungen der gleichen politischen Phänomene im Massenpublikum. Diese Deutungen existieren im sozialpsychologischen Sinne. Der Vergleich ergibt eine Diskrepanz zwischen den beiden Bedeutungen. Von den subjektiven Deutungen der Akteure braucht in diesem Forschungskonzept nicht gesprochen zu werden.

Es paßt aber nicht in das Konzept, wenn Edelman das politische Handeln auf der ersten Realitätsebene an anderer Stelle beschreibt als

> "die Arbeit des Berufspolitikers, der mit Hilfe
> der Politik zu Ämtern und Stimmen kommen will;
> die Schachzüge des Unternehmers, der mit Hilfe
> der Politik zu profitablen Aufträgen oder zu
> einer Erweiterung seines wirtschaftlichen Po-
> tentials kommen will; die Tätigkeit örtlicher
> Bürgerausschüsse, die für bessere Schulen,
> Kinderspielplätze und Kläranlagen eintreten" (8).

Generell begreift Edelman das Handeln auf dieser Realitätsebene als

> "kognitives, **rationales** Planen auf seiten jener
> Gruppen, die selbst direkt am Kampf um mate-
> rielle Vorteile beteiligt sind. Sie nehmen,
> was sie können, und sie benutzen dazu Verwei-
> sungssymbole oder setzen alle erdenklichen
> Sanktionen ein, die ihnen in Form von Orga-
> nisationen, Geld, Boykott und anderweitigen
> Schädigungen opponierender Gruppen oder
> staatlicher Instanzen zur Verfügung stehen" (13).

Über die Intentionen der Akteure werden also doch, und zwar in recht massiver Weise, Aussagen gemacht. Die "objektive" Funktion scheint zumindest bei den Vertretern der Interessengruppen mit den von ihnen subjektiv gewußten und gewollten Intentionen zusammenzufallen. Über die Politiker in den staatlichen Institutionen äußert sich Edelman nicht in dieser Klarheit und Entschiedenheit, jedoch an vielen Stellen in einer Weise, die relative Bewußtheit und in Einzelfällen auch bewußte Intention voraussetzt.

Auch wenn diese Belege fehlten, es widerspricht dem gesunden Menschenverstand und der empirischen Erfahrung anzunehmen, das Handeln der politischen Akteure wäre schlicht unbewußtes Rollenverhalten. Um die Rolle der Akteure bei der Erzeugung der Täuschung klären zu können, sollte daher das Bewußtsein, das die Akteure von ihrem eigenen Handeln haben, ausdrücklich mit zum Gegenstand der Analyse gemacht werden, weil nur so geklärt werden kann, warum sie sprachlich so handeln, wie sie handeln. Die Ergebnisse dieser Teilanalyse erklären aber nicht die Doppelung der politischen Phänomene, weil politische Phänomene in aller Regel Produkte institutioneller Prozesse sind, die nicht vollständig auf Akte intentionalen Handelns von Individuen zurückführbar sind. Die Analyse der Intentionen der Beteiligten kann deshalb auch nicht die Produkte institutioneller Prozesse erklären.

6. Die Möglichkeit des Durchschauens: Das "Aus-der-Rolle-Fallen" und der "Kuhhandel der Parteien"

In den Untersuchungen Edelmans wird das Bild einer Inszenierung gezeichnet, die sich sozusagen bruchlos über das gesamte politische Geschehen legt. Da die Inszenierung keinerlei Durchblicke erlaubt, können die Mystifikationen voll wirksam werden; sie werden zur Realität der Erfahrung des Politischen durch den zuschauenden Bürger. Es ist zudem auch perspektivisch nicht zu erkennen, wie diese Doppelung jemals aufgehoben werden soll und aufgehoben werden könnte. Offe kritisiert deshalb Edelmans "Theorie von der Zwieschlächtigkeit des Politischen" als unvollständig, "solange sie nicht die Grenzen bezeichnet, an denen das politische Ritual versagt" (Offe, X). Die weiterführende Frage ist für Offe "die nach den gesellschaftlichen Bedingungen und Entwicklungen, die das Nebeneinander, die 'friedliche' Koexistenz der beiden Realitätsebenen infragestellen könnten" (ebda.). So berechtigt die Kritik und so wichtig der weiterführende Hinweis Offes ist, mir scheint, die Kritik hat schon an dem Bild der bruchlosen Inszenierung und ihrer totalen Wirksamkeit anzusetzen. Es ist höchst überraschend, daß Edelman weder die zahlreichen Beispiele ins Blickfeld nimmt, in denen die Akteure "aus der Rolle fallen" und damit die Inszenierung in Frage stellen, noch die Zeugnisse auf seiten des zuschauenden Bürgers berücksichtigt, die deutlich machen, daß er die Täuschung sehr wohl durchschaut. Angesichts der häufigen, beobachtbaren Brüche in der Inszenierung ist die These von ihrer Wirksamkeit wesentlich weniger plausibel, als es in der Untersuchung Edelmans erscheint. Zur Illustration ziehe ich die Plenardebatte im Deutschen Bundestag heran, an der die Inszenierung, die Inszenierungsbrüche und das Wissen des Bürgers ohne großen Aufwand zu belegen sind.

Nach der liberalen Theorie des Parlaments hat das Parlament insgesamt und die öffentliche Debatte im Plenumg insbesondere die Aufgabe der Beratung von Gesetzesvorschlägen und die Verabschiedung von Gesetzen. An der Beratung nehmen die Abgeordneten als gewählte Repräsentanten des Volkes teil, die in Rede und Gegenrede, wenn nicht die Wahrheit, so doch das relativ Beste, Vernünftigste gemeinsam ermitteln und sich als Individuen frei, nur ihrem eigenen Gewissen verantwortlich, entscheiden. Dieses Bild, das ausgemalt werden könnte, ist Vorlage für die Inszenierung. An der Inszenierung wirken u.a. mit das Grundgesetz, die Geschäftsordnung des Deutschen Bundestages, das Bundestagspräsidium in öffentlichen Verlautbarungen, Festredner an nationalen Gedenktagen, die politische Erziehung in den Ausbildungsinstitutionen, die Massenmedien, z.T. auch wissenschaftliche Veröffentlichungen und nicht zuletzt der Bundestag und die Abgeordneten selbst in der Art und Weise, wie die Plenardebatte organisiert ist und wie sich die Abgeordneten in ihr verhalten.

Nimmt man das skizzierte Bild als Vorlage für die Inszenierung, dann passen aber viele Elemente des faktischen Verhaltens nicht ins Bild und müssen als Inszenierungs-

brüche gelten: der "zeitunglesende Abgeordnete", "das
Parlament der leeren Bänke", die Formen direkter Anrede des
Bürgers in Parlamentsreden, das "Reden-zum-Fenster-hinaus"
allgemein, der offensichtliche "Mißbrauch" von Fragen in der
Fragestunde zur Bloßstellung des politischen Gegners, die
öffentliche Debatte über die Frage, wie man das Parlament
reformieren kann, damit es "optisch" besser aussieht, und
manches andere. Daß solche Inszenierungsbrüche auch wahrgenommen werden, erkennt man schon daran, daß eine Redewendung
wie die vom "Zum-Fenster-hinaus-Reden" zu einer verbreiteten
Redewendung werden konnte. Indizien sind, über die Einschätzung des Parlamentes hinaus, auch die Rede vom "Kuhhandel der
Parteien" oder vom "Parteienklüngel", vom "Wahlversprechen"
(das, wie jeder weiß, keins ist) und Zeugnisse der Auffassung,
daß bestimmte oder auch "die" Interessengruppen einen entscheidenden Einfluß auf das politische Geschehen haben, obwohl das die Inszenierung in Frage stellt.

7. Abschließende Bemerkungen

Die in den letzten Abschnitten behandelten problematischen
Aspekte und Lücken in der Untersuchung Edelmans hängen m.E.
mit grundlegenden Defizienzen des Ansatzes zusammen und
illustrieren m.E. die Tatsache, daß es nicht möglich ist, die
in der Untersuchung anderer gesellschaftlicher Bereiche
gewonnenen Kategorien und Methoden problemlos auf die Kommunikation in institutionellen Prozessen anzuwenden.

Offe charakterisiert den Autor zu Recht als einen "der
wenigen Soziologen, der den Grundgedanken der phänomenologischen und interaktionistischen Soziologie auf Makrophänomene,
nämlich die politische Produktion bindender Entscheidungen,
anwendet" (Offe, VII). Dieser Versuch ist auch für die
Sprachwissenschaft von Interesse, da die phänomenologische
und interaktionistische Soziologie bekanntermaßen in den
letzten Jahren auf die Linguistik in der Bundesrepublik erheblichen Einfluß ausgeübt hat, freilich - parallel zur
Soziologie - ebenfalls im wesentlichen in Analysen der

Mikroebene alltäglich-privater Kommunikation. Das Alltägliche
(Alltagssprache, Alltagswelt, Alltagswissen) ist für diese
Forschungstradition jedoch nicht ein Teilbereich neben anderen, sondern die grundlegende Ebene, auf der wesentlich das
entsteht, was man Gesellschaft nennt. Es ist dieser Gedanke,
der die Analyse von Alltagswissen und Alltagssprache überhaupt als soziologische Tätigkeit rechtfertigt, und demzufolge Unterschiede zwischen alltäglicher und nicht-alltäglicher, z.B. institutioneller Kommunikation, eigentlich nur
solche zwischen einer grundlegenden Ebene und einer Ebene
besonderer Ausprägungen des grundlegend Gleichen sein können.
Die m.E. ungelösten Probleme, die bei Edelmans Versuch auftreten, die Prinzipien der phänomenologischen und interaktionistischen Soziologie auf gesellschaftliche Makrophänomene
anzuwenden, rechtfertigen den Verdacht, daß entweder der
Gedanke von der grundlegenden Natur alltagsweltlicher Erfahrungen und Praktiken falsch ist oder daß das, was phänomenologische Sprachanalyse und auch linguistische Pragmatik
bisher beschrieben haben, mindestens z.T. nicht der grundlegenden Ebene angehört, sondern seinerseits bereichsspezifische Ausprägung ist. Ich werde den Verdacht ohne Beschränkung auf die Untersuchungen Edelmans an anderer Stelle ausführlicher begründen und die kategoriellen und methodischen
Schwierigkeiten in der Analyse institutioneller, insbesondere
politischer Kommunikation näher kennzeichnen.

8. Literatur

Edelman, M.: The Symbolic Uses of Politics. Urbena ^{6}1974

Edelman, M.: Politics as Symbolic Action. Mass Arousel and
    Quiscence. Chicago ^{2}1972

Edelman, M.: Politik als Ritual. Die symbolische Funktion
    staatlicher Institutionen und politischen Handelns.
    Frankfurt, New York 1976

Wunderlich, D.: Zur Konventionalität von Sprechhandlungen,
    in: ders. (Hg.), Linguistische Pragmatik. Frankfurt
    1972, 11-58